名师名校名校长

凝聚名师共识
回应名师关怀
打造名师品牌
培育名师群体

为未来而教

『立体语文』教育的创新实践

张春红◎著

陕西师范大学 出版总社　西安

图书代号　　JY24N2398

图书在版编目（CIP）数据

为未来而教："立体语文"教育的创新实践 /
张春红著. -- 西安：陕西师范大学出版总社有限公司，
2024. 12. -- ISBN 978-7-5695-4881-5

Ⅰ. G633.302

中国国家版本馆CIP数据核字第202440KU31号

为未来而教："立体语文"教育的创新实践
WEI WEILAI ER JIAO："LITI YUWEN" JIAOYU DE CHUANGXIN SHIJIAN

张春红　著

出 版 人	刘东风
出版统筹	杨　沁
特约编辑	张小娅
责任编辑	李广新　刘田菁
责任校对	王　越
封面设计	言之凿
出版发行	陕西师范大学出版总社
	（西安市长安南路199号　　邮编 710062）
网　　址	http://www.snupg.com
印　　刷	北京政采印刷服务有限公司
开　　本	710 mm×1000 mm　　1/16
印　　张	14.75
字　　数	222千
版　　次	2024年12月第1版
印　　次	2024年12月第1次印刷
书　　号	ISBN 978-7-5695-4881-5
定　　价	58.00元

读者使用时若发现印装质量问题，请与本社联系、调换。
电话：（029）85308697

目 录

绪　论

　　《普通高中语文课程标准（2017年版2020年修订）》（以下简称"新课标"）在"基本理念"中指出："普通高中语文课程，必须以习近平新时代中国特色社会主义思想为指导，坚持立德树人，弘扬民族精神，融入社会主义核心价值观教育，培养热爱中华文明、热爱祖国、热爱人民、热爱中国共产党的深厚感情，以及热爱美好生活和奋发向上的人生态度，使学生逐步形成自己的思想、行为准则，增强为中华民族伟大复兴而努力的历史使命感和社会责任感。"在"教学建议"中指出："普通高中语文课程应重视对学生情感、态度与价值观的正确引导。教学时应注意教学内容的价值取向，发挥语文课程的熏陶感染作用。尊重学生独特的学习体验，引导学生在语文学习中接受优秀文化的熏陶，获得丰富的审美体验，形成良好的人文修养，树立正确的世界观、人生观和价值观。"高中语文课程教学应把握语文课程综合性、实践性特点，引导学生在立体的积极的语言实践活动中建构语文素养；充分利用统编高中语文教科书丰富的人文资源，加强对学生正确价值观的引导，注重爱国主义教育、理想信念教育、社会主义核心价值观教育、中华优秀传统文化教育以及基本道德品质的培养。

一、语文教育的问题与分析

　　当今部分学校中学语文课程教学质量不高，学生语文素养偏低，究其原因，有多方面。

-1-

（一）语文教育教学缺乏科学性

部分教师对语文课程性质和目标的理解有偏差，没能把握语文教育教学的科学性。其主要表现有四方面：其一，"教"与"育"分离，语文课堂忽视学生整体素养的提升；其二，教师把"点""线""面"讲解分析作为语文教学的核心任务；其三，读写分离，把言语综合实践窄化为应试做题；其四，评价随意。造成的后果是，把语文肢解为一堆字、词、句的零件，把跳跃着灵动情感和优美思想的文章异化为一道道标准试题，远离学生语言运用的实际情境和需要，使学生失去语文学习的兴趣与热情，学生学到的语文知识往往是碎片化的，应有的语言运用能力得不到培养，更遑论学科核心素养的提升。

（二）语文课堂缺乏学生自主言语实践

"文选组合""阅读本位""文体循环""讲读中心"是旧教材的四大特征。周正逵在《语文教育改革纵横谈》一书中指出："旧的教材体系……逐渐形成了一套刻板的模式，使教学观念、教学内容和教学方法都日趋僵化。"由于旧教材没有明确的训练目标、周密的训练计划、系统的训练内容和科学的训练方法，一线语文教师往往跟着经验和感觉走，在课堂上一味地灌输教学参考书上对文本的解读，"津津有味"地肢解课文，分析课文。第八次课程改革提出"自主、合作、探究式学习方式"后，语文课堂又将之前的"一讲到底"变成"一问到底"，换汤不换药，课堂上学生的言语实践缺失，只有老师支离破碎的讲或问。

（三）语文课堂读写分离，写作教学严重缺位

语文课堂忽视阅读和写作的内在联系，将阅读和写作视为两个独立的任务，阅读课着力于阅读内容的理解分析，写作课着力于学生写作能力的训练。"这早就不是秘密：在我国中小学的语文课里，几乎没有写作教学。"王荣生教授所说的"几乎没有写作教学"，"指的是从学生思考他的写作开始，到他开始写作，到他的作文完成，这一阶段几乎没有指导"。教材阅读课程内容丰富而写作课程相对薄弱，教材写作课程内容少且很难呈现有效的写作训练指导，不少教师在课堂教学中往往就减少用于写作训练的时间，课程要求的"自由地表达、有个性地表达、有创意地表达"的写作训练任务，往往变得有名无实。我们曾做过一个问卷调查，近九成教师每周给学生安排的作文训练量达标，但却有97%以上的教师写作教学时间不足，大多每月仅有两节写作课。

为解决语文课堂"教""育"分离、"点""线"讲析、读写分离、写作教学缺失等问题，丰富并创新中学语文课程内容，加强学生语文学习的过程化指导，提升语文课程教学质量，实现语文课程育人素养目标，在国内外"互文性理论"和"整体语言教学理论"研究成果以及中国语文读写结合教学传统的基础上，我们遵从语文课程的基本性质，提出构建并实施"立体语文"教育。

二、"立体语文"概念与内涵

（一）"立体语文"概念

立体语文，即语文教育应打通时间和空间的限制，摒弃平面的、点的和线性的单一教育思维，着眼于语言文字运用的综合性和实践性，在立体的、多维的层面，多角度、多方位丰富语文教与学的内涵与途径，全面提升学生的言语感悟力、思考力、鉴赏力和表达力。

（二）"立体语文"内涵

1."立体语文"的教育观是立体的——再造育人观、教师观、学生观

"立体语文"强调良好的育人效果必须以师生良好的情感关系为前提；好的教师不仅塑造灵魂，而且呵护心灵，沟通心灵，做学生学习的伙伴，心灵的密友；"立体语文"肯定学生母语学习的天赋和潜质，激发学生读写的潜能和动力。

2."立体语文"的目标是立体的——重塑理念与目标

"立体语文"秉持学生立场，致力于学生语文知识、能力、素养与人格健全发展，着眼于学生整体素养的提升与全面发展的要求，为学生终身学习和全面而有个性的发展奠基。学好语文，提高个人综合素养，提升民族凝聚力。

3."立体语文"的培养路径是立体的——构建"有情""有知""有味"的"立体语文"教育范式

"立体语文"力求将孤立的、片面的、零散的语文教学因子有机整理、组合，使其以连接的、联系的、立体的言语形态表征，实现学生语文学习"立体的懂""立体的会"。我们提倡以学生为中心，在一切可能的情况下，让学生沉浸在真实立体的语言环境中学习语文，促进学生大量参与具有真实目的的学习活动，引导学生主动地、有意义地、持久地学习，从而使学生在整体的、真实的读写事件的语境中扎实地培养自己的语言能力。

（1）有情——立体多维的情感熏陶。英国语言学家帕默尔说过，语言是所有人类活动中最足以表现人的特点的，它是打开人们心灵深处奥秘的钥匙。而本国语言，更是我们传情达意、涵养精神、提升品格和境界最好的桥梁。语文教师对生活、对教育、对语文、对学生的热爱，可以深深地吸引、感染学生，将他们的目光吸引到语文的课堂，吸引到对祖国语言文字的热爱上，从而使他们得到精神上的滋养和收获幸福的能力。

（2）有知——多层次、多方位的知识构建。"立体语文"课程研究力求把握中国语文的特点，不断地探寻语文教育教学知识性、规律性的东西，让学生对"语文是什么""需要做什么""应该怎样做"都有明确的、系统的理解和掌握，明了语言背后所隐藏的字法、词法、语法、章法、约定俗成的表达技巧、思维特点及文化心理等，帮助学生构建立体的语文认知体系，力求语文的学习充满智慧，事半功倍。"立体语文"课程提倡全方位培养学生听说读写的综合语文能力，培养学生正确理解和运用祖国语言文字的能力，同时，春风化雨、润物无声，丰富学生的文化教养、生活体验，提升思想品德、思维品质和审美情趣，做到科学训练与人文教育的和谐统一。

（3）有味——超越时空的素养培育。新课标指出："祖国语文是中华儿女的精神家园，语文课程对继承和弘扬中华优秀传统文化、革命文化、社会主义先进文化，培养文化自信，推动文化的创新发展，具有不可替代的优势。"教育要培养未来的合格公民，语文作为工具性和人文性相统一的学科，更应自觉将"三个面向"放在心上，要培养有责任感的、有趣的、有情怀、有公民意识的人，"培养热爱中华文明、热爱祖国、热爱人民、热爱中国共产党的深厚感情，以及热爱美好生活和奋发向上的人生态度……增强为中华民族伟大复兴而努力的历史使命感和社会责任感"。而在这方面，语文教师往往就是最好的课程资源。语文教师捧着一颗真诚的心去捕捉孩子们每一个眼神、每一个动作、每一句话所传达的微妙信息，了解他们的困惑、趣味和追求，才能实现真正的"有味"课堂。有趣味、有品位、有格调，课堂上师生活泼互动，收获心灵的共鸣，而教师自身，也能因"追随"着学生而永远走在时代的前列，保持"前卫"的思考与行动。

德国教育家第斯多惠说过："教学的艺术不在于传授本领，而在于激励、唤醒和鼓舞。"理解、尊重孩子们，紧跟他们心灵的步伐，明晓他们的"话语体系"，在此基础上，"立体语文"课程联通课堂与生活，联通阅读与写作，联通语文与未来，摒弃"点""线""面"单一思维，超越时空，搭建多维立体学习空间，激励、唤醒、引领孩子，培养有趣味、有责任心和有公民意识的未来人才。

4. "立体语文"的评价是立体的——开发运用"五视角"观课量表

梳理语文教育教学的重点和难点问题，开发"五视角"观课量表。"五视角"观课量表包括5个观察视角、20个观察点。5个观察视角为学习目标、任务与情境、活动与推进、资源与支架、反馈与评价。每个观察视角列出4个观察点。这4个观察点是对观察内容的具体化，既包含对相对确定的教学设计、教学内容、教学方式的观察，也包含对动态生成的教学内容、教学机智、教学效果等的观察。"五视角"观课量表将教学与研究有机结合，引导教师主动建构符合课程标准理念和统编教材教学要求的课堂教学，推动语文课堂由讲授中心向学习中心转型。

"五视角"观课量表的开发与使用，使教师关注并致力于单元整体教学研究与设计，重视资源与支架的开发与使用，进行多元多样的反馈与评价；学生能在真实的语言运用情境中进行积极的语言实践活动，形成正确的价值观念、必备品格与关键能力，整体提升语文素养。

三、"立体语文"的灵感与理论支撑

（一）"立体语文"的灵感来自周振甫先生

周振甫先生在谈到怎样学习古文时，提出要"立体的懂"，他说："读了一课书，记住了多少生字，记住了多少句子，这只是'点线的懂'。记住的生为未来而教：
"立体语文"教育的创新实践

字是点，记住的句子是线。……读一课书，记住了这课书中的生字，记住了这课书中的句子，这叫平面的懂。……把一部书全部读熟就不同了，开始读时不懂，读多了渐渐懂了。""立体的懂"是与"点线的懂""平面的懂"相对而言的，它不是对单个词、句子、篇章等零散知识点的掌握，而是深入、全面、多维度的理解，不仅指对文字内容的掌握，还包括对文字后面的背景知识、历史文化、时代特征以及作者意图等多维度的融会贯通的理解；"立体的懂"需要假以时日，强调循序渐进，潜移默化；"立体的懂"是一种基于真正理解的懂，是能实现迁移运用的"会"的懂。

（二）"立体语文"理论依据

1. 中国语文读写结合的传统

读写结合是中国传统语文教育的精华。西汉杨雄说"能读千赋，则善为之矣"，杜甫有诗"读书破万卷，下笔如有神"，韩愈也认为写作和朗诵有助于学习"道"。黎锦熙先生提倡，"低年级先读后写，高年级先写后读"。语文教育界"三老"叶圣陶、吕叔湘、张志公先生，也都强调阅读和写作要结合起来。

2. 互文性理论

互文性理论是由朱丽娅·克里斯蒂娃于20世纪60年代末提出的，即"所有文本都将自己建构为一种引语的马赛克，所有的文本都是另一文本的吸收和转化"。这一概念可追溯到巴赫金的对话理论和罗兰·巴特的文本理论，并于20世纪80年代传入我国。互文性理论强调任何一个文本都并非独立存在，文本与文本之间总是具有各种各样的关联性，不同文本之间互相映射，互相参照，任何文本中都可能包含其他文本，都有对其他文本的指称。互文性理论的运用为语文文本读写教学实现知识从未知向已知的迁移，实现文本的深层次探究与解读提供了可能，有利于学生实现对目标文本深层次内涵的挖掘，实现阅读广度与深度的统一，在课内文本与课外文本的丰富链接网中构建属于自己的立体阅读体系。

3. 整体语言教学理论

整体语言教学是语言教学中的一种教育哲理，认为语言是一个不可分割的整体，是以学生为中心、以文学为基础的语言教学。在一切可能的情况下，语言教学让学生沉浸在真实的交流环境中，促进学生大量参与具有真实目的的学习活动，引导学生主动地、有意义地、持久地学习，从而使学生在整体的、真实的读写事件的语境中扎实地培养自己的语言能力。

4. 深层学习理论

深层学习又被称为"深度学习"，是学习者在理解学习的基础上，能够批判性地审视、接纳新的思想和事实，并将其有机融入原有的认知结构中，梳理众多思想之间的关联，将已有的知识迁移到新的情境，从而做出决策，有效解决问题。深层学习的基本特征包括：学习动机内在化、积极的情感体验、反思性的思维方式等。

正是在周振甫先生谈学习古文"立体的懂"给予的灵感基础上，基于中国语文读写结合的优良传统，在对互文性理论、整体语言教学理论和深度学习理论的借鉴和研究的基础上，结合语文学科核心素养在课堂教学落地的研究热点与统编教材投入使用的良好契机，我们提出"立体语文"教育理念。

四、"立体语文"的策略与实施

（一）与孩子建立良好的关系——教育取得成功的前提

"立体语文"课程有一个重要观点：我们教育者面对的学生个体千差万别，唯有真正尊重孩子、理解孩子，与孩子建立良好的情感关系的老师，才能实现好的育人效果。要想教育取得成功，我们首先要做的，就是与教育对象建立良好的关系。良好的关系不是刻意讨好，不是一味纵容，而是从内心把学生当作与自己平等的生命，尊重他们，关爱他们，并在一点一滴的小事上体贴帮助他们。教学的一个黄金原则就是教师和学生的关系，没有良好的师生关系，真正的教与学是不可能实现的。真正好的老师愿意花时间去走近学生、了解学生，了解他们的爱好和才能，了解他们的精神世界，了解他们的欢乐与忧愁，成为他们的益友良师，并凭着这个最大的优势，带领学生一起成长，一路收获教育的成功与幸福。

（二）师生共读写，激发学生兴趣——教育取得成功的保证

真正好的教学所需要的不是强制，而是激发学生的兴趣。语文教学的效应是长期的，语文教学讲求"立体的懂"，要"打通时间和空间的限制，摒弃平面的、点的和线性的单一教育思维，着眼于语言文字运用的综合性和实践性，在立体的、多维的、多角度、多方位的层面丰富语文教与学的内涵与途径"。学生要学好语文，也必须突破时空的束缚，与其他学科相比，语文的学习更加依赖学生积极主动的态度，而一个人只有对某件事有了浓厚的兴趣，才会主动去求知，去探索，去实践。如此看来，语文教学必须重视激发兴趣，要注意引导学生在实践探索的过程中不时收获成绩，并由此产生愉快的情绪和体验，而这种情绪和体验带来的正向刺激，会让学生的兴趣持久不衰。

（三）课内外一体化——教学突破时空限制的关键

我们知道，语文具有广泛的社会性，在社会生活的各个领域，都需要而且必然会用到语文。美国教育家华特·B.科勒斯涅克说过："语文学习的外延和生活的外延相等。"学生学习语文、运用语文的大量机会和时间，并不是在每天语文课堂短短的四十分钟，而是在课外。故语文教学要有广阔的视野，要形成开放的格局。课内，语文教师的主要任务是激发学生学习语文的兴趣，教给学生求语文真知的各种途径，引导学生积极参与言语实践；同时，要有意识地开展多样的语文活动，联通课内与课外，并利用活动的任务驱动，将学生学习语文的视线延伸到广阔的课外天地里去。主要包括课前三分钟演讲或辩论、语文学习系列活动、学习小组合作授课、班级接力写作《班级史记》，等等。

（四）"以写作为中心"的单元读写统整——实现"立体的会"

以写作为中心进行的单元统整教学，基于学生写作实践、写作目标确立单元学习目标，组合多种类型文本为单元学习材料，设计阅读与鉴赏、表达与交流、梳理与探究等多样的语文综合性实践活动，引导学生在真实或拟真的语用情境中，围绕具体的逐级递进的写作任务进行大量深入自主的阅读，从而提升学生语文综合素养，实现语文课程育人目标。

1. "以写作为中心"构建单元读写序列

"以写作为中心"构建单元读写序列，首先，我们的语文教学，要无比

"重视作文教学"。至少40%的语文课程教学时间要用在作文教学上，包括写前技法指导、写作过程指导、写后作文评改、升格指导、升格文评价与交流等。同时，要"重视阅读积淀"，阅读除了名著阅读外，还有课内外"1+X"阅读，如主题阅读、群文阅读、拓展延伸阅读等；要"将读写结合教学常态化"，即从课内文本或课外阅读文本出发，围绕一个主题，收集补充名家名篇和中（高）考佳作、学生佳作等，从"主题内涵积累"和"单元写作技法训练"的角度，针对性进行主题阅读指导。学生进行拓展阅读，增加阅读积淀，一能积累相关主题素材，丰富生活体验，积累语感，为写作储备立意角度、表达模仿范例、精彩语句等；二能为单元写作提供构思示范，特别是为害怕写作的同学提供多个仿写范本，有助于学生在教师指导下进行从"仿"到"改"再到"创"的层级提高训练。

2. 创设真实交际情境，开展言语实践活动

我们立足于语文学科核心素养和语文课程标准的要求，以统编语文教材编写体系为蓝本，借助新教材的教学实践经验，构建与统编教材相补充的同步读写教程，将听、说、读、写融为一体，设计典型的真实写作情境，创设形式多样的言语交际实践活动，激发学生语言文字综合运用的潜能。

同步读写教程的内容体系与对应的统编语文教材匹配，每单元设计"单元读写序列表"，明确单元"双线组元"整体规划，标明单元整体人文主题和写作序列技法训练目标，并将单元整体目标分解到单元的阅读文本，规划每个阅读文本的学习重点、1+X阅读、微写作等内容。"单元读写序列表"之后，正文为两大板块："课文微型写作"和"单元读写训练"。正文部分写作任务同样采用"1+X"的引导策略，从每篇课文"仿句""写段"再到单元主题阅读后的"构篇"，由浅入深，由少及多，由分到总，层层递进，渐达佳境。

张志公先生说过，"为什么要写文章？因为要用。生活要用，工作要用，做学问要用，宣传真理、批驳谬误要用"。写作从来不是"吃饱了没事干"，也不是仅仅为了应试分数，写作本应出于应用目的，出于生活和未来工作的需要。为此，我们提倡写作要提供真实具体的"写作情境"。如学校广播站是学生日常生活的一部分，广播报道更是校园常态，通过该举措，不仅拉近了读者与文本的距离，还拉近了现代与古代的时空距离；而大千世界，芸芸众生，对同一件事不同人有不同的反应、表达不同的观点，同样是真实的社会现象、真实的生活语用。要完成好这个微写作任务，学生就必须读懂课文，理解人物，观察生活，得体表达……

3. 反复写作和"写好一篇"

张志公先生主张在职干部练习写作最好做两种练习：一是写片段和写整篇结合起来，每一两天、两三天写一段，每一两个月、两三个月写一整篇；二是写一整篇文章要反复改，多请别人提意见，多请别人指点，再自己反复好好改，多修改几次，比匆匆忙忙多写几篇，写完拉倒，要有效得多。张先生讲的这两条，对于我们教师教学生学习写作，也是非常适用的。当然，学生以学习为主要任务，和在职干部以工作为主要任务自是不同，学生的片段练习和篇章练习，频次要密一些，数量要多一些。片段和篇章练习、反复改好一篇，这两个方法是值得我们借鉴运用的。

"以写作为中心"的单元读写统整，强调尊重学生的个体差异，尊重学生的语言习得运用规律，通过活动任务驱动，引导组织学生反复进行"以写为中心"的读写言语实践。

以学生为中心、以统编教材文本为基础进行单元统整教学，彻底改变语文课堂肢解语文、架空语言、忽视写作训练、蜻蜓点水进行读写结合的现状，在单元"人文主题""语文要素""写作技法训练点"的整体框架下，进行课内外"主题阅读训练"，进行"写句""写段""成篇"的层级式全方位的读写结合训练，在一切可能的情况下，设计真实的写作交流情境，创设多样的读写实践活动，让学生沉浸在丰富阅读的喜悦中，沉浸在真实的交流环境中，促进学生大量参与具有真实目的的读写活动，引导学生主动地、有意义地、持久地学习，从而使学生在整体的、真实的读写事件的语境中扎实地培养自己的语言能力，全面提升语文学科核心素养。

总的来说，基于互文性理论、整体语言教学理论、深层学习理论以及中国语文读写结合传统构建的富有特色的"立体语文"教育，改变了语文课堂"教""育"分离、"点""线"讲析、读写分离、评价随意等现状，丰富和发展了语文课程内容，加强了学生立体读写的过程化指导，提升了语文课程教学质量，将中学语文教学带入一片充满生机与希望的田野。

屠格涅夫说："人生的最美，就是一边走，一边捡拾散落在路旁的花朵，那么一生将美丽而芬芳。"新课程改革的路还很长，教育的路更是只有起点没有终点。我们相信，只要听从内心的声音，坚守内心深处的热爱，执着前行，定能邂逅一路绿草的葱茏与花朵的芬芳。

【参考文献】

［1］中华人民共和国教育部.普通高中语文课程标准（2017年版2020年修订）［S］.北京：人民教育出版社，2020：2，41.

［2］周正逵.语文教育改革纵横谈［M］.北京：教育科学出版社，2013：58-61.

［3］王荣生.我国的语文课为什么几乎没有写作教学？［J］.语文教学通讯，2007（35）：4-7.

［4］谭习龙.如何形成教学风格：名师典型案例的多维解读·综合卷之二［M］.广州：广东高等教育出版社，2016：66.

［5］周振甫.立体的懂［J］.语文学习，2005（11）：49-51.

［6］王爱松.互文性与中国当代小说［J］.文学评论，2017（2）：114-122.

［7］覃修桂."整体语言法"述评［J］.外语界，1996（2）：13-18.

［8］顾明远，等.国际教育新理念［M］.北京：教育科学出版社，2021：347.

［9］张志公.读写门径［M］.北京：北京教育出版社，2014：38，74-75.

第一章

"立体语文"的
课程设计与实施

聚焦"立体语文"的课程设计，包括高考命题与课堂教学的转型、UbD（Understanding by Design，以理解为先的教学设计）理论下的单元教学设计，以及信息技术与传统文化在语文教学中的应用。

第一节　高考命题与课堂教学的转型

《中国高考评价体系说明》指出："高考围绕学科主干内容，加强对基本概念、基本思想方法的考查，杜绝偏题、怪题和繁难试题，引导教学重视教材，夯实学生学习基础，给学生提供深度学习和思考的空间。"为彰显考试评价的积极导向作用，实现以评促教、以评促学的评价追求，近年我国高考内容改革始终与高中育人方式改革同向而行，依据高校人才选拔要求和国家课程标准，科学设计命题内容，持续加强考试与教学的衔接。

高考全国卷语文试题与教材的关联度越来越高，呈现贯通K12（基础教育）教材的新趋势，即命题不仅关联高中教材，还下探关联初中甚至小学教材，这给高中语文教学提供了新的思路与挑战。下面以近年普通高等学校招生全国统一考试语文试卷为例，探讨分析高考试题与统编教材的关联，并提出在高中课堂教学中的应对策略，以期为高中语文教师使用统编教材教学提供些许助益。

一、高考命题考教衔接的特点分析

（一）从考查内容来看，融合教材知识，凸显能力素养

由关联教材必备知识的考查，向关联关键能力、学科素养、核心价值等方向的考查迈进。以小说阅读命题为例，高考命题考查的情节结构、文学形象、自然环境和社会环境描写、表达艺术、主旨意蕴等必备知识，在教材小说文本阅读的单元提示、学习提示、单元学习（研习）任务中都有体现。近年，高考小说命题突出体现随文命题的特点，"由注重对文本内容的理解接受能力转向

侧重对文本传递的各类信息的审视阐释能力"，考查考生灵活运用教材小说文本阅读习得的必备知识、理解与鉴赏等能力，完成卷面上的小说新文本阅读任务，其中包括但不限于个性化表达的效果分析、语言风格鉴赏、叙述特征提炼概括、关键语句丰富内涵与深厚韵味的感受品味、作品深层意蕴以及作者情感态度探究等。同时，在选材和命题方面，重视核心价值的引领，如2023年全国乙卷阅读材料《长出一地的好荞麦》，以所体现的中华民族坚韧不拔的精神引导新时代的考生传承弘扬民族优秀传统；2023年新课标Ⅰ卷阅读材料《给儿子》引导考生树立正确劳动观念，培养考生对土地、对劳动的感情。

尤其值得一提的是，2023年新课标Ⅰ卷文学类文本阅读第9题：

读书小组要为此文写一则文学短评。经讨论，甲组提出一组关键词：未来·回忆·成长。乙组提出一个关键词：河流。请任选一个小组加入，围绕关键词写出你的短评思路。

创设读书小组学科学习情境，要求围绕所选关键词写短评思路。而高中统编教材多次出现"写文学短评""写文化评论"的任务，如必修上册第一单元的单元学习任务三，要求从两篇小说（《百合花》《哦，香雪》）中各选择一两个感人的片段，揣摩人物的心理活动，分析典型的细节描写，并做简要点评；必修上册第三单元的单元学习任务三要求"从本单元选择一首诗词，就你感触最深的一点，写一则800字左右的文学短评"，该单元的单元写作知识即"学写文学短评"。这样的试题与课标提倡的"以核心素养为本，推进语文课程深层次的改革""加强实践性，促进语文学习方式的转变"等基本理念精神一脉相承，与统编教材读写整合的编写理念紧密关联，与高中统编教材学习（研习）任务群中的读写结合任务表现形式高度一致，能很好地引导师生重视用教材学语文，扎扎实实地落实教材要求的读写学习任务。

（二）从考查板块来看，增大关联密度，创新关联角度

关联贯穿高考试题全部板块，同一教材内容关联试题板块不固化，其中古代诗文阅读板块关联频度最高，文学类文本阅读和语言文字运用板块关联频度呈上升趋势。

以整本书阅读为例，2022年全国甲卷、全国乙卷、新高考Ⅱ卷都关联了

《红楼梦》这一教材内容，在写作、论述类文本阅读和信息类文本阅读等不同板块出现，不直接考查《红楼梦》相关知识内容，而是分别与小说情节、小说叙事视角和《红楼梦》整本书翻译相关联，这样的关联对于教师重视教材整本书阅读、应教尽教，对于激发学生阅读兴趣、引导学生自觉品经典咀英华、促进学生深度阅读，都有非常好的效应。

再以小说阅读为例，有命题文本与教材文本的关联：同一作家，如王愿坚（2022年全国甲卷）、冯至（2022年新高考Ⅰ卷）；同一标题，如命题文本沈从文的《社戏》与教材文本鲁迅的《社戏》；同一内容，如2023年新课标Ⅱ卷语言文字运用Ⅱ，语料直接来自初中整本书阅读《骆驼祥子》。有学习任务的关联：同一类型任务，如前文提到的写文学短评。

纵观近年高考语文命题，信息类文本阅读、文学类文本阅读、古代诗文阅读、语言文字运用和写作五大板块都有与教材的关联，关联度越来越高，关联点分布无规律，关联角度不断创新。

（三）从考查题型来看，主客观都关联，传承中有创新

高考语文主客观题都有意识地关联教材。如高考文学类阅读主观题，包括对作品主题、形象、语言、艺术手法等的概括、理解、分析、鉴赏等，多能在教材中找到相关母题。近年文言文选择题中"对材料中加点的词语及相关内容的解说"，与教材文本紧密联系；语言文字运用选择题中对词语、句式、语法等的考查，密切关联教材中的基础知识等。

命题形式不断创新，从不固化，体现了反套路、反应试的特点。如与教材长期关联最紧密的名篇名句默写试题，除了分值变化不大外，设问形式在传承探索中有创新，呈现渐渐发展变化的趋势（见表1-1-1）。从最初的直接填写上下句考查识记（2013年前），到对所默写语句语意理解的理解型默写（2014年）、根据上下文语境内部连贯语意默写的理解型默写（2015年）。从封闭式默写发展到开放式默写，如2020年起，题干以古诗词中的某个"器物""意象""地名""典故""情感类别"等创设学科认知情境，让考生调用所积累的古诗词语库，调动知识与文化常识积累，个性化解答问题。从识记、理解型默写发展到情境运用型默写，考查的能力层级要求越来越高，越来越注重高阶思维能力的考查。如2023年起，全国新课标卷创设了虚拟高中生"小刚"在校内外具体生活场域独自开展的与语言运用相关的实践活动情境，要求考生根据题干所创设的具体情境选择合适的语句填入，这样的命题创新呼应课标和教材强调的"情境意识"，通过虚拟综合性语言实践活动，考查学生在解决具体情境问题中核心素养的综合表现。此外，题型不固化还体现在：每小题考查句数不固定，1~3句轮流出现，两句为主；同为两句，可能是连续的两句，也可能是不连续的两句。

表1-1-1　名篇名句默写题变化趋势

命题形式	年份	新题型	题例
封闭式默写	2014年前	直接默写题	【2013新课标全国卷Ⅰ卷10（1）】足蒸暑土气，_____，_____，但惜夏日长。（白居易《观刈麦》）
	2014年起	对所默写语句语意理解的理解型默写	【2014新课标全国卷Ⅰ卷10（1）】屈原在《离骚》中表现自己同情百姓的苦难生活，并因此流泪叹息的名句是"_____，_____"。
	2015年起	根据上下文语境内部连贯语意默写的理解型默写	【2015新课标全国卷Ⅰ卷10（1）】在《离骚》中，屈原诉说自己曾因佩戴蕙草而遭到贬逐，也曾被加上采摘白芷的罪名，但他坚定地表示："_____，_____"。
开放式默写	2021年起	学科认知情境题	【2021新高考Ⅰ卷17（3）】项羽破秦入关，三分关中之地，以秦降将章邯为雍王、司马欣为塞王、董翳为翟王，合称"三秦"。从此"三秦"作为一个地理名词，频繁在古诗词中出现，如"_____，_____"。
	2023年起	社会生活情境题	【2023全国新课标Ⅰ卷17（3）】小刚临摹了一幅诸葛亮的画像，想在上面题两句诗，却一直没想好。汪老师认为不妨直接用古人成句，比如"_____，_____"就很好。 【2023全国新课标Ⅱ卷17（3）】小刚在他创作的历史小说《正气歌》中写道：文天祥月下独步于江边，眼前壮阔的景象使他不禁吟诵起前人的写景名句"_____，_____"。

（四）从关联方式看，既有显性关联，也有隐性关联

显性关联即考试内容或考点设置直接与教材文本或学习任务等相关联。以古代诗文阅读板块为例，如2022年全国乙卷第11题，直接将文中加点的词语分别与初高中教材文本《短歌行》《屈原列传》《曹刿论战》《孔雀东南飞》中"食""放""靡""悲"及相关内容的解说进行对比，要求考生辨析其中不正确的一项，考查的是对文言多义词在不同语境中的词义的理解，属显性关联。

隐性关联指命题语料或题干设问方式并不直接导入教材文本、学习提示或学习任务，而是与其存在共性，是潜在的关联，如命题语料与教材内容出自同一作家甚至同一部作品，考生熟悉教材作家作品的风格，这种风格会在命题语料里有所体现。如2022年新高考Ⅱ卷语言文字运用Ⅱ材料选自萧红的《呼兰河传》，与小学课文《祖父的园子》（统编五年级下册）出处相同，且学生在初中也学过萧红的《回忆鲁迅先生（节选）》（统编七年级下册），这样的命题巧妙贯通基础教育学段，让学生倍感亲切。

王本华老师指出："潜在的、深层的关联更值得关注，因为这样的关联更能体现出课程新理念、教材新思想，更加需要教师转变课堂教学方式，适应新的挑战。"王本华老师认为，高考命题越来越强调整合、关注情境、重视运用，这也与统编教材编写理念、语文课程标准倡导紧密衔接与关联。

如2022年全国甲卷7~9题，双文本组合考查阅读题组，文本一为教材作家王愿坚的小说《支队政委（节选）》，文本二为美国记者哈里森·索尔兹伯里的报告文学《长征：前所未闻的故事（节选）》。双文本组合，与统编教材同一课组合几个文本的编排体系隐性关联；双文本阅读题组，考查语言文字的理解、积累与运用等能力，与课程标准以"学习任务群"组织课程内容的方式相呼应，与统编教材每单元后的学习任务群任务呈现，也有异曲同工之处。

命题与教材的隐性关联，还表现在题干设问所考查的必备知识、关键能力与核心素养，以与教材单元学习的重点内容建立知识链接的方式，增强与教材的关联度。

如2022年全国甲卷第9题：

这两个内容相近的文本文体不同，因而艺术表现也有差异。请比较并简要分析。

考查语料一为虚构作品小说，一为纪实作品报告文学，跨文体文本的组合，考查考生对不同体裁特征的认识、把握与分析比较能力，借助对相近内容的不同文体文本的阅读，帮助考生更好地理解作品的表达特色。这与统编教材选择性必修中册第二单元的编排理念思路紧密关联。教材该单元的课文，包含三篇纪实性较强的散文和报告文学，三篇以虚构为主的小说，在单元学习目标中明确提出"了解纪实作品和虚构作品各自的特点和表现手法"。这样隐性却紧密的关联，对于高中师生教与学回归教材，学生知识基础的强化与审美感知能力的提升，都有着非常积极的意义。

二、"核心素养"旨归下的课堂教学转型

从以上分析可知，高考命题由知识立意、能力立意到素养立意，呈现重视学科综合素养考查、重视学科教材内容转化运用考查、考查形式不断创新、考查内容丰富多样等考教衔接新特点。高考命题是教育的指挥棒和改革的龙头，高考命题的新特点启示高中语文教师，要顺应新特点新变化，自觉主动构建新课标倡导的素养型课堂，探索高中语文课堂教学的新形态。

（一）素养目标，语用为本，注重核心素养整体提升

语文课堂教学应围绕学科核心素养，体现语文课程性质，反映课程基本理念，确立素养型课程目标。其一，充分发挥语文课程独特的育人功能，利用统编高中语文教科书丰富的人文资源，加强对学生正确价值观的引导，注重爱国主义教育、理想信念教育、社会主义核心价值观教育、中华优秀传统文化教育以及基本道德品质的培养。其二，立足核心素养，把握核心素养的四个方面整体交融的特点，确立既有所侧重又融为一体的教学目标，不可以将四个方面简单罗列。其三，体现语文课程的基本特点，以语言运用为基础，课堂开展语言的积累与建构、表达与交流、梳理与融合的活动，引导学生在运用语言的过程中建构语言。

温儒敏老师指出，"应当坚持'语言运用'为本，整个教学过程都把'语言运用'的学习作为教学任务，同时'以一带三'，很自然地、综合地用语文

课特有的形式去达成各项素养的学习指标"。以语言运用为本，即语文课要回到"语文"上来，语文课程和教学要围绕语言运用，指导学生在语言运用实践中学习、学会语言运用。如语音、文字、词汇、语法、修辞、文体、文学等丰富系统的语言知识，是学生应掌握的语文课程内容，但教师不应将这些知识条文生硬灌输给学生，而要设计丰富的语言运用实践活动，引导学生在阅读与鉴赏、表达与交流、梳理与探究等综合性语文实践活动中，自觉运用语言知识，主动梳理、积累、整合，逐步掌握语言文字特点及运用规律，提高语言文字运用能力，建构个体言语经验，从而整体提升语文核心素养。

（二）创设情境，推进活动，引导学习主体解决问题

为改变教师大量讲解分析的教学模式，新课标设计了18个学习任务群，引导一线教学将自主、合作、探究性学习作为主要学习方式，"根据学生的发展需求，围绕学习任务群创设能够引导学生广泛、深度参与的学习情境"。教师创设真实或拟真的学习情境，既要立足教材与课堂，又要将视野拓展到校园生活、社会生活的广阔舞台，联系生活中各种各样的语言运用情境，引导学生在情境中经历完整、充分的语言建构性学习过程，之后又能在新的语言学习活动中迁移所知所学。以必修上册第一单元"青春之歌"文学类阅读与写作单元为例，有老师分别创设了"我们的青春书房"语文项目学习、"校园朗读者"活动、画意诗情"歌青春"朗诵会、"致敬青春"诗集编辑等学习大情境，在大情境统领下推进学生学习活动，具体活动包括但不限于设计"青春书房"指南，组织书房沙龙（讲座），诵读、鉴赏、写作新诗和小说，策划诗评专栏（展览），嘉宾招募，组织展演，编辑出版诗集等，引导学生投身于有意义的运用语言文字的语文实践活动中，激发学生兴趣，促成问题的解决。在此过程中，学生积累、掌握关于诗歌意象与抒情手法、"诗化"小说叙事与抒情特点的知识，懂得从形象、语言与情感等方面欣赏诗与小说，学会写作新诗，尝试写作诗评，从而提高审美鉴赏与表达交流能力。

需要特别注意的是，创设情境是为学生语文学习实践服务，故情境要真实（或拟真）、典型，不可为情境而情境，或以不合生活常理、不合学科逻辑的情境破坏语文学习的趣味，甚至损害学生对经典文本的涵咏品味。如《琵琶行》教学，有老师为让学生更好理解诗人借"东船西舫悄无言，唯见江心秋月白"极写琵琶演奏之艺术效果，创设"如果月亮会说话，此时它会说些什么"的情境问题。教师本想调动学生想象，以月亮的口吻赞赏琵琶女之技艺，从而感受诗人表达之高妙，结果却适得其反，随着各种答问，课堂哄笑不止，教师只能草草收场，文本静谧优雅的意境全然被破坏。叶丽新在《语文情境化命题：进展表现与深化路径》一文中指出："语文学科一方面需要关联显性的生活情境，使学习内容、学习过程与现实生活发生直接关联，让学生在解决现实问题中发展语文素养；另一方面依然要立足由语文学习对象、作品本身所构筑的情境，通过沉浸作品情境深刻理解作品，内化作品中蕴含的知识和道理等，为未来的学习和生活打下基础。"我们在关注社会生活情境创设的同时，也依然甚至要将更多目光聚焦学生个人体验情境与学科认知情境的创设运用，传统语文提倡的"在文字里走几个来回"，虚心涵泳，细致入微地体验感受，持久反复地细细品味等学习方法，在我们倡导的素养课堂，依然不可不重视。

（三）一以贯之，整合内容，做好小初高衔接教学

语文学科核心素养的四个方面是一个整体，素养型课程目标强调整体的育人价值，基于此，高考、教材都关注学生核心素养的整体表现，高中语文课堂教学也应一以贯之，整合课程内容，有效衔接小学和初中的课程教学。

一以贯之的"一"即注重立德树人的一贯目标，充分发挥语文课程独特的育人功能，发挥语文教学内容的熏陶感染作用，重视对学生情感、态度与价值观的正确引导，充分利用统编教科书丰富的人文资源，将语文课程思政融入语文教学实施的全过程，为传承和弘扬中华文化、增强民族凝聚力和创造力，培养德智体美劳全面发展的社会主义建设者和接班人发挥应有的作用。

内容整合是新课标的重要理念，这一理念也运用于统编高中语文教材的编写，这意味着语文教学亦应整合语文学科课程内容，即构建以学习项目为载体，整合学习情境、学习内容、学习方法和学习资源的学习（研习）任务群，引导学生在运用语言的过程中提升语文素养。好的语文教学不能只是教文本，而应以文本为例，整合阅读资源、学习支架，创设以学习成果为导向的学习活动，让学生在输出成果的"任务"下，积极主动参与听、说、读、写、思的活动，建构语言知识、能力，形成语文素养。

高中教师要改变以往对小学、初中教学漠不关心的状态，要有贯通K12的教育理念和视野。首先，研读义务教育语文课程标准，了解各学段学生语文能力素养水平要求；其次，熟悉从小学到高中的统编教材编写体系，了解各册教材"双线组元"，知道孩子们已知、未知与应知；最后，了解小学、初中考试试卷结构与题型等。如果不了解这些，不了解各学段学习内容与目标要求，语文教学就容易炒冷饭，平地上转圈，循环往复、没有梯度，"少慢差费"就难以避免了。如教必修上册《念奴娇·赤壁怀古》，很多教师很认真地介绍苏轼其人、"三苏"、乌台诗案，云云。殊不知，学生小学和初中仅仅在语文教材里就接触了12次苏轼的作品，想必之前通过老师介绍、阅读资料等，学生对苏轼已有非常充分的了解，教师可以节省时间，充分调动学生已知，使其快速进入新授课的学习，更有效率地完成学习任务。

（四）写为中心，以写促读，实现读写融通教学

传统语文课堂以阅读为中心，多以"记忆、理解、应用"为目标，指向简单记忆、机械重复、单向输入，学生的语文学习往往只是简单地积累语言材料，被动地吸收点状、线状的零散知识，未能在积累的语言材料之间建立起有机的联系，也无须探究语言文字运用的规律，更奢谈评价与创造。

而以"写"为中心的课堂教学设计与实施，着眼于高阶思维培养的目标，以学生输出为导向，强调将积累的语言材料和学科知识结构化，在语言实践中自觉运用语言，以表达审美体验，表达自己的情感、态度和观念，表现和创造新的言语材料，丰富言语经验与语言表达，提高语言运用能力，全面提升学科核心素养。

依据语文课程综合性的特点，现行语文课标不再将语文课程内容分为阅读、写作、综合性学习、口语交际四大板块，而是将其整合成学习任务群。统编高中语文教科书依照课标理念，突出课程目标、学科素养、课程资源、课程知识与课程实践的整合，设计单元学习（研习）任务群，每个单元的最后一个任务即是写作任务。在一定程度上，写作任务是该单元最高阶任务，这一写作任务整合了学习情境、学习内容、学习方法和实践路径，是统领整个单元学习的"终极任务"。教师在进行教学时，可以终为始，即以终极写的任务为学习出发点，以引导写的任务的完成为目标，设计层递式读写活动，以写促读，融通读写训练，实现读写素养的整体提升。

以统编高中语文教科书必修上册第一单元为例，单元学习目标要求"理解诗歌运用意象抒发感情的手法""学习从语言、形象、情感等不同角度欣赏作品，获得审美体验；尝试写作诗歌"。写一首"青春"主题的诗即是单元最后一个学习任务。为此，以小说《哦，香雪》的阅读学习为依托，设计这样的学习任务：

恰同学少年，风华正茂；书生意气，挥斥方道。阅风霜雨雪，游书山学海，观科技风云，追高远梦想；跃动的、温暖的心……用曼妙的文字，记录青春的呼吸与步痕，将其编辑成班级专属的青春便笺《此间的少年》。阅读铁凝的小说《哦，香雪》，将其改写成一首诗，表达对作品主题思想、人物形象等的理解或对青春、人生新的思考感悟。你的诗行，都将被收入《此间的少年》。

这一学习任务融通读写，指向这样的学习目标：改小说成诗，学习运用意象表达对作品主题思想、人物形象等的理解或对青春、人生新的思考感悟，理解诗歌运用意象、比喻、象征等暗示情感，婉转、曲折表情达意，语言凝练、跳跃的特点。学生在这一任务的推动下，阅读小说，寻找发现铁凝小说清新的笔调，以及洋溢在淡雅文字中的诗情；锁定意象重组语言，改写成诗，在创造输出成果的过程中，理解把握诗歌意象组合自然，语言凝练、委婉、含蓄，运用比喻、象征等暗示形象，富有节奏和韵律感等特点。

总的来说，近年高考语文试题呈现贯通K12教材的新趋势，这给高中语文教学提供了新的思路与挑战。高考命题由知识立意、能力立意到素养立意，呈现重视学科综合素养考查、重视学科教材内容转化运用考查、考查形式不断创新、考查内容丰富多样等新特点。高中语文教师，要主动顺应新特点新变化，自觉构建新课标倡导的素养型目标课堂，探寻高中语文课堂教学的新形态，为学生核心素养提升保驾护航。

【参考文献】

［1］教育部考试中心.中国高考评价体系说明［M］.北京：人民教育出版社，2019：18，23.

［2］王本华.关联教材，引导教学应教尽教：高考语文试题在引导教学上的不断探索［J］.语文建设，2023（13）：8-14.

［3］温儒敏.落实语文核心素养的"以一带三"［J］.语文学习，2022（11）：9-12.

［4］中华人民共和国教育部.普通高中语文课程标准（2017年版2020年修订）［S］.北京：人民教育出版社，2020：42.

［5］叶丽新.语文情境化命题：进展表现与深化路径［J］.全球教育展望，2022，51（7）：104-118.

第二节　UbD理论下的语文教学单元设计

　　"义务教育语文课程围绕立德树人根本任务，充分发挥其独特的育人功能和奠基作用，以促进学生核心素养发展为目的，以识字与写字、阅读与鉴赏、表达与交流、梳理与探究等语文实践活动为主线，综合构建素养型课程目标体系。"素养型课程目标下的语文教学，教学目标由知识的记忆、理解，转变为学生核心素养的发展，这就要求语文教学从关注单一知识点传授的课时设计转变为关注核心素养综合发展的单元整体设计。

　　传统教学设计一般按照"确定目标—组织教学—评价教学"的顺序进行设计，而基于UbD理论的教学设计分为三个阶段，即"确定预期结果—确定合适的评估证据—设计学习体验和教学"。UbD理论强调以学生的学习结果和学习评价为出发点，逆向设计并开展课程教学活动，为学科核心素养的发展指明了清晰的路径。

一、UbD理论下的单元教学设计实施路径

　　为探究统编初中语文教材（以下简称"教材"）单元教学设计的具体路径，现以教材"亲情散文阅读与创意表达"为例进行详细阐述。

　　"亲情散文阅读与创意表达"单元非教材中的自然单元，而是结合主题、文体和学习任务群重组的学习单元，学习材料包括教材的四篇文本：史铁生《秋天的怀念》和莫怀戚《散步》（七年级上册第二单元），朱德《回忆我的母亲》（八年级上册第二单元），朱自清《背影》（八年级上册第四单元）。亲情散文，往往借助细腻生动的细节描写抒写真挚动人的亲情，语言和形象

丰富多样，有独特魅力。立足亲情散文的特点，基于UbD理论进行单元整体设计，建构具体的亲情散文阅读与创意表达单元的教学设计流程。

（一）理解为先：依课标、教材和学情确定单元与目标

1. 依课标、教材和学情确定学习单元

如崔允漷教授所说，"一个学习单元由素养目标、课时、情境、任务、知识点等组成，单元就是将这些要素按某种需求和规范组织起来，形成一个有结构的整体"。和教材自然单元不同，我们所说的学习单元不只是内容单位，它还是一个学习单位，一个单元就是一个微课程。

义教段新课标以学习任务群组织与呈现课程内容，"文学阅读与创意表达"是六类学习任务群之一，抒写亲人之间真挚动人情感的亲情散文是教材重要的文学阅读文体，适合初中生阅读，可以加深初中生对亲情的感受和理解，丰富他们的情感体验；亲情散文生动的形象和语言、丰富的细节描写等，也特别适合初中阶段学生写作时模仿借鉴，在模仿写作的实践中，进一步丰富情感体验，提升审美创造能力。正是基于对课标、教材和学情的分析，将七年级上册和八年级上册四篇亲情散文组合起来，重构确定了"亲情散文阅读与创意表达"学习单元。

2. 三个维度确定学习目标

新课标从感受形象、了解特点、赏评语言、创作作品等方面规定了"文学阅读与创意表达"学习任务群的学习目标："引导学生在语文实践活动中，通过整体感知、联想想象，感受文学语言和形象的独特魅力，获得个性化的审美体验；了解文学作品的基本特点，欣赏和评价语言文字作品，提高审美品位；观察、感受自然与社会，表达自己独特的体验与思考，尝试创作文学作品。"在"双线组元"编写思路下，教材七年级上册第二单元、八年级上册第二单元和第四单元各有确定的学习目标。七年级上册第二单元：学习本单元，要继续重视朗读，把握文章的感情基调，注意语气、节奏的变化。在整体感知全文内容的基础上，体会作者的思想感情。有的文章情感显豁直露，易于直接把握；有的则深沉含蓄，要从字里行间细细品味。八年级上册第二单元：学习本单元，要了解回忆性散文、传记的特点，如内容真实、事件典型、注重细节描写等。还可以从中学习刻画人物的方法，品味风格多样的语言，提高文学鉴赏能力。八年级上册第四单元：领会作品的情思，可以培养审美情趣，丰富精神世界。学习这个单元，要反复品味、欣赏语言，体会、理解作者对生活的感受和思考，并了解不同类型散文的特点。

基于UbD理论，学习目标即明确预期的学习结果，这一环节从以下三个维度进行分析：学习迁移、意义建构、掌握知识和技能。

第一，确定学习迁移的能力。如前所述，能成功迁移所学，是学生获得"理解"的主要表现之一。即学生能运用本单元学习获得的理解、知识和技能，独立自主解决现实生活真实情境中的复杂问题。如本单元，学习迁移的能力是：学生能自主选择真实内容、典型事件进行细节描写，刻画人物，表达对亲情之爱的独特感悟与理解。

第二，确定意义建构的内容。意义建构指学生能激活旧知，与新知建立联系，形成结构化知识体系，包括确定需要深入持久理解的内容和确定基本问题两部分。需要深入持久理解的内容应是可迁移运用于新情境的概念、原理和过程等，是融入了重要观点的事实、技能和学习活动，能激发学生的兴趣和潜能。基本问题是能引发深入思考、可促进学习的理解和迁移的开放性问题。如本单元，需深入持久理解的内容包括：亲情散文，往往借助细腻生动的细节描写抒写真挚动人的亲情，语言和形象丰富多样；亲情散文有的情感显豁直露，有的则蕴藏在字里行间。基本问题有：什么是亲情散文？亲情散文常抒发的情感有哪些？亲情散文在语言表达、形象塑造方面有哪些特点？亲情散文抒发情感的方式有哪些？如何创作出真实动人的亲情散文作品？

第三，确定需要掌握的知识和技能。知识和技能是意义建构和学习迁移的前提和基础，即经过本单元的学习，学生将知道什么，能做什么。传统语文教学一直比较重视知识和技能的传授。如本单元，学生将知道亲情散文的概念、类型、语言特点、情感类型、情感表达方式；学生将能够有感情地朗读亲情散文，感受亲情散文的形象和语言特点，丰富情感体验，提高审美鉴赏品位；通过模仿借鉴，学习亲情散文细节描写、人物刻画和抒发情感等技巧，选择真实典型材料，创作亲情散文。

通过以上对课标、教材和学情的分析，提炼出"亲情散文阅读与创意表达"单元学习目标（预期的学习结果）（见表1-2-1）。

表1-2-1 "亲情散文阅读与创意表达"单元学习目标

课程标准	学习迁移	
朗读与默读亲情散文，加深对亲情的感受和理解，丰富情感体验；欣赏亲情散文生动的形象和语言、丰富的细节描写等，模仿写作亲情散文，提升审美创造能力	学生能自主选择真实内容、典型事件进行细节描写，刻画人物，表达对亲情之爱的独特感悟与理解	
	理解意义	
	理解 学生将会理解：亲情散文，往往借助细腻生动的细节描写抒写真挚动人的亲情，语言和形象丰富多样；亲情散文有的情感显豁直露，有的则蕴藏在字里行间	基本问题 什么是亲情散文？亲情散文常抒发的情感有哪些？亲情散文在语言表达、形象塑造方面有哪些特点？亲情散文抒发情感的方式有哪些？如何创作出真实动人的亲情散文作品
	掌握知识和技能	
	知识 学生将会知道：亲情散文的概念、类型、语言特点、情感类型、情感表达方式	技能 学生将能够：有感情地朗读亲情散文，感受亲情散文的形象和语言特点，丰富情感体验，提高审美鉴赏品位；通过模仿借鉴，学习亲情散文细节描写、人物刻画和抒发情感等技巧，选择真实典型材料，创作亲情散文

（二）多元评价：确定合适的评估证据

依据预期目标设置合理的评估方式，全过程考核评估学生是否获得真正的理解，是单元教学设计非常重要的一环。基于UbD理论，这一环节要完成三个方面的设计：选择合适的评估方式、设计真实的情境任务、制定评分量规。

第一，选择合适的评估方式。应就不同的教学目标、不同层次的课程内容，采取不同的评估方式，评估应有助于教与学的及时改进，贯穿学生学习的全过程，提倡评估主体、评估手段、评估工具、评估角度多元化。新课标"文学阅读与创意表达"学习任务群"教学提示"指出，"评价应围绕学生阅读文学作品的过程性表现进行"，"第四学段，侧重考查学生对语言、形象、情感、主题的领悟程度和体验，评价学生文学作品的欣赏水平，关注研讨、交流以及创意表达能力"。

第二，设计真实的情境任务。在应对现实情境的复杂问题的过程中，学习者习得综合性知识的运用能力，真实的情境能有效调动学习者参与解决问题的激情。好的学习任务能引发学生学习的兴趣，引发主动学习与深入思考，促进意义的发现，指向产生可视化可理解的学习成果。基于格兰特·威金斯等人的GRASPS（Goal目标，Role角色，Audience受众，Situation情境，Product成果，Standards标准）任务设计架构，综合考虑目标、角色、受众、情境、成果或学业表现、标准，本单元设计的情境任务是：亲情是社会得以长久延续发展必不可少的重要纽带，为弘扬孝老爱亲的中华传统美德，学校举办"感悟亲情"原创散文朗诵会，请你创作一篇"亲情散文"并参加朗诵会。作品要求情感真挚、细节生动细腻、人物形象丰满，语言有个性。这个情境任务目标明确，即创作"亲情散文"并参加朗诵会；角色清晰，即在校学生；受众是全校师生；情境是学校原创散文朗诵会；成果是原创亲情散文；评价标准包含情感、细节、形象、语言四个方面。

第三，制定评分量规。如前所述，评价与学习活动相伴相生。除了课堂情绪表征、回答问题、小组汇报、课堂测试外，师生共同制定评分量规亦是优化单元设计、提高教学和学习效率的重要措施。如"感悟亲情"原创散文评价标准可从四个方面拟定，评分量规包括整体性量规（见表1-2-2）和分析性量规（见表1-2-3）两类。

表1-2-2　"感悟亲情"原创散文评价标准1

评分等级	评分描述
1	情感真挚、细节生动细腻、人物形象丰满、语言有个性
2	情感真挚、细节生动细腻、人物形象丰满、语言平淡
3	情感真实、细节不够生动、人物形象丰满、语言平淡
4	情感真实、细节不够生动、人物形象不够丰满、语言平淡

表1-2-3　"感悟亲情"原创散文评价标准2

评分指标	评分描述	评分等级		
		优秀	良好	一般
情感抒发（2分）	借助真实的内容、典型的事件，表达作者对生活的感受和思考，感情真挚，情感意蕴丰富			
细节描写（3分）	有细腻生动的细节描写，细微之处刻画人物，表达细腻丰富的情感			
人物刻画（3分）	从外貌、语言、动作、神态、心理等多角度多方面刻画人物，写出人物心理的变化，人物形象真实丰富，富有个性			
语言表达（2分）	综合运用多种表达方式，语言有个性，语句素朴简约而耐人咀嚼，句式丰富灵动			
三个等级分别按评分指标满分的1、0.7、0.3系数赋分		总评得分：（　　　　）		

（三）语文实践：设计适切的学习活动

真正的学习不是通过被动接受老师的灌输获得知识，而是学生在积极主动的阅读与鉴赏、表达与交流和梳理与探究的言语实践中获得真正的理解，从而建构属于自己的知识与技能，形成核心素养。

基于UbD理论的设计提供了一个具体安排学习活动的操作流程——WHERETO，可用于我们设计适切的学习活动。W（Where）——学生明确单元学习目标；H（Hook）——激发学习意愿；E1（Explore）——逐步探究主题；R（Rethink）—反思学习过程；E2（Evaluate）——展评学习所得；T（Tailor）——设计多元风格；O（Organize）——组织教学活动。WHERETO操作流程也是学习活动设计的分析工具，围绕这七大要素组织单元学习活动，检测整个单元学习活动是否相互衔接，体现进阶式实现目标的路径。根据"亲情散文"阅读与创意表达的预期学习结果、所选择的评估证据，结合WHERETO操作流程，可确定单元学习活动（见表1-2-4）。

表1-2-4 "亲情散文"阅读与创意表达单元学习活动

学习情境与任务（课时）	学习目标	学习活动	学习资源	学习支架	学习评价
亲情故事会：讲述亲情故事（2课时）	能用自己的语言讲述《秋天的怀念》《散步》《回忆我的母亲》《背影》四篇散文的亲情故事	1. 默读梳理：默读四篇散文，勾画时间、地点、事件转换的语句，用思维导图梳理主要故事情节。 2. 协同合作：小组成员互为听众，各自选择其中一篇讲述亲情故事。 3. 反馈交流：各组推荐一名同学给全班讲课本亲情故事，师生商量制定评价量规，评估学习结果	教材四篇亲情散文	《秋天的怀念》情节思维导图示例	主要故事情节完整无遗漏，时间、地点、事件对应准确，讲述自然流畅
情感分析会：分析亲情意蕴，加深情感体验，明确抒情方式（2课时）	能逐层分析四篇散文丰富的情感意蕴，辨析不同的抒情方式	1. 朗读体会：朗读课文，找出蕴含丰富情感的语句，明确亲情散文综合运用叙事、抒情与议论多种表达方式的特点。 2. 对比分析：从情感对象、载体、内容等方面列表，对比分析几篇散文情感的细微差别。 3. 深入探究：除了亲情外，几篇散文还各有怎样丰富的主旨意蕴	1.教材四篇亲情散文。 2.《叙事散文的"抒情间离"及其教学运用》（郭跃辉）	亲情散文情感意蕴分析表	朗读评价，注意重音、停连、语气、节奏的变化等。同学互评并提出建议

学习情境与任务（课时）	学习目标	学习活动	学习资源	学习支架	学习评价
文学鉴赏会：从细节描写、形象刻画、语言风格三方面选点鉴赏，写文学小评论（2课时）	能以四篇散文具体语段为例，从细节描写、形象刻画、语言风格选点鉴赏并创作评论文章	1. 找寻细节的感人力量：阅读《秋天的怀念》《背影》，找出其中感人的细节，说说其对于人物刻画、情感和主旨表达的作用。 2. 从身份、语言、主要事件、作者评价等方面列表，对比分析《背影》《散步》中的"父亲"形象、《秋天的怀念》《回忆我的母亲》中的"母亲"形象。 3. 朗读、默读精彩语句，揣摩、品味风格多样的语言。品味语段、语句、字词等，感知内容，体会蕴含的感情，品评语言的表达效果，鉴赏作者的语言功力，积累语言，增进语感。 4. 以四篇散文具体语段为例，从细节描写、形象刻画、语言风格选点鉴赏并尝试创作文学小评论	1.教材四篇亲情散文。 2.《细节的力量》（简平）	文学评论：《解读中学语文教材里的母亲形象》（唐秀良）	文学评论写作评价：选点清晰，观点明确，道理阐释与所引语段一致，语言简洁有力

续 表

学习情境与任务（课时）	学习目标	学习活动	学习资源	学习支架	学习评价
散文交流会：为参加"感悟亲情"朗诵会原创一篇"亲情散文"并与同学交流（2课时）	能模仿借鉴四篇亲情散文，选择真实典型材料，创作亲情散文	1.选择材料：确定情感对象、载体，用思维导图列出亲情故事主要内容。 2.叙写故事：叙述亲情故事，注意描写细节和刻画形象。 3.抒发情感：除了字里行间蕴含情感外，还可以边叙边议，或篇末直接议论抒情。 4.表达感悟：除了要借亲情故事抒写感人的亲情外，还可以表达对生活的独特感受和思考	教材四篇亲情散文	教师下水示范：《外婆的顶针箍》；学长佳作《我们的白文鸟》	"感悟亲情"原创散文评价标准2（表1-2-3）

二、UbD理论下的单元教学设计启示与反思

基于UbD理论的单元教学设计，要特别注意处理好以下几方面的问题。

（一）单元与目标的确立

"单元"的概念将传统的"内容单元"化为"学习单位"，UbD理论提倡以终为始的单元教学设计，单元与学习目标对单元学习起到提纲挈领的作用，二者的确立要符合学生学科发展需求，致力于学科核心素养的养成与提升，每课时目标服务于单元整体任务的完成，师生都清楚学习目标并自觉为实现目标努力。

（二）任务与情境的创设

任务是新课标及统编教材的核心支点，在单元整体建构的基础上，以任务设计统领整个单元的教学。单元教学设计提倡在真实的语文学习任务情境中，

开展自主、合作、探究学习，综合提升学科核心素养。情境与任务的创设应服务于单元学习要解决的问题，能引起学生学习的兴趣并保持关注。

（三）学习活动的推进

阅读与鉴赏、表达与交流、梳理与探究的语文实践活动是学科核心素养形成的主要路径。单元教学设计以学习活动设计为根本。学习活动要有助于分解学习任务，注重阅读与鉴赏、表达与交流、梳理与探究三方面的整合，呈现一定的逻辑递进关系，学生学习积极性、活动参与度高。

（四）资源与支架的供给

UbD理论下的语文单元教学，尊重学生学习的主体性，教师提供各种学习资源与支架，以帮助学生顺利超越最近发展区。资源和支架形式多样，类型丰富多元，为实现学习目标服务，有利于引导学生独立、能动地学习，能帮助学生更好完成学习任务，学会学习，改变以往以大量的讲解或师生问答推进课堂的传统生态。

（五）反馈与评价的实施

反馈与评价发挥着检查、诊断、激励、甄别、选拔等多重功能，能激发学生学习兴趣，指引学生学习方法，从而有效促进学生学习，提高学习成效。评价要围绕教学目标，方式要多样，主体要多元，评价量规清晰、可操作，评价语言对学生学习起正向反馈作用，能教会学生反思。

总之，由课时设计向单元设计的转变，是新课标理念下统编教材教学的应然选择。基于UbD理论，通过"大概念"和"基本问题"将多篇课文多个课时有机融合，优化语文单元教学设计，实现"为理解而教"，促进学生在真实的语言运用情境中进行积极的语言实践活动，形成正确价值观念、必备品格与关键能力，为全体学生核心素养的形成与发展服务。

【参考文献】

[1]中华人民共和国教育部.义务教育语文课程标准（2022年版）[S].
北京：北京师范大学出版社，2022：2，26.

[2]威金斯，麦克泰格.追求理解的教学设计[M].闫寒冰，宋雪莲，赖

平，译.上海：华东师范大学出版社，2017：19.

［3］崔允漷.如何开展指向学科核心素养的大单元设计［J］.北京教育
（普教版），2019（2）：11-15.

［4］麦克泰，威金斯.理解为先单元教学设计实例：教师专业发展工具书
［M］.盛群力，张恩铭，王陈烁，等译.宁波：宁波出版社，2020：
12-13.

第三节　语文课程思政的主要内容与实施要点

　　课程思政是一种课程观，是以构建全员、全程、全课程育人格局的形式将各类课程与思想政治理论课同向同行，构建全课程育人环境，形成协同效应，把"立德树人"作为教育的根本任务的一种综合教育理念。

　　课程思政具有鲜明的政治底色，价值引领要牢牢把握住正确的政治方向，坚持为党育人、为国育才的根本目的，深入触及学生的世界观和价值观。相比思政课程、专业课程，课程思政是"隐性"教育，具有间接、迂回、隐蔽的特点；课程思政的方法具有明显的灵活性，各思政内容之间未必需要直接的逻辑关系，而是体现出"润物细无声"的特点。

　　新课标在"基本理念"中指出："普通高中语文课程，必须以习近平新时代中国特色社会主义思想为指导，坚持立德树人，弘扬民族精神，融入社会主义核心价值观教育，培养热爱中华文明、热爱祖国、热爱人民、热爱中国共产党的深厚感情，以及热爱美好生活和奋发向上的人生态度，使学生逐步形成自己的思想、行为准则，增强为中华民族伟大复兴而努力的历史使命感和社会责任感。"在"教学建议"中指出："普通高中语文课程应重视对学生情感、态度与价值观的正确引导。教学时应注意教学内容的价值取向，发挥语文课程的熏陶感染作用。尊重学生独特的学习体验，引导学生在语文学习中接受优秀文化的熏陶，获得丰富的审美体验，形成良好的人文修养，树立正确的世界观、人生观和价值观。"这是语文学科对课程思政内容的最新要求，高中语文课程教学应该充分利用统编高中语文教科书丰富的人文资源，在课程思政中强调对学生正确价值观的引导，注重爱国主义教育、理想信念教育、社会主义核心价值观教育、中华优秀传统文化教育以及基本道德品质的培养。

一、语文课程思政的主要内容

（一）爱国主义教育

爱国主义深深植根于中华儿女心中，是我们民族最重要的精神财富，激励着一代又一代中华儿女为祖国发展繁荣而自强不息、不懈奋斗。《新时代爱国主义教育实施纲要》明确指出："培养社会主义建设者和接班人，首先要培养学生的爱国情怀。要把青少年作为爱国主义教育的重中之重，将爱国主义精神贯穿于学校教育全过程，推动爱国主义教育进课堂、进教材、进头脑。"如中国革命传统作品研习单元，教材课文选取的作品表现了革命志士的革命精神和伟大人格，反映了人物浓厚的家国情怀和强烈的社会责任感，蕴含丰富的爱国主义教育内容。

（二）理想信念教育

理想信念处于人们主观精神世界的核心地位，理想信念教育是青少年学生思政教育的关键。远大的理想、崇高的信念能指引人生的奋斗目标，激发人生的前进动力，激励人们奋发向上，提高人生的精神境界。如"青春激扬"人文主题的文学阅读与写作学习单元，教材精选表现革命领袖伟大革命抱负和豪放胸襟，表达作者热爱生活、乐观进取、青春勃发精神状态的一组文本，能激发学生的青春热情，引发学生对伟大理想的追寻，提高学生对党的政治认同、情感认同、价值认同，坚定其为伟大理想不断奋斗、勇毅前行的信念和信心。

（三）社会主义核心价值观教育

党的十八大报告对社会主义核心价值体系建设提出了新部署、新要求，强调"要深入开展社会主义核心价值体系学习教育，用社会主义核心价值体系引领社会思潮，凝聚社会共识"。语文课程思政将社会主义核心价值观教育作为重要内容，"引导学生牢牢把握富强、民主、文明、和谐作为国家层面的价值目标，深刻理解自由、平等、公正、法治作为社会层面的价值取向，自觉遵守爱国、敬业、诚信、友善作为公民层面的价值准则"。如"自然情怀"人文主题文学阅读与写作学习单元，学生学习不同时期、不同风格的写景抒情散文，能激发对自然的珍爱之心和对生活的热爱之情，培养与自然相处的理念，树立合理的自然观；又如当代文化参与单元，学生在活动中关注与参与当代生活，从熟悉的场景中激活记忆、凝练认识，感受富强、民主、文明、和谐的当代中国风貌。

（四）中华优秀传统文化教育

"语文是落实中华优秀传统文化教育的核心课程，要全面体现中华优秀传统文化蕴含的核心思想理念、人文精神和传统美德。"统编高中语文教科书加大了古诗文比例，必修阶段在"思辨性阅读与表达"和"文学阅读与写作"两类任务群各安排了"中华文明之光"和"生命的诗意"人文主题学习单元；在选择性必修阶段，安排了四个"中华传统文化经典研习"学习任务群单元，分别是"百家争鸣——诸子散文专题研习""历史的现场——古代史传与史论作品研习""诗的国度——古代经典诗词作品研习""至情至性——古代经典散文作品研习"，引导学生阅读相关文化经典作品，体味古人的丰富情感、生命思考和深邃思想，提升对中华文化的认同感、自豪感，增强文化自信。

（五）基本道德品质培养

语文课程及教材有着丰富的思政材料，在促进学生基本道德品质养成方面具有重要意义。语文教师要加强语文课程内容与学生成长的联系，引导学生在积极的言语实践活动中，提高辨别美丑、是非的能力，培养学生的责任与担当意识，进行诚信守法教育、平等合作教育、勤奋自强教育，塑造良好公民人格；帮助学生认识生命、珍惜生命、尊重生命、热爱生命，培养自觉的审美意识和高尚的审美情趣等，促进学生健康全面成长。如"求真求实"人文主题"科学与文化论著研习"学习任务群单元，可以培养求真求实的科学态度和勇于探索创新的精神；又如"劳动光荣"人文主题"实用性阅读与交流"学习任务群单元，可以学习新闻人物无私奉献、勇于创造的劳动者精神，培养崇尚劳动、尊重劳动、热爱劳动的优秀品质；再如"媒介素养"人文主题"跨媒介阅读与交流"任务群单元，可以学会面对海量互联网信息时能多角度客观理性看待问题，形成独立而正确的判断，培养追求真善美、摒弃假恶丑的正直品质。

二、语文课程思政的实施要点

高中语文课程要充分利用教学内容的价值取向，发挥语文课程的熏陶感染作用，立足教材，拓宽渠道，充分发挥课堂教学的主渠道作用，将思政内容细化落实到教学目标之中，融入渗透到教育教学全过程。

（一）整体把握，融入与挖掘相结合

为发挥语文教材的铸魂培元作用，统编高中语文教材以新时代高中学生应有的"理想信念""文化自信""责任担当"作为隐性的精神主线编排学习内容，语文教师在确立单元教学目标时，就应整体把握，在落实语文工具性要求的同时，紧密联系教材人文主题，发掘并融入思政内容，将思政目标作为学生学习目标的有机组成部分。以统编高中语文必修和选择性必修五册教科书为例，可以结合其涉及的人文主题挖掘思政内容，将其融入单元学习目标（见表1-3-1）。

表1-3-1　统编高中语文教科书融入思政目标一览表

教材单元	第一单元	第二单元	第三单元	第四单元	第五单元	第六单元	第七单元	第八单元
必修上册	激发青春热情，激荡理想信念	培养尊重与热爱劳动的美德	提升审美情趣，增强文化自信	增进家乡文化认同，培养服务社会意识	学习先进文化，培育正确价值观	明辨是非、善恶、美丑，激发对自然与生活的热爱	树立和谐自然观，激发对自然的热爱	感受祖国语言文字之美，培养热爱祖国语言文字的情感
必修下册	领略传统智慧，培养理性精神	激发良知与悲悯情怀，懂得尊重和包容多样的文化	体会人文之美与理性价值，激发探索与创新精神	提高媒介素养，培养理性客观精神	关注社会与现实生活，勇于承担时代使命	学会观察思考，提升审美情趣与品位	享受阅读乐趣，丰富精神世界，提升审美品位	恪守正确价值观，培养责任与担当意识
选择性必修上册	继承弘扬革命文化，坚定民族伟大复兴的信心	领略先哲思想魅力，传承弘扬民族优秀传统文化	感受多样丰富的文化风貌，培养开放包容的文化心态	探究真理，感受祖国语言文字魅力，增强对祖国语言文字的热爱	—	—	—	—

续 表

教材单元	第一单元	第二单元	第三单元	第四单元	第五单元	第六单元	第七单元	第八单元
选择性必修中册	探寻伟人足迹,增强理论自信	感受无私无畏的革命精神,树立文化自信、道路自信	领会人物的家国情怀和担当精神,提升对中华文化的认同感、自豪感	感受人类精神世界的丰富,培养开放的文化心态	—	—	—	—
选择性必修下册	感受古诗词之美,获得情感浸润和审美体验	关注现当代文化现象,弘扬社会主义先进文化	感受古文之美,增进对中华文化核心思想理念和中华人文精神的认识和理解	培养求真求实的科学态度和勇于探索创新的精神	—	—	—	—

以统编高中语文教科书必修上册第一单元为例,在确立单元学习目标时,结合教材抒发青春情怀的作品内涵、"青春激扬"的人文主题与单元学习任务群要求,挖掘融入"激发青春热情,激荡理想信念"的课程思政内容,将这一思政内容融入单元学习活动全过程,引导学生结合"青春的价值"思考作品意蕴,结合自身体验,敞开心扉,追求理想,拥抱未来。

(二)创设情境,显性与隐性相结合

语文课堂,教师往往在解读文本主旨、分析人物形象,以及写作选材立意等内容的教学时,直接对学生进行思想政治教育,培育其社会主义核心价值观,增强其使命感和责任感。语文教师以直接的、公开的方式进行讲解,使学生更好地理解语文学科思想政治教育的内容,并最终内化于心、外化于行。

除了显性教育外,语文课程思政往往以隐性方式进行。真实、富有意义的语文实践活动情境是学生语文学科核心素养形成、发展和表现的载体,教师充分创设学生学习情境,借助真实或拟真情境进行思想政治教育的渗透,让学生的情感与学习内容产生共鸣,关注、引导学生道德情感的内化,这往往与显性的灌输教育形成互补效应。如必修上册第一单元,是"青春激扬"人文主题的文学阅读与写作学习单元,创设以青春价值为主题的"校园朗读者"的真实情境，围绕核心任务，在学习准备、嘉宾招募、组织展演三个阶段都融入关于青春的人文主题内容。学习准备阶段，学生朗诵单元诗歌和小说作品，进入个人体验情境，感受青春的多姿多彩；嘉宾招募阶段，学生再读诗歌和小说作品，进入学科认知情境，感受丰富的文学意蕴与人文情感；组织展演阶段，借助诗歌和小说作品的欣赏与表达交流，同学们进入校园生活情境，投入各自承担的主持、嘉宾、观众、朗诵者角色，感受青春的价值，懂得要珍惜青春、执着奋斗，激发了青春的热情，激荡着青春的理想信仰，获得审美陶冶和情感熏陶。

创设情境进行思政引导时，要注意情境创设的两个层次：第一层，创设的情境要能引发学生思想情感的共鸣，易于唤醒学生与文本内容的对话，唤起更深入的思考。如上述"校园朗读者"情境，学生为参与朗诵活动，为了读出情感，读懂作品旨意，就必须深入与文本内容、与文本作者对话，读出自己的感悟与思考。第二层，要营造真实的学习环境，即将思政内容、学习方式与学生成长、校园生活、社会发展紧密关联，促进学生在学习中主动融入自我、发展情感，提升品格。如必修上册第二单元，是"劳动光荣"人文主题的实用性阅读与交流单元，可以创设"寻找校园最美劳动者"的真实情境，学习准备阶段，学生进入校园生活情境，走访校园里的劳动者，包括教师、保安、食堂师傅、宿管阿姨、园丁、清洁工等，确定访谈对象；访谈拍摄阶段，学习小组分工，撰写访谈提纲、现场访谈录音、拟写纪录片脚本、选择场景拍摄、后期配音制作等，学生进入学科学习情境；活动展示阶段，各小组展示拍摄成果，邀请纪录片主人公和影视制作专业人员参与成果评比等，这就进入了社会生活情境。这样的情境创设直接关联学生的校园生活、学科学习和社区真实场景，在与同龄人和成年人的交往中，学会真诚对话与交流，懂得尊重与欣赏，获得了精神的陶冶，得到了情感的熏陶。

（三）设计任务，输入与输出相结合

新课标理念下，语文教师继承中国语文教学的优良传统，在布置传统的语文学习任务时，着眼于学生"记忆、理解、应用"等语文能力的培养，引导学生在积累、理解文质兼美的文字材料的同时，感受伟人崇高的精神境界、深厚的家国情怀，从而培育优秀道德品质、坚定理想信念；在反复诵读古诗文作品的同时，继承和弘扬中华优秀传统文化，增强文化自信。

除了输入型任务，教师还可多设计输出型任务。输出型任务可充分激发受教育者的主体能动性，达到良好的自我教育效果，促进语文课程思政教育效能的提升。新课标指出，"将抽象的学习内容转化为有真实意义和目标的学习任务，是实现任务群教学价值的关键"。好的任务设计具有目的性、真实性、过程性和整体性几个特点。输出型任务强调将积累的语言材料和文化知识结构化，在语言实践中自觉运用语言，引导学生表现和创造新的言语材料，以表达自己的情感、态度和价值观，在实现输出成果的同时，学生获得情感浸润和审美体验，体会人文之美与理性价值，端正生活态度与价值观，传承与弘扬社会主义先进文化。

如统编高中语文教科书必修上册第七单元第14课《故都的秋》《荷塘月色》设计的输出任务：

为饱尝故都的秋味，郁达夫先生特地从杭州经青岛赶上北平，他甚至说愿意把寿命的三分之二折去，只为留住北国的秋；心里颇不宁静的夜晚，朱自清先生独游清华荷塘，受用无边的荷塘月色，写下精致细腻的文字。故都的秋、荷塘月色，因他们的书写而更令人神往。

我们生活的普定县，或者仅在我们的校园，又或者在你生活的社区、小镇、村落，一定也有独特而美好的风物景致，曾激起你心灵的涟漪，让你留连，引你思索感悟。请你调动记忆和所有的感官，将它（它们）写下来。班委将把同学们的习作编辑成《遇见：普定风物与人文》一书，印发给来普定一中开展结对帮扶工作的朋友们。

这个输出任务直接引导学生迁移运用《故都的秋》《荷塘月色》情景交融的艺术，借助对景物的描写抒发真挚独特的情感，在迁移运用课内文本构思特色、绘景艺术的同时，学生获得审美趣味的熏陶，培养了热爱家乡风物的情感和参与家乡文化生活的兴趣与责任感。

（四）开展活动，理论与实践相结合

新时期我国社会经济不断进步和发展，对人才的要求越来越重视在社会实践中的能力，高中生未来将面临社会发展所带来的新的机遇和挑战，这就要求新时期思想政治教育理论与实践相结合，提高高中生思想政治理论水平的同时，更不能忽视其社会实践能力。基于思想政治教育理论与实践相结合的新要求，为培养高中生成长为未来社会建设者和接班人所需的较高的科学文化水平和社会实践能力，在语文学科课程思政进行思想政治教育理论的学习时，要重视引导学生参与社会实践，以正确的思想政治教育理论指导社会实践活动，又在社会实践中不断提升思想道德素养，强化思想政治教育理论。

开展有教育意义的语文综合实践活动，在阅读与鉴赏、表达与交流、梳理与探究等语文学习活动中，学生自觉体验环境、完成任务、完善品德、发展个性，实现人的全面发展。精心设计和组织开展主题明确、内容丰富、形式多样、吸引力强的语文探究实践活动，引导学生以主人翁的态度积极主动参与活动，在与同伴互助合作、探究学习的过程中，自觉接受正确的价值导向引导，得到积极向上的力量激励，自觉形成良好的思想品德和行为习惯。以统编高中语文教科书选择性必修下册第四单元为例，其中一个输出任务是："为学校生物科组拟制作的科普展板撰写鸟类迁徙解说词"，此学习任务可分解为三课时，每课时设计递进式学习活动。第一课时，填写表格，厘清文脉，理解内容，概括主旨；撰写一段150字左右的文字，探讨"科学精神"的内涵。第二课时，用三个15字以内的短语，概括解说词的特征；从句式、修饰限制性成分、人称、修辞等角度赏析语言，归纳解说词常用表达技巧；填写表格，明确介绍顺序的作用。第三课时，参考资源包中"鸟类迁徙"科普说明文字资料，梳理鸟类迁徙原因、规律、路线、队形、特点等要素内容；在表达上，体现解说词在表达方式和语言风格上的特点，做到既准确严密，又生动形象；字数在1000字左右。三课时有系统有规划的学习活动设计，促使学生通过下载并阅读资源包、观看视频、梳理表格、撰写文段、提炼关键词、朗读品析语言、阅读批注、搭建思路、限时写作、作品交流、互评升格等序列化实践活动的参与，线上线下，跨越时空，自主合作，学会阅读与鉴赏、倾听与分享、沟通与协作，体会到人文之美与理性价值，激发了探索与创新精神，培养了理性客观精神，同时，提升了对社会与现实生活的关注度，培育了责任与担当意识。

（五）下水写作，引导与示范相结合

语文学科课程思政，重要的不是讲解思政大道理，而是在语文教师的引导与示范下，学生通过语文学习实践活动获得学科核心素养进一步发展的同时，坚定文化自信，自觉弘扬社会主义核心价值观，传承中华优秀传统文化，厚植家国情怀，培育文化自信。教师除了课内外言行的引导与示范，还可以充分利用下水写作，开辟语文学科思政的独特路径，提升思政效益。

叶圣陶先生建议语文老师教学生写作时自己经常动动笔，他认为这样能更有效地帮助学生进步。教师经常下水写作，是语文学科思政教育非常有效的路径。教师文质兼美、理性与文采兼备的下水示范，除了能给学生写作提供非常好的借鉴参考外，还传递正向价值观念，将教师个人的家国情怀、博大胸襟与非凡气度展现给学生，帮助学生形成正确的价值观，提高对真善美的理解力与感悟力，提升学科课程思政的效益。

如执教《陈情表》等文化经典，教师下水写作古文评点，传递对中华优秀传统文化的热爱之情，有助于学生树立文化自信；执教《故都的秋》《荷塘月色》，教师下水写作写景散文《故乡的小河》，抒写对故乡风物与美好人情的热爱，有助于丰富学生的精神世界，唤醒学生对故乡、对邻里乡亲的热爱之情；执教必修上册"学习之道"人文主题单元（第六单元），教师下水写作《"学习之道"内涵导图》、议论性散文《睁开双眼，打开双耳》、叙事散文《邂逅广图人文馆》等，以自身对阅读、对学习的执着与热爱，深深地感染学生。如教师能经常下水写作，便能了解写作的甘苦，在无形中建立起与学生世界的亲密关联，对于激励学生努力学习、培养学生良好的写作习惯、形成良好的师生互动氛围等，有着其他任何教学行为都无法替代的巨大价值。

总之，语文课程思政是语文教师教书育人的应有之义，也是语文课程教学的价值回归。

在新课程、新教材、新高考实施背景下，提出"语文课程思政"这一话题，有着极大的现实意义。将语文课程思政融入语文教学实施的全过程，让语文学科教学与思政学科教学、其他学科教学在思政方面相互补充，相互促进，实现对学生情感、态度、价值观的正确引导，为传承和发展中华优秀传统文化、增强民族凝聚力和创造力，培养德智体美劳全面发展的社会主义建设者和接班人发挥应有的作用，语文教师责无旁贷。

【参考文献】

［1］中华人民共和国教育部.普通高中语文课程标准（2017年版2020年修订）［S］.北京：人民教育出版社，2020：2，41.

［2］中华人民共和国中央人民政府.中共中央　国务院印发《新时代爱国主义教育实施纲要》［EB/OL］.（2019-11-12）［2023-02-14］.http：//www. gov. cn/zhengce/2019-11/12/content_5451352. htm.

［3］中华人民共和国教育部.教育部关于印发《中小学德育工作指南》的通知［EB/OL］.（2017-08-22）［2023-02-10］. http：//www. moe. gov. cn/srcsite/A06/s3325/201709/t20170904_313128. html.

［4］中华人民共和国教育部.教育部关于印发《革命传统进中小学课程教材指南》《中华优秀传统文化进中小学课程教材指南》的通知［EB/OL］.（2021-01-19）［2023-02-12］.http：//www. moe. gov. cn/srcsite/A26/s8001/202102/t20210203_512359. html.

［5］王意如，叶丽新，郑桂华，等.普通高中课程标准（2017年版2020年修订）教师指导·语文［M］.上海：上海教育出版社，2020：81.

［6］张春红，廖与可.导向全面育人："写为中心"的作业设计与实施［J］.中小学教师培训，2022（9）：27-31.

第四节 信息技术赋能"立体语文"素养课堂

借助先进的信息技术，教育资源得以丰富，教育方式得到改善。随着信息技术的不断发展，为适应立德树人的根本任务目标，信息技术辅助教育教学、信息技术与学科教学整合，逐渐发展到信息技术与学科教育深度融合。

那么，到底什么是"信息技术与学科教育深度融合"？这里至少包含三个关键词：一是自主，二是个性，三是泛在。即从学习者中心的角度，借助信息技术打通学科教育的边界，学生在教师的引导下，随时随地，积极主动质疑、探究、联想，对学习内容、学习对象深加工，实现个性化迁移与运用。

一、信息技术与"立体语文"课堂的适切性分析

互联网时代，语言文字运用涌现许多新现象，呈现许多新特点。信息技术的运用，拓展了学习空间，丰富了学习资源，改变了学习方式，能够满足学生自主、个性化学习的需求。

（一）即时海量的互联网数据，促进"立体语文"课堂多元评价

信息技术支持下的混合式学习，生成丰富的学习成果产品与过程性数据，这些学习过程性材料，清晰客观地呈现学生学习中表现的个性品质、精神态度与能力水平，全面记录学生个性化的学科素养发展轨迹，为"立体语文"课堂开展客观、多维、多元评价奠定了基础，能有效呵护学生学习的兴趣与个性。

（二）互联网丰富多样的资源，丰富"立体语文"课堂教学内容

"互联网+"、5G、VR技术、人工智能技术等相继运用于教育领域，移动终端设备也日益普及，这使得学习资源的内容和形式日趋丰富。"跨行业、跨

时空、多类型的学习资源被整合成'在线—离线''固定—移动''文本—可视'以及'平面—虚拟现实（VR）'等多种形态，可以满足学习者在泛在学习环境下利用碎片化时间进行学习的需要，可以实现优质学习资源的进一步开放共享。"信息技术能提供多形态、多功能的立体资源，使学习内容更加丰富、直观，能满足不同层次、不同兴趣学生"立体语文"个性化学习需求。

（三）具有交互功能的网络空间，实现"立体语文"课堂时空延展

信息技术支持下的网络学习空间，具有全时段可交互的特点，有助于"立体语文"课堂突破时空限制，生生、师生、学习共同体的探究、互动与交流，不再局限于固定课时和教室空间，课堂由教室延伸到社会生活领域、线上终端平台，语文学习可以根据个体需要随时随地发生，这极大延展了学科学习时空。

（四）多维互动的多媒体环境，助力"立体语文"课堂方式变革

信息技术支持下的多维互动环境，可自如实现师生交互、人机交互、小组交互、班级交互，以及家校互动，这与"立体语文"课堂主张的多元多维交互学习方式相契合。基于信息技术的多维互动教学，彻底改变教师大量讲解分析的学习方式，以学习共同体为单位，利用教学动态因素之间的合作互动，形成自主探究的氛围，促进学生自主建构知识与培育素养。

二、信息技术赋能"立体语文"素养课堂构建

"立体语文"课堂将信息技术与语文教育深度融合，"力求将孤立的、片面的、零碎的、零散的语文教学因子有机整理、整顿、组合，使其以连接的、联系的、立体的言语形态表征，实现学生语文学习'立体的懂''立体的会'"。在信息技术背景下，着眼于学生核心素养的整体发展，从学习目标、评估反馈、任务情境、活动推进、资源支架五方面构建"立体语文"课堂，实现课堂学习的"立体化"，提升学科学习效果。以统编普通高中教科书语文选择性必修下册第四单元（以下简称"选必下第四单元"）为例，具体阐述如下。

（一）学习目标立体：基于学情分析，确立素养目标

运用问卷星和腾讯问卷，根据课程内容开展在线问卷调查、测评、投票等，采集数据，分析调查结果，了解学生学习兴趣、学习基础和学习风格等，确立能激发兴趣、促进思维发展的可行性素养目标。

素养目标区别于传统教学"学科知识逐'点'解析、学科技能逐项训练的简单线性排列和连接"，"立体语文"学习目标"追求语言、知识、技能和思想情感、文化修养等多方面、多层次目标发展的综合效应"。"立体语文"课堂进行单元整体教学创新设计，基于教材编写体系，进行"三线组元"，即除了"人文主题"目标、"语文要素"目标外，还有"学习任务群"目标。以"单元学习任务"为导向，以学习项目为载体，整合学习情境、学习内容、学习方法和学习资源，引导学生在以"写作"为中心的书面语运用过程中提升语文素养。事实证明，基于信息技术运用了解到的学情分析，有助于帮助老师确立目标时创设更有效的情境，以激发学生的兴趣和潜能，并为学生将所学应用到新的情境中提供学习迁移的机会。

譬如，选必下第四单元人文主题是"求真求实"，所属学习任务群为"科学与文化论著研习"，结合以上二者及教材"单元提示"对"语文要素"目标的要求，同时参考学情分析，可确立单元立体素养目标为：

1. 通过尝试自主抓取关键概念、把握观点，总结内容并撰写提要和笔记等，学习阅读科学论著的一般方法。

2. 比较分析三篇选文，归纳总结科学文化论著的表达方式和语言特点，体会科学论著富于实证精神、有较强的体系性和理论性、逻辑严密、表达严谨等基本特点，熟悉自然科学论著的表达方式，学习科学严谨地表述自己的研究成果。

3. 理解文本内容，认识讲求逻辑、理性、实证的科学思维，学习科学研究以观察、实验所得的客观事实为基础，通过大胆假设、严密推理、事实验证解决实际问题的研究方法。

4. 融合信息技术，借助多维立体信息终端开展多样学习活动，在言语实践和多元互动中，感悟科学文化论著中体现的科学态度和科学精神，学会尊重、包容、理解和借鉴不同国家和民族的科学文化观念。

以上目标1和2，紧扣语文学科核心素养的基础目标，目标1主要从阅读理解、信息整理、语言表达、应用写作等关键能力方面，着力于"语言建构与运用"核心素养的培育；目标2主要从阅读理解、语言表达两方面，培育"语言建构与运用"素养。目标3聚焦"思维发展与提升"目标，增强学生科学思维能力，发展逻辑思维，提升思维品质。目标4关注"文化传承与理解"核心素养培育，融合信息技术，帮助学生树立理解、尊重、包容多样文化的观念。

（二）评估反馈立体：确定评估证据，实施多元评价

依据立体素养目标，融合信息技术，实施对学生学习全过程的多元多维立体反馈评价。在单元整体目标之下，就不同学段、课时目标以及不同层次课程内容，采取适切的多样评价方式，评价伴随学生学习的全过程。发挥评价检查、诊断、反馈、激励等功能，通过评价引导学生学会学习，促进教师教育教学改进。

譬如，选必下第四单元，"科学与文化论著研习"评价重点为语言实践中的逻辑推理能力和实证意识，以及学生运用科学思想方法解决实际问题的能力。根据具体课段（课时）目标、学习任务、内容和方式等，确定对应的评价对象、方式、主体、指标等。评价对象主要有课堂情绪表征、课堂答问、课堂测试、小组学习汇报、小组学习成果等；评价方式主要有口头评价、样本对比、问卷调查、量表赋分等；评价主体包括教师、学习同伴、学习小组成员乃至在线家长、专家等。

如单元起始课"走近自然科学论著：《物种起源》导读（1课时）"，就"为《物种起源》写推介词，提升阅读自然科学论著的兴趣"目标任务，师生主要从写作目的、针对性、内容、结构、受众等方面，在班级微信群就生成的"推介词"作品进行即时互动评价，作者结合评价在课堂实时修改提升。又如第一课段"自然科学论著的结构逻辑：《自然选择的证明》（4课时）"，就"抓取核心概念'自然选择'及相关的重要概念，疏通段意；通过功能词、功能句划分层次，厘清思路；画概念图，分析基本观点和各部分之间的关系，把握文本内部逻辑"等目标任务，师生进行口头评价、概念图样本对比分析小程序投票评价，以及课堂播放同学们制作的"借功能词句厘清层次思路"学习方法的解读音频和视频并进行赏析式评价。第二课段"科普作品的语言风格：以《宇宙的边疆》为例学习解说词写作（3课时）"，主要采用课堂作业口头评价、课堂答问和练习反馈等评价方式。第三课段"自然科学论著的表达方式：以《天文学上的旷世之争》学习思维导图理思路，论文摘要明态度（3课时）"，采用线上简笔画比拼、共享文档（表格）填写竞赛等评价方式。

另外，师生讨论商量、共同制定评分量规，以问卷星赋分形式进行评价，亦是优化"立体语文"学习设计、提高教学和学习效率的重要措施。本单元主要设计了解说词评价量表、摘要评价量表、读书报告评价量表等在线评价量规，如读书报告评价标准可从三个维度拟定，包括整体性量规（见表1-4-1）和分析性量规（见表1-4-2）两类。两类评价量规都可用于不同评价主体（作者、小组、教师）进行线上赋分评价。如借助问卷星平台，设计问卷，发送问卷，师生自如选择时间填写，之后利用平台采集数据、自定义报表、调查结果分析等系列服务，进行分类统计、交叉分析、自定义查询以及在线SPSS（社会科学统计软件包）分析等，精准研判全体及个体学习效果，为下一步就学生存在的知识（能力）缺陷（不足）进行矫正教学或新内容学习提供客观细致的学情起点判断。

表1-4-1　自然科学论著读书报告写作评价量表1

评分等次 （赋分）	评分描述	自评	组评	师评
一等 （60~48分）	抓住中心问题，切入口小，挖掘深；明确区分叙述和评论，叙述真实、客观，概括准确、清楚，评论客观；在叙述基础上有回应、评价和思考，评价具有一定研究价值，引用他人评论准确、适度			
二等 （47~36分）	抓住中心问题，围绕具体观点论述；基本区分叙述和评论，叙述较真实、客观，概括较准确、清楚，评论较客观；在叙述基础上有回应、评价，评价有一定启发性，引用基本准确适度			
三等 （35~18分）	基本抓住中心问题，选择合适角度论述；叙述基本真实、客观，概括基本准确、清楚，评论比较客观；在叙述基础上有简单的回应、评价，引用不很准确			

续 表

评分等次（赋分）	评分描述	自评	组评	师评
四等（17~0分）	抓住主要问题评析，论述较空泛；叙述比较主观随意，概括模糊不清晰，评论主观；只有内容摘录，空泛谈个人主观印象			

表1-4-2　自然科学论著读书报告写作评价量表2

评价维度	评价等次（赋分）				自评	组评	师评
	一等（20~16分）	二等（15~11分）	三等（10~6分）	四等（5~0分）			
角度选取	抓住中心问题，切入口小，挖掘深	抓住中心问题，围绕具体观点论述	基本抓住中心问题，选择合适角度论述	抓住主要问题评析，论述较空泛			
表达方式	明确区分叙述和评论，叙述真实、客观，概括准确、清楚，评论客观	基本区分叙述和评论，叙述较真实、客观，概括较准确、清楚，评论较客观	叙述基本真实、客观，概括基本准确、清楚，评论比较客观	叙述比较主观随意，概括模糊不清晰，评论主观			
内容评价	在叙述基础上有回应、评价和思考，评价具有一定研究价值，引用他人评论准确、适度	在叙述基础上有回应、评价，评价有一定启发性，引用基本准确适度	在叙述基础上有简单的回应、评价，引用不很准确	只有内容摘录，空泛谈个人主观印象			

（三）情境任务立体：创设开放空间，设计探究任务

立体的情境任务将学习内容和仿真空间、现实生活相关联，能考查学生综合运用跨学科知识和技能解决复杂问题的能力。融合信息技术，利用具有交互功能的网络学习空间，创设语言文字运用的真实情境，形成有意义的互动学习环境，设计有挑战性的探究任务，引发主动学习与深入思考，促进意义的发现。探究任务的设计架构，参考格兰特·威金斯等人的GRASPS任务设计架构，综合考虑目标、角色、受众、情境、成果或学业表现、标准等。

　　譬如选必下第四单元，设计的单元（大）情境任务（见表1-4-3），明确告知终极学习目标是"撰写读书报告并在会上分享"；角色清晰，即在校学生，报告会的分享者；受众明确，即全校师生；情境确定，是学校举办的"校园科技文化节"，其中包含"自然科学论著"阅读成果展及读书报告会；成果包括介绍自然科学文化知识和论著的图片、图表、视频，介绍自然科学论著的推介词、提要（或摘要）、解说词，"自然科学论著"读书报告；评价方面，主体多元，角度多维，包含课堂情绪表征、答问、小组汇报、课堂测试、评价量规等。

　　在单元情境任务统领下，各课段还依据学习目标、内容等设计课段（小）情境任务。大小情境任务串起单元学习全过程，架构了立体时空学习网络，激发并使学生保持对学习内容和学习方式的浓厚兴趣，促进对学习内容的理解和能力迁移。如选必下第四单元，各课段（小）情境任务（见表1-4-3）既相对独立，自成系统；又彼此关联，互相依存，甚至互为条件与因果。

表1-4-3　"求真求实·科学与文化论著研习"情境任务设计

单元（大）情境任务	课段与学习内容	课段（小）情境任务
"校园科技文化节"即将开幕，为激发同学们阅读自然科学论著的兴趣，培养求真求实的科学精神、理性严谨的科学思维，学校举办"自然科学论著"阅读成果展，并召开读书报告会，现向同学们征集阅读成果。成果要求： 1. 运用图片、图表、视频等方式介绍自然科学文化知识和论著，使抽象难懂的科学知识直观明了，易于理解； 2. 写作推介词、提要（或摘要）、解说词，向同学介绍自己阅读的自然科学论著；	起始课：走近自然科学论著（第1课时） 第一课段：自然科学论著的结构逻辑（第2~5课时）	班内开展《物种起源》阅读活动，请你为《物种起源》一书写一则推介词，200字左右 学校准备开展"与经典为友，为人生奠基"主题读书月活动，为推进全科阅读，提升学生的阅读能力，班级准备举办一场"自然科学论著阅读方法谈"学习经验交流会。围绕"如何阅读自然科学论著"话题，以小组为单位，在班级交流会上汇报学习成果；对比反思自己和同学的学习成果，做好笔记整理，形成自己的阅读经验

续 表

单元（大）情境任务	课段与学习内容	课段（小）情境任务
3. 撰写读书报告，在读书报告会上向同学分享读书收获	第二课段：自然科学论著的语言风格（第6~8课时）	一年一度的学校科技节来临，为丰富师生的科学知识，提高师生的科学素养，生物科组要制作一块"避寒候鸟高飞远，万里长空结伴行"主题科普展板，向全校师生介绍鸟类迁徙知识，现面向全校学生征集关于鸟类迁徙的解说词
	第三课段：自然科学论著的表达方式（第9~11课时）	请运用表格、思维导图、简笔画等方式介绍《天文学上的旷世之争》，使抽象难懂的科学知识直观明了，易于理解。收集并阅读论文摘要，探究其在内容构成上的共同要素。尝试为《天文学上的旷世之争》写一段200字左右的摘要
	结课：科学严谨的表达——以读书报告的写作进行单元统整（第12课时）	一部科学史，就是不断试错、纠错的历史，新的"范式"替代旧的"范式"，不断推进科学发展和人类进步。"从进化论的历史""人类宇宙观的发展""中国古代科学传统"等主题中选择其一，在相关科任教师的帮助下，从教师推荐的自然科学论著书目或篇章中选择一本（篇）阅读，并撰写一份读书报告在班级交流

（四）活动推进立体：建立学习社区，夯实言语实践

融合信息技术，建立学习社区，实现资源共享、互动学习、个性学习。学生在阅读与鉴赏、表达与交流、梳理与探究等多样的语文实践活动中，跨越古今中外，打通学科壁垒，联通课堂内外，实现知识与能力，过程与方法，情感、态度与价值观的整合，整体提升语文素养。

教师因势利导，运用大数据、人工智能、云计算、移动互联等新技术、新手段，引导学生建设跨媒介学习共同体，充分运用信息化手段共享获得学习资源、丰富学习内容、变革学习方式，在共同的学习社区中参与团队合作学习、深度学习，在言语实践活动中培养解决实际问题的能力，提升学科素养、媒介素养、综合素养。

学习活动的设计与推进，要关注匹配度、整合性、递进性和主动性四方面。即活动利于分解并促进学习任务的完成，体现整合原则，各活动环环相扣、呈现递进关系，尊重学生学习的不同能力水平与个性化思考，能激发学生参与言语实践的积极性。

以选必下第四单元第二课段为例，为达成"能分辨并赏析学术论著和科普论著不同表达方式、语言风格"的学习目标，确立"为学校生物科组科普展板撰写鸟类迁徙解说词"的终极成果任务。我们将此学习任务分解为三课时，每课时设计递进式学习活动（相关内容见P44，在此不再赘述）。

（五）资源支架立体：丰富学习路径，促成素养形成

在信息技术与学科教育深度融合背景下，教师和学生传统关系被解构，形成新型的师生关系。学生作为新一代"数字原住民"，自主获取信息及学习资源的能力不断增强，教师不再是传统的知识传授者，而是学生语文学习的引导者、设计者、研究者、反思者，是学生学习资源和学习支架的共同供给者、创造者。在一定程度上，教师还是学生交互学习的合作者、参与者。同时，区域之间、校际之间、教师与教师之间，彼此的合作关系也比任何时候都更紧密，跨区域教师在各自研究的领域开发的精品教学资源，上传到网络学习社区，形成学科学习资源的优势互补，极大地丰富且优化了学生学习的资源与路径，提高了学生学习的兴致与效益。

如线上学习期间，我们推荐区域教师充分利用国家、省、市学习平台，选择国家中小学智慧教育平台、粤教翔云、广州电视课堂的同步内容，整合线上优质课程及资源，形成适合本校本班学情的精品资源，用于线上教学、小组学习或学生自学，开阔了学生视野，丰富了学习内容与路径，促成了学生素养培育。以区域教师联合打造的"广州电视课堂"选择性必修第四单元12课时教学资源为例，资源集合了全区域教研核心力量，是区、校、备课组、教师个人多次研讨打磨的智慧成果，每课时资源包括：主课视频（25分钟）、答疑（6分钟）、教学课件、教学设计（含阅读资源及链接）、习题、教学辅助音视频等，各校教师和学生可以在线同步学习，也可以免费下载选择使用。为帮助学生自学（或在老师指导下开展合作学习），我们每课时设计都提供了具体的学习辅助支架，包括但不限于时间轴示例、《物种起源》整本书思维导图示例、推介词示例、推介词写作支架（第1课时），筛选整合科普文信息的步骤、运用功能词和功能句划分文章层次示例、概念图支架与示例（第2课时），段落现象与事实、结论关系表格示例（第3课时），解读长句的方法示范（第4课时），自然科学论著四步阅读法（第5课时），教师片段写作范例支架（第6课时），表格支架（第7课时），解说词特征及表达技巧、解说词写作支架（第8课时），筛选整合信息的方法、表格支架、结构导图（第9课时），梳理表格支架（第10课时），摘要写作支架、学生习作样本（第11课时），读书报告范例（第12课时）以及各类评价量规等。

在信息技术支持下，资源和支架类型丰富多样，纸质文本、电子文本、多媒体、网络资源、实物与模板，有背景支架、范例支架、方法策略支架、问题支架、概念支架等。资源和支架的开发主体多元，有教师、学生、学习共同体、师生协作等，有预设更有生成的过程性资源。丰富立体的资源支架，为学生的学习保驾护航，极大提升了学习主动性，提高了学习效益，也促进了"立体语文"素养课堂的真正转型。

综上所述，"互联网+"时代，信息技术与学科教育实现深度融合，在学习目标、任务与情境、活动与推进、资源与支架、反馈与评价等方面构建"立体语文"素养课堂，着眼于学生核心素养的整体发展，实施多元多维评价，创设智能化人性化学习空间，在立体交互的学习社区开展言语实践活动，完成挑战性学习任务，形成正确价值观、必备品格与关键能力，促成学生素养发展，达成课程动态育人目标。

【参考文献】

［1］张禹. 对信息技术与学科教学深度融合的一点思考［J］. 中小学电教，2021（12）：69-70.

［2］谭习龙. 如何形成教学风格. 名师典型案例的多维解读·综合卷之二［M］. 广州：广东高等教育出版社，2016：66.

［3］杨现民，赵鑫硕．"互联网+"时代学习资源再认识及其发展趋势

［J］．电化教育研究，2016（10）：88-96.

［4］中华人民共和国教育部．义务教育语文课程标准（2022年版）［S］.

北京：北京师范大学出版社，2022：2，8-9.

［5］麦克泰，威金斯．理解为先单元教学设计实例：教师专业发展工具书

［M］．盛群力，张恩铭，王陈烁，等译．宁波：宁波出版社，2020：

12-13.

第五节　传统文化融入"立体语文"
课程的探索

　　借助丰富的传统文化资源，语文教学得以深化，教学内容得以扩展。随着传统文化教育的不断推进，为落实立德树人的根本任务，传统文化融入语文教学、传统文化与语文学科整合，逐渐发展到传统文化与语文课程深度融合。

　　那么，到底什么是"传统文化与语文课程深度融合"？这里至少包含三个关键词：一是传承，二是创新，三是实践。传统文化与语文课程深度融合，是指在语文教学中将传统文化的精髓与现代教学理念紧密结合，形成一个有机整体。这一融合过程不仅重视对传统文化的传承，保持其原有的历史价值和文化内涵，同时也注重创新，将传统文化与现代生活、现代思想相结合，赋予其新的时代内涵。此外，实践是融合的关键，这意味着将传统文化教育贯穿于语文教学的各个环节，通过实际的教学活动让学生体验、感悟传统文化的魅力，从而实现知识的内化和素养的提升。如通过古诗词教学、整本书阅读、写作课程等多个维度，展示传统文化与语文课程深度融合的具体实施路径，培养学生的文化自信和综合语文素养。

一、传统文化融入古诗词课程——以统编高中教材古典诗词中的传统文化梳理为例

　　语文是落实中华优秀传统文化教育的核心课程，"语文课程以理解和热爱国家通用语言文字为基础，以涵养高尚审美情趣、厚植中华文化底蕴、坚定文

化自信为重点，以全面提高语言文字综合应用能力为目标，在传承和弘扬中华优秀传统文化中发挥着不可替代的作用"。语文教材是语文课程的集中体现，是语文课程教学的基本依据，梳理统编高中语文教材（以下简称"教材"）古典诗词中的传统文化，有助于高中语文教师在运用教材进行古诗词教学的过程中开展中华优秀传统文化教育，培养高中学生涵养社会主义核心价值观，落实高中语文课程立德树人的根本任务。

（一）教材古诗词选文分类梳理

钟嵘《诗品序》中说："气之动物，物之感人，故摇荡性情，形诸舞咏。"古典诗词饱含诗人丰富的思想情感，以及浓厚的修养、情怀，是中华传统文化的瑰宝，也是中国人联结情感纽带的精神家园。古诗词是教材传承文化的重要载体。

教材共选入古典诗词37首（本文依照其在教材中出现的次序编号），从成诗年代看（见表1-5-1），入选最多的为唐代，共12首；其次是北宋和南宋，各7首；其余还有西周初年至春秋中叶4首，东汉3首，战国、东晋、南北朝和明代各1首。三国、元代、清代未有诗作入选。

从诗歌体裁看（见表1-5-2），涵盖了绝大部分诗体，其中古诗26首，词10首，曲1首。在入选的古诗中，包含古体诗18首，近体诗8首。古体诗入选最多的是四言古体诗，共5首；其次是七言古体诗和乐府诗，各4首；再次为五言古体诗和杂言古体诗，各2首；还有楚辞1首。近体诗中绝句和排律未有作品入选。

从题材类别看（见表1-5-3），包括类别丰富多样，其中最多的为即事感怀诗，共14首；其次是爱情闺怨诗和咏史怀古诗，分别是7首和5首；其余还有羁旅行役诗3首，山水田园诗、边塞征战诗、即景抒情诗各2首，友情送别诗和悼亡讽喻诗各1首。托物言志诗、哲理诗未有作品入选。

表1-5-1 教材中的古诗词按写作年代分类统计表

教材册次	西周初年至春秋中叶	战国	东汉	东晋	南北朝	唐	北宋	南宋	明
必修上册	1《诗经·周南·芣苢》、11《诗经·邶风·静女》		3《短歌行》、12《古诗十九首·涉江采芙蓉》	4《归园田居（其一）》		5《梦游天姥吟留别》、6《登高》、7《琵琶行并序》	8《念奴娇·赤壁怀古》、13《虞美人（春花秋月何时了）》、14《鹊桥仙（纤云弄巧）》	2《插秧歌》、9《永遇乐·京口北固亭怀古》、10《声声慢（寻寻觅觅）》	
必修下册						15《登岳阳楼》	16《桂枝香·金陵怀古》	17《念奴娇·过洞庭》	18《游园》（【皂罗袍】）
选择性必修上册	19《诗经·秦风·无衣》					20《春江花月夜》、21《将进酒》	22《江城子·乙卯正月二十日夜记梦》		
选择性必修中册						23《燕歌行并序》、24《李凭箜篌引》、25《锦瑟》		26《书愤》	
选择性必修下册	27《诗经·卫风·氓》	28《离骚（节选）》	29《孔雀东南飞并序》		34《拟行路难（其四）》	30《蜀道难》、31《蜀相》、35《客至》	32《望海潮（东南形胜）》、36《登快阁》	33《扬州慢（淮左名都）》、37《临安春雨初霁》	

表1-5-2 教材中的古诗词按体裁分类统计表

教材册次	古体诗				楚辞	乐府诗	近体诗		词	曲
	四言古体诗	五言古体诗	七言古体诗	杂言古体诗			五律	七律		
必修上册	1《诗经·周南·芣苢》、3《短歌行》11《诗经·邶风·静女》	4《归园田居（其一）》、12《古诗十九首·涉江采芙蓉》	2《插秧歌》	5《梦游天姥吟留别》		7《琵琶行并序》		6《登高》	8《念奴娇·赤壁怀古》、9《永遇乐·京口北固亭怀古》、10《声声慢·寻寻觅觅》、13《虞美人·春花秋月何时了》、14《鹊桥仙·纤云弄巧》	
必修下册							15《登岳阳楼》		16《桂枝香·金陵怀古》、17《念奴娇·过洞庭》	18《游园》（【皂罗袍】）
选择性必修上册	19《诗经·秦风·无衣》		20《春江花月夜》			21《将进酒》			22《江城子·乙卯正月二十日夜记梦》	
选择性必修中册			23《燕歌行并序》、24《李凭箜篌引》					25《锦瑟》、26《书愤》		
选择性必修下册	27《诗经·卫风·氓》			30《蜀道难》	28《离骚（节选）》	29《孔雀东南飞并序》、34《拟行路难（其四）》		31《蜀相》、35《客至》、36《登快阁》、37《临安春雨初霁》	32《望海潮·东南形胜》、33《扬州慢·淮左名都》	

表1-5-3 教材中的古诗词按题材分类统计表

教材册次	山水田园诗	托物言志诗	边塞征战诗	咏史怀古诗	友情送别诗	羁旅行役诗	悼亡讽喻诗	即事感怀诗	即景抒情诗	爱情闺怨诗
必修上册	4《归园田居(其一)》			8《念奴娇·赤壁怀古》、9《永遇乐·京口北固亭怀古》		6《登高》		1《诗经·周南·芣苢》、2《插秧歌》、3《短歌行》、5《梦游天姥吟留别》、7《琵琶行并序》、10《声声慢(寻寻觅觅)》、13《虞美人(春花秋月何时了)》		11《诗经·邶风·静女》、12《古诗十九首·涉江采芙蓉》、14《鹊桥仙(纤云弄巧)》
必修下册			19《诗经·秦风·无衣》	16《桂枝香·金陵怀古》		15《登岳阳楼》、17《念奴娇·过洞庭》				18《游园》([皂罗袍])
选择性必修上册							22《江城子·乙卯正月二十日夜记梦》	21《将进酒》	20《春江花月夜》	
选择性必修中册			23《燕歌行并序》					24《李凭箜篌引》、26《书愤》		25《锦瑟》
选择性必修下册	35《客至》			31《蜀相》、33《扬州慢(淮左名都)》	30《蜀道难》			28《离骚(节选)》、34《拟行路难(其四)》、36《登快阁》、37《临安春雨初霁》	32《望海潮(东南形胜)》	27《诗经·卫风·氓》、29《孔雀东南飞并序》

（二）教材古诗词选文中的传统文化

中国是诗的国度，古典诗词是一座光华璀璨的艺术宝库，是中华传统文化瑰丽光辉的闪光点。从古诗词体现的中华优秀传统文化的主要内容来看，教材选文全面体现了中华优秀传统文化蕴含的核心思想理念、中华人文精神和中华传统美德，主要有以下七个方面。

1. 上下求索、自强不息的奋斗精神，奋发有为、建功立业的渴望与追求

如东汉末年政治家、文学家曹操以乐府古题创作的《短歌行》（必修上册，3），通过宴会的歌唱，抒写诗人求贤若渴的思想感情和统一天下的雄心壮志。《念奴娇·赤壁怀古》（必修上册，8），借对古代战场的凭吊和对风流人物的追念，表达对时光易逝、功业未就的忧思感叹以及自解自慰的旷达之心；同时，词人以空前的气魄和艺术力量塑造了英气勃发的英雄周瑜的形象，透露了有志报国、壮怀难酬的感慨，暗含对英雄的渴慕以及建功立业的理想与追求。李白的《将进酒》（选择性必修上册，21），诗人豪饮高歌，借酒消愁，抒发了忧愤深广的人生感慨，诗中交织着失望与自信、悲愤与抗争的情怀，体现出诗人强烈的豪纵狂放的个性和豪迈洒脱的情怀。

2. 天下兴亡、匹夫有责的担当意识，关心国事、保家卫国的爱国主义精神

如南宋词人辛弃疾的《永遇乐·京口北固亭怀古》（必修上册，9），由登高所见渺远之景引出史事和当下情况的对比，抒写词人忠心报国却无人重用的忧叹，放射着爱国主义的思想光芒。又如北宋著名政治家、文学家王安石的《桂枝香·金陵怀古》（必修下册，16），通过对金陵景物的赞美和历史兴亡的感喟，寄托对当时朝政的担忧和对国家大事的关心。《诗经·秦风·无衣》（选择性必修上册，19）是一首激昂慷慨、同仇敌忾的战歌，抒写将士们奔赴前线共同杀敌的英雄主义气概和爱国主义精神。南宋爱国诗人陆游的《书愤》（选择性必修中册，26），概括了自己青壮年时期的豪情壮志和战斗生活情景，饱含着浓厚的边地气氛和高昂的战斗情绪，抒发壮心未遂、时光虚掷、功业难成的悲愤之情，通过诸葛亮的典故，追慕先贤的业绩，表明自己至老不移的爱国热情，以及效法诸葛亮施展抱负的渴望。爱国主义诗人屈原的《离骚（节选）》（选择性必修下册，28），以诗人自述身世、遭遇、心志为中心，表达了对高洁人格的坚守和对高远理想的追求，将个人命运与国家兴衰紧紧联系在一起，反映出诗人热爱国家和人民的思想感情。

3. 同情百姓、忧国忧民的情怀，心怀天下、济世救民的理想

白居易的《琵琶行并序》（必修上册，7），通过对琵琶女高超弹奏技艺和她不幸经历的描述，表达对她的深切同情，抒发了诗人的人生感慨。杜甫的《登高》（必修上册，6），写登高所见所感，抒写了穷困潦倒、年老多病、流寓他乡的悲哀之情；《登岳阳楼》（必修下册，15），写登岳阳楼所见，描画了洞庭湖的磅礴气势和气象万千的景象，抒写漂泊天涯、怀才不遇的感伤；《蜀相》（选择性必修下册，31），借游览古迹，表达了诗人对蜀汉丞相诸葛亮雄才大略、忠心报国的称颂以及对他出师未捷而身死的惋惜之情。作为伟大的现实主义诗人，杜甫的这三首诗，都暗含诗人感时忧国的情怀，济世救民的理想和以身许国的抱负。边塞诗人高适的《燕歌行并序》（选择性必修中册，23），慨叹征战之苦，谴责将领骄傲轻敌，荒淫失职，反映了士兵与将领之间苦乐不同、庄严与荒淫迥异的现实；表达了诗人对战士悲惨命运的同情，以及对他们英勇杀敌、视死如归的精神的赞美。

4. 歌咏自然、热爱自然、寄情山水、超凡脱俗的审美情趣，热爱劳动、对劳动和劳动者的讴歌

如《诗经·周南·芣苢》（必修上册，1），勾画远古太平盛世时期劳动妇女采摘芣苢的场景，洋溢着劳动的热情与欢欣愉悦。南宋诗人杨万里的《插秧歌》（必修上册，2），描绘江南农户全家总动员插秧的情景，流露诗人对劳动和劳动者的赞美。东晋诗人陶渊明的《归园田居（其一）》（必修上册，4），从对官场生活的强烈厌倦，写到田园风光的美好动人和农村生活的舒心愉快，表达了对自然和自由的热爱。张若虚的《春江花月夜》（选择性必修上册，20），融诗情、画意、哲理为一体，以月为主体，以江为场景，描绘了一幅幽美邈远、惝恍迷离的春江月夜图，抒写了游子思妇真挚动人的离情别绪以及富有哲理意味的人生感慨，表现了一种迥绝的宇宙意识。李白的《蜀道难》（选择性必修下册，30），艺术再现了蜀道峥嵘、崎岖等奇丽惊险和不可凌越的磅礴气势，借以歌咏蜀地山川的壮秀，显示祖国山河的雄伟壮丽，充分显示了诗人的浪漫气质和热爱自然的感情。

5. 诉说游子思妇的相思之苦，讴歌纯洁坚贞的爱情

如《诗经·邶风·静女》（必修上册，11），写青年男女幽会的过程，表现了年轻男女爱情萌发时的甜蜜与欢乐，充满了幽默和健康快乐的情绪。又如《古诗十九首·涉江采芙蓉》（必修上册，12），借他乡游子和家乡思妇采集芙蓉来表达思念之事，反映游子思妇的相思之情以及羁旅怀乡的思绪。还有北宋词人秦观的《鹊桥仙（纤云弄巧）》（必修上册，14），借牛郎织女悲欢离合的神话故事，讴歌了真挚、细腻、纯洁、坚贞的爱情，表达了词人对爱情的独特见解。苏轼的《江城子·乙卯正月二十日夜记梦》（选择性必修上册，22），上阕记实，下阕记梦，虚实结合，抒写了词人对亡妻执着不舍的深情，表现了绵绵不尽的哀伤和思念。

6. 对能工巧匠高超技艺的赞美，对繁华气象、和乐生活、美好民风民俗的歌咏

如李贺的《李凭箜篌引》（选择性必修中册，24），传神再现了乐工李凭创造的诗意浓郁的音乐境界，生动地记录下李凭弹奏箜篌的高超技艺，也表现了作者对乐曲的深刻理解和丰富的艺术想象力。柳永的《望海潮（东南形胜）》（选择性必修下册，32），描写杭州的自然风光和都市的繁华，浓墨重彩地展现了杭州的繁荣、壮丽景象以及人民生活的平和安乐。《客至》（选择性必修下册，35），把居处景、家常话、故人情等富有情趣的生活场景刻画得细腻逼真，表现出了浓郁的生活气息和人情味。

7. 表达对黑暗现实的控诉与不满，青春的苦闷与觉醒，爱情的悲剧与痛苦等

表达对黑暗现实的控诉与不满，青春的苦闷与觉醒，爱情的悲剧与痛苦，知音难觅的苍凉与伤感等，这些看似灰暗情绪的背后，是对光明、自由的追求，对美好爱情和美满婚姻的向往，对高洁人格的坚守。如李白的游仙诗《梦游天姥吟留别》（必修上册，5），以记梦为由，抒写了对光明、自由的渴求，对黑暗现实的不满，表现了蔑视权贵、不卑不屈的叛逆精神。南唐后主李煜的《虞美人（春花秋月何时了）》（必修上册，13），通过今昔交错对比，抒发了亡国后顿感生命落空的悲哀。南宋词人张孝祥的《念奴娇·过洞庭》（必修下册，17），借洞庭夜月之景，表现了高洁、忠贞的操守和豪迈的气概，同时隐隐透露被贬谪的悲凉。李清照的《声声慢（寻寻觅觅）》（必修上册，10），通过描写残秋所见、所闻、所感，抒发因国破家亡、天涯沦落而产生的孤寂悲苦的心绪。明代汤显祖的《游园》（【皂罗袍】）（必修下册，18），记写杜丽娘看到花园百花盛开、莺歌燕舞景象后黯然伤感的情怀，表现了一个少女现实的苦闷和青春的觉醒。《诗经·卫风·氓》（选择性必修下册，27），以一个女子之口述说其情变经历和深切体验，回忆了恋爱生活的甜蜜以及婚后被虐待和遗弃的痛苦，表达了她悔恨的心情与决绝的态度，深刻地反映了古代社会妇女在恋爱婚姻问题上备受压迫和摧残的情况，表现出反抗恶势力、追求自由的进步意义。汉乐府《孔雀东南飞并序》（选择性必修下册，29）讲述了焦仲卿、刘兰芝夫妇被迫分离并双双自杀的故事，控诉了封建礼教的残酷无情，歌颂了焦刘夫妇的真挚感情和反抗精神，寄托了人民群众追求恋爱自由和幸福生活的强烈愿望。鲍照的《拟行路难（其四）》（选择性必修下册，34），抒写诗人在门阀制度重压下，深感世路艰难激发起的愤慨不平之情。陆游的《临安春雨初霁》（选择性必修下册，37），貌似写恬淡、闲适的临安春雨杏花景致，实际上抒写了诗人对京华生活的厌倦。表面看来写闲适恬静的境界，然而其背后隐藏着诗人无限的感伤与惆怅，那种报国无门、蹉跎岁月的落寞情怀，含蓄而有深蕴。李商隐的《锦瑟》（选择性必修中册，25），追忆了自己的青春年华，伤感自己不幸的遭遇，寄托了悲慨、愤懑的心情。南宋姜夔的《扬州慢（淮左名都）》（选择性必修下册，33），用昔日扬州城的繁荣兴盛景象对比现时扬州城的凋残破败惨状，写出了战争带给扬州城万劫不复的灾难，既控诉了金朝统治者发动掠夺战争所造成的灾难，又对南宋王朝的偏安政策有所谴责，有一定的积极意义。北宋黄庭坚的《登快阁》（选择性必修下册，36），写在开朗空阔的背景下忘怀得失的"快"意，终因知音难觅而产生归隐之思。

（三）教材古诗词课文注释中的传统文化

除了借助文质兼美、富有典范性和时代性的选文传承中华优秀传统文化外，教材古诗词课文规范准确的注释，也是传承中华优秀传统文化的重要载体。教材古诗词课文下面的注释，以解释词语和诗句意义为主，主要是古代汉语语言表达方面的知识，除此以外，也包括了古代称谓、古代官制、天文历法、古代地理、风俗礼仪、饮食器物、音乐文娱和文史典籍等各方面的知识。

1. 古代称谓

梳理教材注释，古代称谓包括以下几种：一是"姓"后加"公""夫子"或"郎"，如称谢灵运为"谢公"、称岑勋为"岑夫子"，表敬意；称"周瑜"为"周郎"可见其年少有为。二是"名"后加"生"，如称"元丹丘"为"丹丘生"，可见诗人李白与其亲密无间的关系。三是以官职或身份称呼，如"陈王""李将军"。四是以地方称呼，如以"五陵年少"称京城富家豪族子弟。五是用小名称呼，如"寄奴""佛狸"分别称南朝宋武帝刘裕和北魏太武帝拓跋焘。六是以年号称呼帝王，如以"元嘉"称宋文帝刘义隆。七是用具有某类特征的"一个"称"一类"。如以"秋娘"称善歌貌美的歌伎，以"秦罗敷"称美貌的女子。

2. 古代官制

教材注释的官职有：司马、府君、校尉；与官职高低有关的词有：青衫；官署有：教坊、台阁、凤池。另外，古代官职的任免升降也都有常用词语，教材注释的"左迁、出官、迁谪"三个词都与降职有关。

3. 天文历法

从"初阳、黄昏、人定、初七、下九"等词语的注释，可窥见我国古代天象记录和历法的连续性、完备性。

4. 古代地理

"南野、三座仙山、五岳、潇湘、瀚海、狼山、昆山、剑阁、三吴、钱塘、维扬、京华"等古代特色地名，反映了古代行政区域的划分和地位、功能等。

5. 风俗礼仪

如"社鼓"与祭祀之礼有关，"银汉迢迢暗度"与七夕节有关，"结发""六合""良吉"与婚礼之俗有关。

6. 饮食器物

"兜鍪、羽书、铁衣、刁斗、樯橹、五花马"等是战时器物，"杜康、尊、金樽、旧醅、细乳、分茶"等和饮食器物有关，"青云梯、天鸡、金银台、鸾"与仙界有关，"纶巾、袍、泽、千金裘"等与衣着有关。

7. 音乐文娱

"《霓裳》《六幺》"是古代的乐曲，"箜篌、吴丝蜀桐、二十三丝"是古代的乐器或乐器配件。

8. 文史典籍

教材注释包含的文史典籍很丰富，有前代诗歌，如《诗经》、杜牧《台城曲》《泊秦淮》《赠别》《寄扬州韩绰判官》、乐府诗《饮马长城窟行》、王勃《滕王阁》、陆机《为顾彦先赠妇》等；有前代文章，散文如《管子·形势解》《庄子·齐物论》《列子·黄帝》，区域志如南朝宋盛弘之《荆州记》，铭文如张载《剑阁铭》；有历朝史传，如《史记·鲁周公世家》《宋书·王玄谟传》《史记·廉颇蔺相如列传》《晋书·傅咸传》《晋书·阮籍传》等；有历史故事，如南朝名将檀道济的事迹、"伯牙绝弦"的典故等。

另外，依据教材单元栏目设置及主要特点，教材古典诗词的传统文化内容，包括人文主题阐述、选文情况、单元核心任务及学习目标、大量的背景知识、文学（文化）史常识、名家论述、特定学习方法等，大都在单元导语、学习提示及单元学习任务中直接给出，不再一一赘述。特别值得一提的是，必修上册第三单元和选择性必修下册第一单元是两个完整的古诗词单元，单元导语中都提到要"认识古典诗词的当代价值"，这值得引起语文教师的重视。

总体而言，教材基于中华优秀传统文化与语文学科的内在联系，结合古典诗词的体系、发展与风格特点，有机融入了优秀传统文化内容，有着丰富的优秀传统文化因素。我们应充分利用好教材中的传统文化内容进行古典诗词教学，激发学生对中华优秀传统文化的热爱之情，增强对中华优秀传统文化的传承意识，培养学生对优秀传统文化的认同，增强他们的民族自尊心、自信心和自豪感。

二、传统文化融入整本书阅读课程

传统文化经典整本书阅读在厚植中华文化底蕴、涵养家国情怀、提升人格修养、增强文化自信等方面，有着不可替代的作用。要想养成读书的习惯，提升阅读的质量，必须持续不断地输出。传统文化经典整本书阅读，以与情境相联系的输出型任务为驱动，推动学生消化吸收阅读内容，知行合一，自觉传承中华优秀传统文化，为中华优秀传统文化注入时代生命力，促其实现创造性转化和创新性发展。

（一）立足素养型目标，培养输出习惯

"整本书阅读与研讨"是高中课程内容的第一个学习任务群，课标在"教学提示"中明确指出，"阅读要有笔记，记下自己思考、探索、研究的心得"，"阅读整本书，应以学生利用课内外时间自主阅读、撰写笔记、交流讨论为主，不以教师的讲解代替或限制学生的阅读与思考"。传统文化经典整本书阅读，引导学生通过阅读中华传统文化经典著作，增进对中华文化核心思想理念、中华传统美德和中华人文精神的认识和理解。着眼于高阶思维培养目标，以学生持续输出习惯培养为导向，引导学生以客观、科学、礼敬的态度，将积累的语言材料和文化知识结构化，在语言输出实践中自觉运用语言，表达对传统文化历史价值、时代意义和局限等问题的看法，在表现和创造新的言语材料，丰富言语经验与语言表达的同时，体会中华文化创造性转化、创新性发展的趋势。

1. 培养批注习惯，输出语言积累

我国著名革命家、教育家徐特立先生说"不动笔墨不读书"，传统文化经典整本书阅读要培养学生批注的习惯。学生圈点勾画重点词、关键句，厘清文章脉络，把读书的感想、不懂的词句、疑难的问题等，随手批写在书中空白处，把握重点、融会贯通，积累丰富的语言材料，培养良好的语感。必要时可以查阅词典等工具书，以帮助理解，加深思考。

如《乡土中国》，是社会学的经典专著，是学界公认的中国乡土社会传统文化和社会结构理论研究的重要代表作之一，也是统编高中语文教科书中必

读的两部名著之一。高一学生很少接触学术专著，初读有比较大的难度，教师宜教学生以批注法先粗读全书，留下整体印象。如在段首、段末、段中等处，圈画观点句（论点、次论点）、主干句、关键句，掌握篇章脉络，理解文章内容。作为阅读难度较高的抽象类书籍，认识、圈点信号词，也是能快速认知文章、熟悉脉络与内容的好办法。如表示时间的信号词：当……时，之后，之前，事先，接下来，此刻；表示考虑事情两面性的信号词：然而，另一方面，但同时，此外；表示顺序的信号词：首先，其次，最后；表示总结性的信号词：总之，因此，总而言之。

2. 培养评点习惯，输出个性感受

如果说批注重在客观求知，那么评点则是在批注文字内容旨意的基础上发表自己的看法，是对文章的评价，如对书中的某个人物、观点、言语形式等说出自己独到的观点、看法、建议、意见等。教师向学生推荐阅读《金圣叹评点〈水浒传〉》《脂砚斋评点〈红楼梦〉》《毛宗岗评点〈三国演义〉》《李卓吾评点〈西游记〉》等，使其感受优秀传统文化的魅力，领悟其丰富的精神内涵；同时，引导学生模仿学习评点方法，以独特视角研读经典，自主、个性地建构经典文本的意义，写下自己的感受与心得，转化成自我的审美创造能力。

如《昭明文选》整本书，在宋代有"文章祖宗"之说，是今人研究梁以前文学的重要参考资料。以其中载入教材的《陈情表》为例，引导学生从思想大意、内容剪裁、章法结构、起承转折、遣词造句等方面，即篇法、章法、句法、词法的评赏，笔势、文情的分析，揣摩、解读文本的深层含意等方面，写下刹那感受、点滴心得，输出个性思考，养成评点习惯。评点的基础是读懂，包括读懂内容主旨、结构脉络、表现手法等。如学生对《陈情表》首段的评点，包含对"孤""苦""夙"等词义具体内容的理解，对作者写作时情感与词句选择匠心的赏析，对文章结构包含过渡、呼应等的厘清。学生自主圈点评注、品尝琢磨，以"读"促"思"，以"思"促"评"，实现自主阅读、自主思考、自主表达。

3. 培养分享习惯，输出拓展品悟

批注、评点不能"点"到为止，学生个体的阅读积累、思考感悟，往往还处于粗浅、感性阶段，甚至可能还会有过于主观化、不科学、不客观、失之偏颇等问题。教师应引导学生组成阅读共同体，开展形式多样的分享活动，培养分享习惯，输出阅读所得，拓展阅读时空，交流品悟阅读感受。阅读分享的方式主要有：问题研讨式、对话交流式（如好书领读者、好书推介会、好书主讲人等活动）、成果展示式（如读书笔记展、读后感展、读书手抄报展、原创书评展等）、活动评比式（如微书评征文评比、"好书剧场"表演评比、名著续写评比、读书博客评比等）。

如《红楼梦》，塑造了上百个不同身份、不同个性的人物，无不传神，各具光彩。教师发现学生个体阅读、批注和评点《红楼梦》时，往往关注形象本身的特点，却鲜少提及曹雪芹人物形象塑造的伟大艺术。故此，教师引导学生组成阅读共同体，围绕"细读《红楼梦》描写某个人物的相关段落，讨论人物形象的多样性和复杂性，总结塑造人物形象的方法并进行汇报"的任务，组内合作探究，组间分享、输出探究成果，分享的形式有人物描写片段点评、"《红楼梦》中的皴染法"微课、情节续写等。学生在完成任务的过程中，获得了更深入细致的阅读体验，读懂了《红楼梦》人物塑造达到了典型化的艺术高度，其综合运用正面描写、侧面描写、细节描写、白描、对比、衬托、皴染法等，写出了最复杂又最丰满立体的多样人物。

4. 培养思辨习惯，输出理性建构

"思辨性阅读，是理性的阅读，是对话式阅读，是批判性的阅读。当然，它也是一种建构性的阅读，帮助学生的精神建构、文化建构以及语言建构。"在传统文化经典整本书阅读中，我们要引导学生立足当今，正确取舍，分析质疑，培养思辨习惯，提升理性建构能力。对传统文化的批判继承，即继承传统文化的精华部分，去除其糟粕，这有利于在继承的基础上丰富传统文化内涵，推陈出新，革故鼎新。

如《论语》整本书阅读，围绕"孝"专题阅读，教师提炼以下思辨主题：中国传统孝文化的当代意义、"孝"的几种层次、"孝"观念中的生命哲学意蕴、孝与敬、孝与爱、孝与顺、尽忠与尽孝等。围绕"君子"专题阅读，提炼思辨主题：《论语》君子观探析；浅析《论语》中孔子及其弟子对"君子"的不同理解；《论语》中的君子与小人之比较；《论语》君子观及其现代启示；《论语》君子人格对当代中学生价值观教育的意义；《论语》中的君子之道与和谐社会构建；等等。学生任选一主题思辨写作，建构自己对于《论语》阐释的"孝""君子"等精神内涵及当代意义的理解。如邓易森同学《〈论语〉中的君子之道与和谐社会构建》一文谈到"君子之道"作为中国传统社会的理想人格在当今时代的现实意义，文章融通古今，思辨传统文化的现实意义，凸显传统文化的当代价值。

（二）设计层递式任务，以输出倒逼输入

输出式阅读，能更好地吸收书中的信息和知识，养成言语有效输出的习惯，促使阅读者反躬自省，自觉建立与传统文化的关联，融汇古今，扬弃继承，赋予传统文化新的内涵与现代表达方式。

1. 以终结性输出成果任务统领整本书阅读

终结性阅读输出成果任务有几个特点。其一是形式灵活，不拘一格，可以是阅读成果专辑、阅读成果展览、阅读小组读书报告集、阅读分享会等。其二是书面文字表达为基，图画、音频、视频为辅，突出语文学科语言积累与建构素养目标。其三是自觉自主，合作共读，提倡保持个体独立性，合作探究，共同制作阅读成果。其四是倡导原创，鼓励创意与创新，包含阅读个体对整本书基本语言知识、语言规律、语言内容的理解与感受，是阅读所得的原创表达。

以学生共读叶嘉莹《古诗词课》为例，学生阅读共同体4~8人不等，所选阅读专题内容亦各有考量。有以诗人为专题的，如"推屈原之志，与日月争光""古诗词课：少陵野老杜甫""半世烟雨半世情——李清照"；有以题材为专题的，如"一箫一剑平生意——边塞诗鉴赏""孤城落日骑战马，塞北剑气斩枭雄""山水有相逢，田园有真意"；有以意象为专题的，如"残萧集"（"落叶""秋风"意象）、"干了这杯华夏杜康"（"酒"意象）、"飘零于泥，依然护花"（"落红"意象）；有以情感为专题的，如"诗中家国梦""山河无恙，吾辈当自强"；有以地域为专题的，如"诗雨江南""雁飞塞北"，等等。

2. 以持续性输出成果任务贯通整本书阅读

从阅读的整体方案、阅读计划，到阅读成果汇成集子，学生的输出贯通阅读全过程。持续性输出成果任务落实要处理好几组关系：其一是输入与输出的关系，提倡学生带着笔头持续输出，同时输出要求不可过高，任务不可过多；其二是输出任务的层递关系，从批注、点评到读书笔记、读后感、文学短评等，输出量积少成多，思维由浅入深，拾级而上，渐入堂奥；其三是群体计划与个体进度的关系，教师指导班级制订阅读方案与计划，同时关注阅读者个体进度，给予差异化要求与阅读指导。以《论语》阅读计划（见表1-5-4）为例，整体规划包含三个阅读阶段，各阶段规划对应阅读内容和输出成果，班级终结性成果为《〈论语〉小论文集》，层递式输出任务依次有批注词句、标注疑难、记录心得，撰写阅读短评、阅读笔记，完成研究性小论文等。

表1-5-4 《论语》阅读计划简表

阅读阶段	阅读内容	输出成果
第一阶段：选定书目，自主阅读（9—11月）	自主阅读杨伯峻《论语译注》，每天3~4页	批注词句、标注疑难、记录心得等
第二阶段：推荐资源，拓展联读（12月）	选择阅读司马迁《史记·孔子世家》、钱穆《孔子传》、鲍鹏山《孔子传》、鲍鹏山《孔子如来》、王健文《流浪的君子》及相关学术论文等	知人论世，撰写阅读短评、阅读笔记等
第三阶段：研讨提炼，专题研读（1—2月）	梳理"《论语》中的孝""《论语》中的君子""《论语》中的教育""《论语》中的朋友""《论语》中的诚信""《论语》中的仁与礼"等专题	自选专题梳理、探究，寻求《论语》对现实生活的启示，完成研究性小论文

（三）多维链接生活，促进内化传承

输出是把自己的阅读所得可视化呈现，乃至分享给他人。这样的输出即在解决具体问题的实践中，创生新的意义，往往需要以真实情境为载体，把阅读所获所思和整本书内容深度关联，实现在当代语境中的文化传承。

1. 链接个体阅读生活，指向个体内化传承

文化经典整本书阅读，以自主阅读、合作探究、输出成果为主要阅读方

式,自主阅读是其中最主要、最基本的方式。学生在个体阅读实践活动中,体验传统文化蕴含的丰富情感与意蕴,在自主批注、点评等过程中,实现个体内化传承。如《古诗词课》整本书阅读方案"流行的语句,雅致的表达——流行语的前世今生",创设问题情境,以链接个体阅读生活:以班级抢答的形式,分别用诗句形容美人的眼、美人的笑,说出系列流行语的古典诗词版本,尝试用更多的古典诗词表达"我想你"的意思。这个情境与学生的个体阅读和日常生活密切相关,将"板着脸"的古典诗词与现代流行语对接,让古典诗词"活"了起来,丰富了今天的学习与生活。这样将积累化为生活语言运用的输出方式,促进阅读者个体内化生命体验,增进对古典诗词当代意义的理解,凸显了传统文化的现代价值。

2. 链接学科学习生活,指向跨学科内化传承

文化经典整本书阅读,联结课堂内外,联结语文与其他学科学习,在跨学科语境中实现传统文化的内化传承。如《乡土中国》整本书阅读,创设学习情境联系学生丰富的校园学科学习,引导学生输出个性化阅读感受:学校广播站"电影沙龙"栏目拟播出专集"《无问西东》影评",请你选择一个电影情节,关联《乡土中国》的概念和观点,写一篇不少于300字的影评,表达你对电影及《乡土中国》的理解。如有同学的影评《遵从内心所需,无问西东》中写道:"正是有了从欲望到需求的转变,中国人在近现代的社会发展进程中,从意识上真正地觉醒,越来越多的中国人从乡土欲望的桎梏中解脱出来,遵从自我内心所需,实现了洒脱的无问西东人生。而这,正是中华文化传统中修齐治平、勇毅力行等核心思想理念的体现。"在教师创设的链接语文、艺术、校本课程等学科学习生活情境中,学生的阅读思考指向更广阔的视野,对传统文化的传承内化更有深度。

3. 链接社会生产生活,以他者经验内化传承

文化经典整本书阅读,可链接学生日常生活、社会政治经济生活、工农业生产等,与更广阔的社会生产生活关联,以他者经验思考、反馈,促进传统文化的内化传承。如《乡土中国》整本书阅读,以"'我们身边的乡土中国现象'小论文写作"为终结性阅读输出成果,引发学生链接社会生产生活,思考相关问题：如我们中国人安土重迁，去异国他乡往往要带上一抔家乡的泥土，你知道为什么吗？中国人为什么那么喜欢种菜，你能解释吗？你能用导图的形式把你知道的所有亲戚关系画出来，体现你们的亲疏关系吗？……这些问题中提到的现象，往往就存在同学们的身边，当他们换位思考时，就能聚合他者经验，内化于心，加深对中华传统文化的理解。

《礼记·学记》说："独学而无友，则孤陋而寡闻。"整本书阅读是语文学科重要的课程内容，教师还需要引导学生在深度互动中加深对文化经典内容的理解，提高对传统文化的创造转化力。如设计挑战性输出任务，实现学生与经典的深度互动；指导学生过程性输出，实现学生与教师的深度互动；组织阅读共同体研讨交流，实现学生间的深度互动，等等。教师围绕课程育人目标，鼓励学生在研讨交流中"钻研、吸收、融化和发展"传统文化，以中华优秀传统文化滋养心灵，浸润成长，同时，补充、拓展、完善中华优秀传统文化的内涵，充分挖掘和运用中华优秀传统文化精华，扬弃继承、推陈出新，推动中华优秀传统文化创造性转化、创新性发展。

总之，中华传统文化经典具有中国特色、体现中国精神、蕴藏中国智慧，语文教师要重视全过程指导学生开展中华传统文化经典整本书阅读，围绕学科核心素养，构建素养型目标体系，以输出型学习任务为引领，培养学生的输出转化能力，养成其持续输出习惯；设计层递式任务，以输出倒逼输入，促使其反躬自省，自觉融汇古今，扬弃继承；多维链接生活，赋予传统文化新的内涵与现代表达方式，实现传统文化在当代语境的文化传承；促进学生与经典、与教师、与同伴的深度互动，以加深对阅读内容的理解，提高对传统文化的创造转化力。

三、传统文化融入写作课程

中华优秀传统文化是中华民族思想和精神的内核，是最深厚的文化软实力。教育部《完善中华优秀传统文化教育指导纲要》要求加大中华优秀传统文化内容在中、高考中的比重，完善中华优秀传统文化教育的评价机制。

新课标明确指出："（高考命题）要重视中华优秀传统文化材料的选用，

引导学生从中获得对当代文化问题的思考。"近年来，高考写作命题有机融入中华优秀传统文化元素，用中华优秀传统文化之光照亮青年心灵，达到以文化人、立德树人的目的。分析传统文化融入高考写作命题的特点，帮助同学们在日常读写实践中积极主动应对，有助于引导师生自觉有为进行传统文化传承教育，发挥写作课程在传承和弘扬中华优秀传统文化中的重要作用。

（一）传统文化融入写作命题解读

纵观近年高考作文题，与传统文化直接和间接相关的命题不在少数。梳理这些考题信息（见表1-5-5），将帮助我们认识传统文化融入写作命题的基本特点。

表1-5-5　2017—2022年传统文化融入高考写作题情况统计

年份	试题来源	写作要求	材料概要	传统文化元素
2017	全国甲卷	以两三句为基础，表达对中国文化名句化育后世的感触和思考	六句中华文化名句	中华人文精神：自强奋发、家国情怀、豁达自信、开放进取、敢于正视、勇于担当等
2019	全国乙卷	写演讲稿，倡议全校同学"热爱劳动，从我做起"，体现认识与思考，并提出希望与建议	"民生在勤，勤则不匮"，"夙兴夜寐，洒扫庭内"；现实中不理解、不尊重劳动现象	中华传统美德：热爱劳动
2020	全国乙卷	写班级读书会发言稿，对齐桓公、管仲和鲍叔哪个感触最深？结合感受和思考写作	春秋时期，鲍叔推荐管仲辅佐齐桓公成就霸业的故事。孔子、司马迁的评价	中华传统美德：知人善任、不计前嫌，励精图治、勇于担当，举贤任能、甘居下位
	全国甲卷	作为中国青年代表于"世界青年与社会发展论坛"，发表以"携手同一世界，青年共创未来"为主题的演讲	墨子、英国诗人约翰·多恩名言、中国与他国互援物资上的寄言	核心思想理念：和合大同 中华人文精神：仁爱共济

续 表

年份	试题来源	写作要求	材料概要	传统文化元素
2020	全国新高考Ⅱ卷	以"带你走近"为题，写《中华地名》栏目主持词	与地方自然特征、风土民情、历史文化、著名人物等相关联的、唤起记忆与情感的中华地名	主动凝练传统文化的当代价值，赋予优秀传统文化时代灵魂
2021	全国乙卷	以"当代青年"身份，谈对自身追求理想的启示，将传统文化、自身发展、时代精神等关联起来	汉代思想家扬雄《扬子法言·修身卷第三》，以开弓射箭喻君子的修养过程	核心思想理念：修身、正心、立义、勇毅、力行
2021	全国新高考Ⅱ卷	"整体把握漫画的内容和寓意"，鉴别对待、有扬弃地继承传统书法蕴含的"写人与做人"思想	以传统的书法描红为载体，材料以四格漫画展现毛笔书法写"人"的运笔过程	核心思想理念：脚踏实地、谦和好礼等为人之道、"中庸"观念
2022	全国甲卷	结合学习和生活经验，写一篇文章，阐释由材料得到的启示与思考	《红楼梦》"大观园试才题对额"中给桥上亭子匾额题名的相关情节	中华人文精神：形神兼备、情景交融

纵观近年高考写作命题，越来越重视中华传统文化内容的考查，命题材料主要以中华文化名句、历史人物故事、格言警句、中华地名、文化典籍、优秀传统文化艺术等为载体，引导学生感悟中华优秀传统文化的精神内涵，从中汲取精神力量，增强文化自信和价值观自信。

1. 礼敬经典，注重价值引导

高考写作命题以育人为根本，以礼敬经典的态度，选用中华优秀传统文化中的典型材料，引导学生在阅读与品味中华名句、人物故事、传统艺术等内涵丰富的传统文化材料过程中，体会中华文化的博大精深、源远流长，感悟其中蕴含的核心思想理念、中华人文精神、中华传统美德，培养脚踏实地、实事求是、修身正心、勇毅力行、谦和好礼、和合大同等核心思想理念，弘扬自强奋发、爱国如家、豁达自信、开放进取、敢于正视、勇于担当、仁爱共济等中华人文精神，培育热爱劳动、知人善任、不计前嫌，励精图治、勇于担当，举贤任能、甘为人梯等中华传统美德。

近年直接选用传统文化材料的高考全国卷写作命题有八套，占比四成以上。以2017年全国甲卷作文材料为例，选用的六句中华文化经典名句，其中四句来自传统文化，分别出自中华传统典籍《周易》、杜甫《月夜忆舍弟》、李清照《鹧鸪天·桂花》、魏源《默觚下·治篇十二》，包含了自强奋发、家国情怀、坚持自我、豁达自信、开放进取、提升境界等丰富内涵。与两句近现代文化名句并列齐观，体现了中华优秀传统文化的渊源有自、传承有序与生生不息，引导考生感悟中华文化的博大精深、绵延不绝、历久弥新，增强文化自信和民族自豪感。

2. 衔接古今，提倡创造转化

中华文化源远流长。中华优秀传统文化是中华民族五千多年文明历史所孕育的，是中华民族生生不息、发展壮大的丰厚滋养，是中国近现代文化、革命文化和社会主义先进文化植根的沃土。高考写作命题选用中华优秀传统文化材料时，往往有机融入革命文化、社会主义先进文化元素，引导当代青年学生立足现实，瞻望过去，放眼未来，结合新的时代条件传承与弘扬好中华优秀传统文化，守正创新、推陈出新，让中华文化绽放新的时代光彩。

还有的命题将优秀传统文化与时代热点或现实问题关联呈现，找到传统文化与现代生活的连接点，引导考生思考传统文化与当代社会相适应、与现代社会相协调的问题，使优秀传统文化在赓续传承中弘扬光大，彰显其强大的生命力、凝聚力、影响力，增强青年学生内心深处的自信与自豪。如2019年全国乙卷作文试题，分别选用与劳动有关的传统文化材料及当今社会现象入题，在传统与现实的对比中，引导考生在新时代语境中重新思考劳动的意义与价值，并以演讲稿的任务促使考生反躬自省，主动倡导"热爱劳动，从我做起"，以期在新时代青年中形成人人热爱劳动、尊重劳动、参与劳动的良好风气，实现中华传统美德在当代社会的传承与弘扬。

特别值得一提的是，对于一些可能与现代的思想观念发生冲突的传统文化材料，全国卷写作命题往往以引导语的方式，引导考生鉴别、取舍，秉持科学扬弃的观念，按照时代的新进步、新进展，对中华优秀传统文化的内涵加以补充、拓展、完善，以增强其影响力和感召力。如2021年全国新高考Ⅱ卷，以"反映你的认识和评价、鉴别与取舍，体现新时代青年的思考"的任务要求，引导考生对毛笔书法"写人"中蕴含的"藏而不露""不偏不倚""缓缓出头"等古代"为人之道"进行有鉴别的对待，以扬弃的科学精神推陈出新，实现传统文化与当代生活相协调。

3. 文化互鉴，推动和合共生

高考写作命题常常选用组合型材料，除了优秀传统文化材料的组合外，传统文化与革命文化、社会主义先进文化的组合，有时还将传统文化材料与外国文化材料组合，以引导考生积极参与世界文化的对话交流，思考丰富多样的人类文化，培养开放包容的文化心态，在文化的交流互鉴中，不断丰富和发展中华文化，推动中外文化和合共生，推动构建人类命运共同体。

如2020年全国甲卷写作命题，"试题材料将墨子的警句和英国诗人约翰·多恩的名言并列，意在引导考生从思想的、文化的、历史的或现实的层面切入，思考人类命运共同体的宏大主题"。2020年中国与其他国家互援互助，互相寄语以送祝福，试题融入中西方文化材料，引导考生感受国际社会守望相助的温情力量，思考文化与文明的交融互鉴，表达"携手世界，共创未来"的美好期盼。

4. 应用写作，注重实践养成

高考命题"要求以贴近时代、贴近社会、贴近生活的生活实践或学习探索问题情境为载体"，"设计生产生活中的实际问题，体现对即将进入高等学校的学习者迁移课堂所学内容、理论联系实际水平的测量与评价"。近年来，高考写作命题注重考查应用写作能力，往往以具体情境为载体，以典型任务为主要内容，引导考生思考真实情境中的写作场景、作者身份、写作对象、写作目的、写作文体等要求，在应用写作实践中养成写作素养。从表1-5-5所列八道试题来看，所创设情境有学科认知情境如"班级读书会"，有社会生活情境如"世界青年与社会发展论坛"，也有个人体验情境如合理引用中华文化名句表达自己的感触与思考等，都强调"中国青年代表""当代青年"的写作者身份；对写作对象也有清晰的要求，如本校同学、班级师生、世界青年、中国青年等；写作目的、文体也都有相应要求。传统文化写作命题应用写作的要求与实践，引导考生在社会生活语境中思考传统文化的深厚内涵与当代价值，增强学生对中华优秀传统文化的理性认识和践行能力，培养担当意识，从而落实以文化人、立德树人的目的。

（二）传统文化融入写作的基本原则

1.厚植底蕴，坚定文化自信

语文是落实中华优秀传统文化教育的核心课程，文章写作是考查语言表达能力的重要形式。传统文化高考写作命题所选中华优秀传统文化经典丰富多样，从其载体形式来看，可以是传统文化传世名著名篇语句、历史人物故事、神话传说、寓言故事，也可以是传统节日、风俗礼仪等，还可以是传统技艺及其他文化遗产等；从其蕴含的主题内容看，包含核心思想理念、中华人文精神、中华传统美德三大主题中的丰富传统文化教育内容。革命文化和社会主义先进文化是中华优秀传统文化的赓续传承、创造转化和创新发展，三者共同闪烁着中华民族一脉相承的精神追求、精神特质、精神脉络，是中华民族屹立于世界民族之林的强大精神力量。故此，高中生应尽可能博览传统文化经典，厚植传统文化底蕴，对中华优秀传统文化价值有情感认同，有最坚实的底气坚持文化自信。

2.关联时代，有扬弃地继承

中华传统文化思想对中华文明产生了深刻影响，我们应该充分吸取和借鉴其中陶冶品格、经世致用的有益成分，将其转化为今天解决现实问题的丰富养料，同时，也要加强鉴别，对其中无益、与现实冲突甚至有害的内容予以舍弃，或经创造性转化、创新性发展，使其与现代社会协调，成为能滋养当代生活的养料。食古不化、刻舟求剑、画虎不成反类犬是要不得的。

如前文所述2021全国新高考Ⅱ卷"写人与做人"漫画材料，如果我们不加分辨，对毛笔书法描红"写人"所蕴含的"藏而不露""不偏不倚""缓缓出头"等古代所谓做人智慧加以赞扬，一并吸收，那就可能与我们当代所提倡的"青年责任""勇于担当"等背道而驰。如果青年一代都一味在儒家"中庸"

理念指导下做人做事，那从小处说，可能会消磨作为年轻人的创造力与冒险进取之心；从大处说，整个社会难免因陷入保守而暮气沉沉，缺乏创新意识和创造能力。故作为新时代的青年，思考"写人与做人"漫画的寓意，吸取其蕴含的脚踏实地、沉稳做事、谦和好礼等核心思想理念，鉴别地对待和取舍，体现对中华传统文化有扬弃地继承的正确态度。

3. 放眼世界，关注人类未来

中华文明历来崇尚"以和邦国，和而不同"的价值取向和治理智慧，"和合""大同"是中华优秀传统文化的核心思想理念，特别是在全球发展与安全面临多重挑战的背景下，中华优秀传统文化的传承发展，离不开对外文化交流合作，唯有顺应和平、发展、合作、共赢的时代潮流，才能携手迎接挑战、合作开创未来，推动人类命运共同体的构建。

4. 联系自我，凸显青年担当

高考命题融入传统文化元素，引导新时代青年坚定文化自信、提升道德品质、厚植家国情怀，为避免苍白的说教，命题往往创设真实运用的语言情境，强调高考考生"当年青年"的身份，以提醒"青年责任"与"青年担当"意识。这就要求考生写作时要联系时代，融入自我，表达自己真切的感悟与思考，抒写自我真实的情感，秉承理性精神、弘扬家国情怀、坚持创新精神，凸显自觉传承与弘扬传统文化、奋发有为、强国有我等责任与担当意识，自觉做中华优秀传统文化的学习者、践行者、传承者。

（三）传统文化融入写作的具体策略

1. 立意：融通古今，创造转化

习近平总书记指出："中华文明源远流长、博大精深，是中华民族独特的精神标识，是当代中国文化的根基，是维系全世界华人的精神纽带，也是中国文化创新的宝藏。"中华民族的悠久历史和灿烂文化，是高考写作取之不尽、用之不竭的思想宝库。如前所述，高考命题借助传统文化选材，传递中华核心思想理念、中华人文精神与中华传统美德的深厚内涵，高考写作立意，亦可深入挖掘中华优秀传统文化蕴含的哲学思想、人文精神、价值理念、道德规范，并联系当代社会生活，融通古今，思考中华优秀传统文化创造性转化、创新性发展的时代使命与当代价值。如"道法自然、天人合一"的核心思想理念，认为人与自然唇齿相依，提倡顺应自然，人与自然和谐相处，这对于处理当今社会随着现代工业化发展带来的环境和资源问题，提供了依据和思路、参考与借鉴；又如"仁爱共济，立己达人"的中华人文精神，提倡"同情、爱护和帮助他人"，与他人"共同渡过难关"，仁以为己任，推己及人，这对于改善经济高速发展社会中的道德滑坡现象，对于国家扶贫攻坚以实现共同富裕的方针政策，乃至我国推动构建人类命运共同体理念等，都具有重要理论支撑和重大价值参考。

2. 拟题：渔经猎史，厚基固本

"题好文一半"，好题多含典故（见表1-5-6），典故可以增加标题的表现力，在有限的词语中展现更为丰富的内涵，可以增加韵味和情趣，还可以使表达委婉含蓄，避免平直，易引发阅读兴致与共鸣。包含成语典故、历史典故、文学典故、文化典故等，典故来源于文学名著、历史故事、神话传说等，唯有保持广博的阅读、拥有丰富的积淀，才可能在考场信手拈来，匠心独运。

表1-5-6　2017—2021年广东高考优秀作文拟题分析统计

习古	典例
化用	（2017年）一碗一筷诠中华（李商隐《锦瑟》"一弦一柱思华年"）；以和为贵万物共荣（孔丘《论语·学而》"礼之用，和为贵，先王之道，斯为美"）
	（2018年）执国之手，与国偕长（《诗经·邶风·击鼓》"执子之手，与子偕老"）
	（2019年）一屋不扫，何扫天下（范晔《后汉书》"大丈夫处世，当扫除天下，安事一室乎？"清朝文学家刘蓉散文《习惯说》"一室之不治，何以天下家国为"）
	（2020年）容天下贤士，合众力而匡天下（《韩非子·十过》"齐桓公九合诸侯，一匡天下，为五伯长，管仲佐之"）
	（2020年）唯才是举真忠士，唯贤是让大丈夫（《增广贤文》"酒中不语真君子，财上分明大丈夫"）
	（2021年）不以强喜，不以弱悲（范仲淹《岳阳楼记》"不以物喜，不以己悲"）
	（2021年）强固可喜，弱亦欣然（苏轼《观棋》"胜固欣然，败亦可喜"）
	（2021年）强者自矜，弱者自强（老子《道德经》"不自见，故明；不自是，故彰；不自伐，故有功；不自矜，故长"）

让人佩服的标题，2012年广东高考一号文《生逢其时》，"生逢其时"一

词从考场优秀作文公布以后，热度不断上升，现已发展成为广泛运用的现代汉语词汇。

另外，别小看标题，"文好题一半"，不仅是因其言简意丰、语词凝练优美，还因标题往往是对文章内容的高度概括，拟了一个好题，往往意味着作文确立了清晰、准确、有力的中心论点，全文构架也基本打好了腹稿。

3. 选材：旁征博引，刚柔相济

从近年广东省公布的高考优秀作文（见表1-5-7）可知，高考写作如能广泛引用中华优秀传统文化材料作为依据、例证，从汉字、书法、成语典故、古代诗文、古典小说、历史故事、传统节俗中引用名言名句、人物故事、诗词名句等作为写作的材料，让这些传统文化载体传达爱国情怀、中华精神、荣辱观念、审美情趣等，让文章论证既有力量，又富有古典温柔况味，实现刚柔相济的表达效果。

表1-5-7　2017—2021年广东高考优秀作文选材用材典例分析

高考优秀作文语段	所选传统文化材料	材料论证方法	所论证观点
（2021年）《强弱并非命定，人生由我决定》第3段——生而弱者未必是永恒草芥。《生于忧患，死于安乐》有言："故天将降大任于是人也，必先苦其心志，劳其筋骨，饿其体肤，空乏其身，行拂乱其所为。"处在艰苦环境下的人倘若有恒心有毅力，也能够跻身上层，摆脱草芥标签。古有宋濂"口体之奉不若人"却"中有足乐"，终成一代圣贤，颜回堪人不堪之忧，仍"乐在其中"，终成孔子高徒；今有"天才少年"张霁"蓄谋已久"后的成功逆袭，钟芳蓉学姐不畏艰苦圆梦北大考古系……一个个鲜活的例子，都是对"弱者不弱"的生动注脚。是的，生而弱者未必永远弱，处在艰苦的环境中，我们依然要保持战略定力，保持对生活的热爱及对未来的希望，不自怨自艾，不自暴自弃，昂扬向上，收获属于自己的至上荣光	1言+2事	道理论证与事实论证结合；材料古今对举，构成对比论证	生而弱者未必是永恒草芥

续 表

高考优秀作文语段	所选传统文化材料	材料论证方法	所论证观点
（2021年）《不以强喜，不以弱悲》第2、3段——强者，若命运之骄子，应铮铮向正途前进，一旦滥用其强，便坠入万劫之深渊。//历史车轮滚滚前迈，历史如明镜，知兴替明成败之教训。溯游往昔，秦国本是势力最弱的诸侯国，位处弱者，任他人玩弄。商鞅一呼治国不可法古，秦国大兴改革，最终横扫六国，一统天下，完成了弱者至强者的转变。可最终滥用其强，不兴仁政，落得秦族而亡的悲剧结尾。如毛泽东所言滥用其强，转而至弱。日本因明治维新走向富强之路，可其野心勃勃，欲吞并全亚洲，做尽丧尽天良之事，最终败于正义，经济政治实力大为衰退。揆诸当下，今日中国崛起，并无意打造霸权大国，而是使用自己力量，携各国共创辉煌，博得世界各国人民赞誉，屹立世界之林。我们谨记毛主席之言，虽为强者，不滥用其强，不忘奋斗，持续奋斗，使中国其强更强，民族其富更富	1事	中西类比，将滥用其强落得族灭下场的秦王朝与明治维新富强之日本因野心勃勃而日益衰退类比	强者，若滥用其强，便坠入万劫之深渊
（2020年）《以鲍叔之智，助国家富强》正文第2段——首先，鲍叔有一双知人善荐的慧眼。韩愈曾在《马说》中说："千里马常有，而伯乐不常有。"鲍叔便是管仲的伯乐，他有洞察才华的能力，正是由于鲍叔的进言，管仲才有了用武之地，齐桓公的春秋霸业才得以成功。齐桓公应感谢鲍叔的知人善荐。若这样的伯乐常有，那么历史上就会少很多"何日遣冯唐"的叩问和"可怜白发生"的不甘。各朝各代也会更加繁荣昌盛	3言+1事	借《马说》典故论证鲍叔作为管仲伯乐的价值与崇高品格，引用两句诗从反面帮助说理	鲍叔有知人善荐的慧眼

当然，高中生作为国家未来的建设者和接班人，中华优秀传统文化的重要传承人，学习与传承中华优秀传统文化，自觉在写作中运用中华优秀传统文化，还可以在文章构思、逻辑论证、语言表达等方面，深入挖掘中华优秀传统

文化蕴含的思想观念、人文精神、道德规范，借鉴其语言表达的规范、典雅、含蓄蕴藉、形神兼备等审美特质；同时，按照时代的新发展新要求，在写作时融通古今，补充、拓展、完善中华优秀传统文化的内涵，赋予其现代表达形式等，使中华民族最基本的文化基因与当代文化相适应、与现代社会相协调，把跨越时空、富有永恒魅力、具有当代价值的文化精神加以弘扬光大。

总之，解读中华优秀传统文化融入高考写作命题的特点，引导高中师生明确"在语文教育中进行中华优秀传统文化的传承是一个十分重大的现实命题"，从而积极有为地参与中华传统文化的研习，加深对传统文化的认识和理解，自觉厚基固本，赓续传承，激活"一池春水"，为中华优秀传统文化的创造性转化和创新性发展贡献一分力量。

【参考文献】

［1］中华人民共和国教育部.教育部关于印发《革命传统进中小学课程教材指南》《中华优秀传统文化进中小学课程教材指南》的通知［EB/OL］.（2021-01-19）［2023-02-12］.http：//www.moe.gov.cn/srcsite/A26/s8001/202102/t20210203_512359.html.

［2］中华人民共和国教育部.普通高中语文课程标准（2017年版2020年修订）［S］.北京：人民教育出版社，2020.12-13，49.

［3］余党绪.我的阅读教学改进之道：思辨性阅读［J］.语文教学通讯，2014（28）：4-7.

［4］邓易森，张春红.《论语》中的君子之道与和谐社会构建［J］.语文月刊，2019（5）：76-77.

［5］教育部考试中心.紧贴时代培根铸魂　深化改革行稳致远：2020年高考语文全国卷试题评析［J］.中国考试，2020（8）：24-28.

［6］教育部考试中心.中国高考评价体系［M］.北京：人民教育出版社，2019：31.

［7］屈哨兵.充分体认中华优秀传统文化，做好语文教材中的传承实践研究［J］.教育导刊，2022（6）：5-16.

第二章

"立体语文"的
教学策略与实践

深入教学策略与实践，讨论以写作为中心的单元统整教学、整本书阅读和"互联网+"背景下的立体读写教学。

第一节　以写作为中心的单元统整教学策略

《义务教育语文课程标准（2011年版）》指出："写作是运用语言文字进行表达和交流的重要方式，是认识世界、认识自我、创造性表述的过程。写作能力是语文素养的综合体现。"在一定程度上，写作能力是学生语文能力的最高体现。中国语文传统讲究"文以载道""言为心声"，以写作为中心组织语文教学，提倡学生多写，多写立意健康、有大格局大胸怀的好作品，有利于实现"立德树人"的教育目标，也有利于落实语文新课程理念，有效改变教师大量讲解分析的语文课堂教学模式。通过读写任务群的设计，学生能够在语文读写活动中学习和运用语文，提高语文学科核心素养。

一、"以写作为中心的单元统整教学"概念内涵

中学语文教学"以写作为中心"，即在教学过程中把教师写作训练和学生写作实践贯穿始终，把语基、修辞、逻辑、语用、阅读和写作紧密结合起来，以全面提高学生的语文学科素养，取得语文教学的大面积丰收。

"单元统整教学"，是结合不同语文学习内容的特点，基于发展学生核心素养的单元目标，整合多个篇目甚至多种类型文本，设计阅读与鉴赏、表达与交流、梳理与探究等多样的语文综合性学习活动，引导学生在真实或拟真的语用情境中，围绕听说读写任务进行大量深入自主的阅读，从而提升语文综合素养的整体教学。

"以写作为中心的单元统整教学"，即基于学生写作实践、写作目标确立单元学习目标，组合多种类型文本为单元学习材料，设计阅读与鉴赏、表达与

交流、梳理与探究等多样的语文综合性实践活动，引导学生在真实或拟真的语用情境中，围绕具体的逐级递进的写作任务进行大量深入自主的阅读，从而提升语文综合素养的整体教学。

二、"以写作为中心的单元统整教学"的基本策略

（一）"以写作为中心"构建单元读写序列

许多老师甚至包括少数语文教育专家都误以为写作不可教，作文写得好的孩子，完全靠天赋、兴趣和广博的阅读积淀。故此许多语文课一半以上时间花在讲授课文、语基训练和文言文的教学上，作文教学的时间少之又少。而所谓的作文教学，就是找个作文题让学生写，批改之后读几篇优秀作文。所以王荣生教授才会说，"这早就不是秘密：在我国中小学的语文课里，几乎没有写作教学"。他所说的几乎没有写作教学，"指的是从学生思考他的写作开始，到他开始写作，到他的作文完成，这一阶段几乎没有指导"。我们心知肚明，王教授说对了！少数优秀的教师，会在新课讲授时，进行一些片段的写作指导。而这些，对于写作教学来说，是远远不够的！

我要说：写作可以教，并且是可以教好的。我想说，班级人人都能写出好作文，这应是语文教学、语文学习的根本。而且，我以为，能写好作文的孩子，字、词、句、段、语法、修辞、逻辑等语文的基础知识，自然是不差的；而阅读的能力，自然也是不错的。语文整体的素养得到提高，也就在意料之中了。

为了以写作为核心搭建起单元读写的连贯序列，首要的是在语文教学里，把作文教学提升到极为关键的地位。应当保证至少有40%的语文课程时间投入到作文教学当中，这涵盖了写作前给予技法方面的引导，写作期间的全程指点，完成写作后的作文批改、提升性的指导，以及对升格后的作文展开评价与交流等多个环节。

与此同时，不可忽视阅读积累的重要性。阅读范畴不仅包含经典名著的研读，还涉及课内外的"1+X"阅读模式，如紧扣主题的阅读、多文本组合的群文阅读以及拓展性的延伸阅读等。此外，还需将读写结合的教学方式常态化。

具体而言，就是以教材文本或课外阅读材料作为出发点，围绕特定主题，广泛收集并补充名家名作以及优秀学长的范文等。从"深入挖掘主题内涵进行积累"和"开展单元写作技法专项训练"这两个维度，有的放矢地开展主题阅读引导。

学生参与拓展阅读活动，增加自身的阅读积累量后，会收获两方面显著成效：一方面，能够积累与主题相关的素材，丰富个人的生活感悟，培养良好的语感，为写作在立意构思、表达借鉴以及储备精彩语料等方面做好充分准备；另一方面，可为单元写作提供构思上的范例，尤其是给那些对写作怀有畏难情绪的学生提供多个可供模仿的样本，助力学生在教师的引导下，循序渐进地开展从模仿到修改，最终实现自主创作的能力进阶训练。

以统编教材七年级上册第三单元为例，单元读写序列规划（表2-1-1）先依据统编教材总体设计思路，确定单元写作训练目标为"写人要抓住特点：写得有特点，写熟悉的同学或偶像等"，这一目标包含"校园之美"人文主题和"写作要抓住特点"的技法训练目标。课内阅读文本《从百草园到三味书屋》《再塑生命的人》《〈论语〉十二章》的读写训练点围绕这两个目标，在"人文主题"这块，分解为"乐园之乐与书屋之趣""小鲁迅与大鲁迅""每个人心中都有一个百草园，也有一个充满复杂情绪的三味书屋""感恩莎莉文老师""开启智慧与再塑生命"等，关注校园学习生活、师长形象、同学形象、生命成长等方面内容；课外拓展阅读由文本延伸到整本书阅读，包括鲁迅散文集《朝花夕拾》，海伦·凯勒的散文代表作《假如给我三天光明》《我的老师安妮·莎莉文》，《论语》等。在"写作要抓住特点"这块，通过鲁迅写寿镜吾先生、海伦·凯勒写莎莉文老师、学长学姐佳作写人物等范例，学习从正面（外貌、语言、动作、神态、心理）和侧面（其他人物衬托、环境和自然景物烘托等），并运用多种表达方式（叙述、抒情、议论）来描写人物的方法。

表2-1-1　统编教材七年级上册第三单元读写序列规划

人文主题		校园之美：童真童趣，友谊与爱		
语文要素	阅读方法	默读法：不出声，不分心，不停顿，一气呵成读课文。猜读法和跳读法		
	阅读策略	梳理文章的主要内容：抓要素，抓关键		
课文		要点	1+X阅读	微写作
	9. 从百草园到三味书屋/鲁迅	乐园之乐与书屋之趣；小鲁迅与大鲁迅；衔接与过渡；每个人心中都有一个百草园，也有一个充满复杂情绪的三味书屋	鲁迅《朝花夕拾》	景物描写
	10. 再塑生命的人／海伦·凯勒	感恩莎莉文老师；开启智慧与再塑生命；追寻心路历程，体会作者情感	《假如给我三天光明》《我的老师安妮·莎莉文》	心理描写
	11.《论语》十二章	读书求学，修身立德；抓关键字，诵读揣摩	《论语》	读书格言
单元写作		写人要抓住特点：写得有特点，写熟悉的同学或偶像等		

（二）编写读写教程，创设情境开展言语实践活动

立足于语文学科核心素养和语文课程标准的要求，以统编初中语文教材编写体系为纲，总结新教材的教学实践经验，编写初中语文统编教材《同步读写教程》，将听说读写融为一体，设计典型的真实写作情境，创设形式多样的言语交际实践活动，激发学生语言文字综合运用的潜能。

每册《同步读写教程》的内容体系与对应的统编语文教材匹配，分为六个单元，每单元设计"单元读写序列表"，明确单元"双线组元"整体规划，标明单元整体人文主题和写作序列技法训练目标，并将单元整体目标分解到单元的阅读文本，规划每个阅读文本的学习重点、1+X阅读、微写作等内容。"单元读写序列表"之后，正文为两大板块："课文微型写作"和"单元读写训练"。正文部分写作任务同样采用"1+X"的引导策略，从每篇课文"仿句""写段"再到单元主题阅读后的"构篇"，由浅入深，由少及多，由分到总，层层递进，渐入佳境。

这一安排彻底改变传统教学将文本阅读生硬分割成字音、字形、词义、句意、构段法等，孤立设计无意义的单项训练的做法。我们遵循整体语言理论的基本原则，基于单元"双线组元"的整体规划，设计真实或仿真情境的语境写作训练，引导学生在文本整体性的语境中充分学习，形成完整的阅读感知，并依写作任务提示，紧扣文本特点进行精细化的语言形式转换技能训练。在达成仿句、写段的语言学习目标之后，"单元读写训练"板块给予学生完整的读写过程性指导，最终学习成果将展现为学生的"升格作文"。可以说，这样由整体到部分再回归整体的语言学习过程为学生的学习创设了意义生成的整体情境，促成了学生有意义的语文学习。

同时，《同步读写教程》的设计将听说读写视为语言功能结构的有机组成部分，根据各单元"人文主题""语文要素"和文本特色，每课设计由"写作情境""活动任务""阅读材料""技法借鉴""写作稿纸（XX格）""同伴建议""我的升格（XX格）"构成的两三个"微学习任务群"，让学生在完成读写及互评听说任务中实现个体语言建构。以八年级上册《愚公移山》"微写作二·构段"为例：

【微写作二·构段】

［写作情境］

移山成功后，"愚公""愚公妻子""邻居"和"智叟"会有怎样不同的反应？学校广播站要报道这件事，作为广播站的记者，你要把这些人的语言记录下来。

［活动任务］

1.通过人物语言描写突出人物性格。

2.200字左右。

［阅读材料］

聚室而谋曰："吾与汝毕力平险，指通豫南，达于汉阴，可乎？"杂然相许。其妻献疑曰："以君之力，曾不能损魁父之丘，如太行、王屋何？且焉置土石？"杂曰："投诸渤海之尾，隐土之北。"

河曲智叟笑而止之曰："甚矣，汝之不惠！以残年余力，曾不能毁山之一毛，其如土石何？"北山愚公长息曰："汝心之固，固不可彻，曾不若孀妻弱子。虽我之死，有子存焉。子又生孙，孙又生子；子又有子，子又有孙；子子孙孙无穷匮也，而山不加增，何苦而不平？"

[技法借鉴]

人物的语言描写必须个性化，符合人物的年龄、职业、身份、心情和性格等，让读者闻其言而知其人。

微写作"阅读材料"来自教材文本。"技法借鉴"关注语言学习的"最近发展区"，提示语体要求，提供学习支架，引导学生走入更为细致的深度阅读。"活动任务"的指令简洁明了，提供"写作的过程化指导"，具有很强的可操作性，便于进行过程性评价。

张志公先生曾谈到"为什么要写文章"，他认为，写文章实则为应用。无论是生活中的沟通交流，工作里的信息传达，做学问时的成果呈现，抑或是宣扬真理、驳斥错误观点，皆需借助文章。写作绝非闲来无事的消遣之举，更不能仅仅将其视作获取考试分数的手段。追本溯源，写作源于实际应用的需求，是为了满足生活以及未来职业发展的需要。

鉴于此，我们大力倡导在写作过程中，要精心营造真实且具体的"写作情境"。学校广播站作为学生校园生活不可或缺的一部分，广播报道更是每日校园生活的常见内容。这样的情境，不但能够让读者与文本之间产生更为紧密的联系，仿佛身临其境般感受文字所传达的信息，而且还巧妙地跨越了时空的界限，让现代与古代的距离不再遥远。再放眼广阔的社会天地，不同的人对同一件事情往往会有截然不同的反应，进而表达出各自独特的观点，这无疑是真实的社会现象，也是生活中语言实际运用的生动体现。要想出色地完成这一微写作任务，学生必须深入研读课文，透彻理解文中人物的性格特点与情感脉络，同时细致入微地观察生活，并且能够运用恰当的语言进行准确、得体的表达。

"写作情境"基于交际语境的写作观，设计真实具体的写作情境，提高写作的对象意识、交流意识、语体意识。"写作情境"的设计将极大程度改变写作教学的理念，提升写作教学的效益。写作情境不等于写作题或写作提示，而是创设一个真实的"交流"情境，与真实的生活语用、生活写作有关，有具体的写作目的、对象，暗含语体要求等，能极大激发学生写作的兴趣和热情，同伴交流评改时方向性、针对性、可操作性强。

再以七年级上册《纪念白求恩》片段写作设计为例。

初稿设计

【微写作一·写句】

［写作情境］在你的读书生涯中，总有一些老师让你难以忘怀，请你从中选择一位来介绍。

终稿设计

【微写作一·写句】

［写作情境］小学同学聚会，大家各自谈论自己的新老师，似乎每个人都想告诉他校同学：我的新老师是最棒的。你会怎样向同学介绍自己的新老师呢？

初稿的"写作情境"设计是传统的"文章片段写作"要求，是虚假写作的方向——学生为何要"介绍"？"介绍"给谁？这样"为写作而写作"的命题，对学生的写作热情无异于浇凉水，时间久了，学生不喜欢写作甚至厌倦写作，也就不足为怪了。

终稿的"写作情境"设计是基于现代"交际语境写作"的温馨提示，创设了真实的写作情境。初中入学不久，很多同学都会参加"小学同学聚会"，这是学生几乎都会遇到的真实生活情境，而在聚会上兴奋地谈论初中的新校园、新生活、新老师，也是概率极高的一件事，将自己的新老师特别是喜欢、欣赏的某位老师"介绍"给小学同学，"介绍"目的是使同学信服。这样基于学生真实生活情境的写作设计，能极大地激发学生写作兴趣，给学生写作形成正向刺激，时间久了，学生自会爱上写作，甚至将写作变成生活的一部分，从而养成良好的写作习惯。

写作情境设计不仅是注重以写促读、以读促写，而且是将听说读写融为一体的交际语境写作设计，让写作源于生活而高于生活，让学生的写作与生活体验、阅读感悟直接相关，可充分激发并调动学生写作的热情，让写作的语言体现人物的个性化与作者的独特性，从而培养出高层次的写作对象意识、交流意识和语体意识，真正达到提高语文学科核心素养的总目标。

（三）反复写作和"写好一篇"

前文提到，张志公先生给在职干部练习写作提了两个建议，一是将片段写作与整篇写作有机结合，利用碎片化时间进行片段创作，周期性完成完整篇章，以此逐步提升写作能力；二是在完成一篇文章后，不厌其烦地反复修改，结合他人的智慧与建议，再结合自身的深入思考，雕琢打磨每一处细节。

这两个建议对于教师指导学生写作，同样有着不可忽视的重要意义，因为从写作能力提升的本质而言，其中的内核是相通的。学生正处于语言能力快速发展的阶段，通过高频次的片段练习，能够锻炼语言表达的精准度与灵活性；而篇章练习则有助于构建完整的思维逻辑，提升谋篇布局的能力。

"以写为中心"的单元读写序列，高度尊重学生的个体差异，遵循学生语言习得运用规律，明白语言能力的提升绝非一蹴而就，而是需要通过大量的实践积累。通过精心设计的活动任务驱动，激发学生的写作热情，引导学生积极投身到反复的"以写为中心"的读写言语实践中。在这个过程中，学生不仅能提高写作水平，还能培养批判性思维和创新能力，为未来的学习和生活奠定坚实的基础。

《同步读写教程》与教材同步，每册规划了六个单元的统整教学。每单元按照"单元读写序列表"的大体规划，包含"课文微型写作"与"单元读写训练"两大板块。

1. "课文微型写作"板块密集进行片段写作练习

每个单元阅读文本包含"微写作一·写句""微写作二·构段"，以一个单元四个阅读文本来算，每单元学生片段写作至少8次。每次片段写作，字数要求80~250不等，并提供相应字数的"写作稿纸"，以给学生形成规范书写的正向刺激，帮助学生逐渐养成良好的书写习惯。

每次片段写作，都有一次"升格"机会，"升格"之前，由同伴提出修改意见，包括是否符合"写作情境"和"活动任务"的要求，是否能很好地对阅读材料进行"技法借鉴"，书写是否工整美观等。初稿加上升格稿，大多数同学一个单元的片段写作训练计16次，共写作3000字左右。

2. "单元读写训练"板块，由点到面，由片段到成篇，指导学生反复升格"写好一篇"

该板块分"主题阅读课""个性习作课""互评提升课"三节内容，包含了完整的写作成篇过程性指导。

第一节，"主题阅读课"。包含"主题呈现""主题阅读""共性探究""个性探究"四步。

"主题呈现"紧扣单元"人文主题"，从不同角度阐释单元主题词，帮助学生发散思维，扩大学生阅读思考的视野，为单元写作审题立意做铺垫，同时作为语言的示范，语言富有表现力。

"主题阅读"文本从"（课内）教读名篇""（课内）自读名篇""课外名篇""学长佳作"中选择，每个文本篇目名称之后围绕单元写作训练要求，紧扣文本特点，提示写作借鉴点。以统编教材七年级上册第二单元为例，单元写作训练要求是：学会记事，用好素材，叙写亲情故事。各文本写作借鉴点分别是"（教读名篇·《秋天的怀念》）细节的感人力量""（教读名篇·《散步》）写出事情的起因、经过和结果""（自读名篇·《金色花》）叙事的儿童视角""（自读名篇·《荷叶·母亲》）插叙的手法""（课外名篇·《外婆和鞋》）写亲身经历，切身感受"。选择的几篇与"亲情"有关的文章，从不同角度提示可借鉴的"记事"方法，将单元写作技法的训练分解到每个文本，为单元成篇写作打下了基础，集中体现单元统整教学"读写结合""以写作为中心"的思路。

"共性探究"围绕单元写作技法训练点，综合主题阅读各文本的技法，探究归纳单元写作技法要求的共性。每一种技法都以单元"主题阅读"的文本为例，结合阅读训练题和答案，进行具体的讲解分析，进一步巩固提炼，方便学生建构单元写作整体性知识。

"个性探究"围绕单元写作技法，着重分析各阅读文本写作方面的突出特点，方便学生找到适合自己或自己喜欢的文本进行深入学习模仿，为个性化习作做准备。

第二节，"个性习作课"。分为"话题呈现""主题探究""模仿构思""个性习作"四步。包含写作的过程化指导：审题、立意、构思、成文（润色升格）。"话题呈现"来自近三年全国各地"中考原题""名校模拟"和"原创命题"，关联单元"人文主题"和"写作技法训练点"；从另一个角度，引导学生思考本单元自己反复修改升格的优秀作文适用于哪些主题（题材），学生可以自己建构不同文体、不同主题的原创优秀习作范本。

第三节，"互评提升课"。包含"标准讨论""组员互评""小组交流""个性提升"四步。教师初步阅读全班学生作文之后，进行学生"互评提升"评改和升格指导。互评标准除了固定的评分项目外，还要求关注每次写作训练不同的专项要求（即贯穿整个单元读写训练的"写作技法训练点"），达到训练点要求的语句、段落或全篇，多鼓励多展示。同时，生生、小组、全班、师生交流，为每篇作文（特别是专项要求不达标的作文）提出具体的升格建议，学生可用不同颜色的笔在"初稿本"上修改，满意后再工整抄写在"升格本"上。老师可建议同学们给自己的初稿本和升格本两本作文本分别取个好听的名字，甚至可以配封面插图、扉页设计等，将作文本变成自己的"文集""专著"等，这亦将极大激发孩子反复写作和写好一篇的热情，养成精益求精的写作好习惯。

另外，"互评提升课"超链接"学长学姐佳作"两篇。紧扣单元"人文主题"和"写作技法训练点"选择往届优秀毕业生的优秀习作，附"名师点评"，供师生评点作文和同学们升格作文参考。同时，可以此鼓励同学们留下佳作，代代传承，丰富学校写作校本资源。

总之，我们设计单元统整教学，力求以学习者为中心，紧密围绕统编教材文本展开，以期彻底扭转以往语文课堂中存在的不良倾向，如将语文知识碎片化处理、脱离实际语言运用情境、对写作训练不够重视，以及读写结合浮于表面等情况。我们依据单元的"人文主题""语文要素"（"学习或研习任务群"）以及"写作技法训练点"构建起完整框架，开展从基础的"写句"起步，逐步进阶到"写段"，最终"成篇"创作的多层次、全方位读写融合训练。同时，尽可能创设具真实感的写作交流情境，开展形式多样的读写实践活动，让学生在海量阅读与真实的交流互动中感受语言的魅力，鼓励学生积极参与到各种有着明确目的的读写活动中，使他们获得有意义的收获，并能长久保持对语文学习的兴趣。通过这样的方式，学生能够在整体性、真实性的读写情境中，切实有效地提升自身语言能力，实现语文学科核心素养的全面提高。

【参考文献】

［1］中华人民共和国教育部.义务教育语文课程标准（2011年版）［S］.北京：北京师范大学出版社，2012：23.

［2］王荣生.我国的语文课为什么几乎没有写作教学？［J］.语文教学通讯，2007（35）：4–7.

［3］张志公.读写门径［M］.北京：北京教育出版社，2014：38，74–75.

第二节 整本书阅读教学策略与实践案例

"整本书阅读"作为语文课程的重要学习内容，其核心在于促进学生的主动阅读和深入思考。"师生共读整本书"活动的实践，通过设计输出型任务，激发学生的阅读积极性，引导他们在阅读过程中进行高阶思维的培养和个性化的语言表达，实现对整本书的深入阅读和全面理解，从而提升他们的语文核心素养。

整本书阅读要把握三个关键：其一，"输出导向"，它强调学生在阅读过程中的主动参与和成果产出。通过设定具体的阅读目标和创造性任务，如编写阅读专辑、撰写读书笔记和开展主题讨论，学生被鼓励将阅读内容与个人经验相结合，形成深层次的理解和个性化的见解。其二，"情境交融"，指的是将阅读材料与现实生活中的实际情境相联系。通过创设与学生生活紧密相关的阅读任务，如撰写影评、设计展览策划书，学生能够在真实语境中运用阅读所得，提升语言运用的实践性和针对性。其三，"过程性评价"，即关注学生阅读过程中的持续进步和成长。通过收集和分析学生在阅读过程中产生的各类作品和反思日志，教师能够及时给予反馈，促进学生的自我调节和深度学习。

一、巧设输出任务，促进整本书深度阅读——以广州市花都区"师生共读整本书"活动为例

"整本书阅读与研讨"是《普通高中语文课程标准（2017年版）》（以下简称"课标"）规定的第一个学习任务群，要求学生"阅读要有笔记，记下自己思考、探索、研究的心得"。课标还提出，"阅读整本书，应以学生利用课

内外时间自主阅读、撰写笔记、交流讨论为主，不以教师的讲解代替或限制学生的阅读与思考"。

为解决学生整本书阅读兴趣不高、阅读功利性及浅表性等问题，自统编教材投入使用以来，我们在广州市花都区开展"师生共读整本书"活动，倡导教师巧设输出型任务，借助情境创设、任务驱动与活动设计，提升学生阅读的积极性、主动性，以阅读促进学生思维品质的提升，促进整本书深度阅读的发生。

（一）着眼于高阶思维培养，再造输出型阅读目标

传统的整本书阅读，多以"记忆、理解、应用"为阅读目标，即了解识记书中主要的人物、情节故事，理解作品主旨，适当摘抄好词好句在写作中应用，等等。这样的阅读是以输入为目的，将学生当成了整本书知识储存的容器，阅读指向简单记忆、机械重复、单向输入，学生的阅读只为简单地积累语言材料，未能在积累的语言材料之间建立起有机的联系，也无须探究语言文字运用的规律，更奢谈评价与创造。

着眼于高阶思维培养的阅读目标，以学生输出为导向，强调将积累的语言材料和文化知识结构化，在语言实践中自觉运用语言，以表达审美体验，表达自己的情感、态度和观念，表现和创造新的言语材料，丰富言语经验与语言表达。

如我们尝试将整本书阅读目标定为——以读书小组（阅读共同体）为单位，递交终结性成果：阅读专辑。高一上、下学期末分别递交《乡土中国》和《红楼梦》阅读专辑，高二上、下学期分别递交《古诗词课》《〈史记〉精讲》专辑。要求以"我们读XX（著作名称）"为副标题，主标题自拟。可以是一本书的阅读成果专辑，也可以是多本书的阅读成果合集。无论是一本书的成果专辑还是多本书的成果合辑，都要求提炼主题词或主题句，作为专题的主标题。成果专辑所有内容都要求原创，要有封面设计、序言、目录、各章节名称、页码、后记以及师生同读一本书的所有过程性输出成果等。

如花都二中高一（2）班"嘻哈出道组"《乡土中国》阅读专辑为"乘乡土之车，品花都之变——我们读《乡土中国》"，专辑输出型成果共47页，包含有《乡土中国》阅读计划方案、《乡土中国》十四章思维导图、《乡土中国》

阅读批注展示、《乡土中国》各章核心概念、用《乡土中国》理论解释现实现象、勾连《乡土中国》写《无问西东》影评、《乡土中国》整本书阅读写作、从《乡土中国》看家乡风物等过程性输出成果。他们将《乡土中国》整本书阅读与统编高中语文教材必修上册第四单元"家乡文化生活"关联起来，历经三轮，通读整本书，撰写了思维导图和批注；知古论今，运用书中的概念和观点解释当今社会的现象；学以致用，用书中的概念和观点解释电影中的情节，学会影评写作；深入乡土寻找家乡风物——花都湖，进行了实地考察，认真撰写家乡风物志，并对风物发展存在的问题提出了建议。通过此次整本书阅读和寻找家乡文化体验，学生在探寻风物的过程中进行多种言语形式的输出活动，在多种文类的创作实践中发展了分析、综合、评价和创造等高阶思维能力。

（二）分解目标为输出任务，实现以输出倒逼输入

为创作好整本书阅读专辑，各阅读共同体统筹规划阅读进度与内容，将"阅读专辑"总目标分解为若干个输出任务，创作、收集、整理师生同读一本书的所有过程性成果，输出任务形式多样，有文字、图表、照片、网页链接等，包含班级读书计划、个人读书计划、思维导图、活动图片（配文字说明）、课堂实录、读书笔记、读书札记、读后感、笔友读书交流书信、阅读小论文、活动分享PPT等。按专辑总目标要求，至少包含一份班级（或读书小组）阅读计划或方案，一篇1000字以上的读书小组原创评论文章。同时，鼓励各种体现深度阅读与思辨阅读的创意与创新成果，鼓励读书小组成员将读后感、读书小论文等投稿公开发表。

无论是阅读计划表、阅读思维导图，还是读书笔记、读后感、阅读小评论，或者是前言、后记、活动分享PPT，都导向学生的言语输出。为实现导向输出的阅读目标，师生整本书阅读不能再满足于字面意思上的知道、了解、明白，而是要指向更深层次的思考与运用，即提炼、表达、创作、再造等更有难度、更加复杂和更具综合性的阅读结果，能考查学生面对新的、真实世界的情境时运用阅读所得创建模型、解决问题、建立与其他概念和学科及真实世界情境的关联，从而形成理解世界的新方式和解决问题的综合素养。这就要求教师开展有目的有意义的自主建构式的阅读活动，提出更有挑战性的任务，激发学生的积极主动阅读输入，自觉建立阅读材料与解决问题的方案之间的关联。如邝维煜纪念中学梁传凤老师围绕"《红楼梦》人物形象塑造艺术"这一阅读目标，创设了情境续写的学习任务——

小说第六十七回，王熙凤在得知贾琏在外偷娶尤二姐之后，就叫旺儿进来询问，这期间她先后发出了两声冷笑，请同学们在第一声冷笑这一情节后进行续写，构思小说后面的内容。

为完成这一续写的输出任务，孩子们既要把握好情节的矛盾冲突，写得合情合理，又要符合人物各自的形象特点，再现曹雪芹采用多种描写手法描写人物的艺术特色。这样的写作任务，就会倒逼孩子们积极主动阅读六十七回前后相关的情节，把握王熙凤、旺儿各自的形象特征，领悟小说原汁原味的语言风格等。学生的阅读就不再是孤立地了解人物、情节，而是依据输出任务主动去梳理、对比、联想、调动、激活，以融会贯通的方式对阅读内容进行组织、再造，从而建构、创造出新的言语材料。

（三）创设真实问题情境，以输出成果解决真实问题

刘月霞、郭华在《深度学习：走向核心素养》一书中指出："概念的建立需要创设情境，规律的探究需要创设问题情境，应用知识解决具体问题应结合具体的实际情境，因此，真实、具体、富有价值的问题解决情境是学生学科核心素养形成和发展的重要载体，也为学生学科核心素养提供了真实的表现机会。"在整本书阅读的过程中，创设真实的语言运用情境，引导学生依据交际对象、目的选择恰当的表达内容与形式，以富有创造性的个性化输出成果解决真实问题，实现阅读材料与生活情境、课程内容的深度关联。

如秀全中学梁珊珊老师《乡土中国》整本书阅读方案，创设了这样的问题情境：

学校广播站的"电影沙龙"栏目拟播出高一专栏《无问西东》的影评。主编希望同学们结合高一《乡土中国》整本书阅读收获，联系其中概念和观点，写作影评并投稿。

这个问题情境与学生日常的校园生活密切相关，引导学生运用《乡土中国》阅读所得，解释电影艺术剧情或人物、创作意图等，以专业影评写作的输出成果，解决校园广播"电影沙龙"的播出内容问题。为了帮助学生更好地完成解决问题的任务，梁老师将此任务分解为四个活动：活动一，观影，边回顾情节边对照填写读书卡表格，并记录具有《乡土中国》特色的细节场景，便于后续的关联式影评写作；活动二，班级分成四个大组，每组抽取一个电影情节进行合作研讨，要求结合《乡土中国》对应章节进行分析评论，课后根据老师提供的"学习支架"独立完成不少于300字的小影评；活动三，小组内交流各自影评，推选出最好的一篇进行班级展示交流，听众根据评价量表从主要概念和论证思路、影评演讲、影评结构思路三方面对每个小组代表作品做出评价；活动四，在班级"影评沙龙"的交流基础上，吸取好评论的思路特点，升格个人影评，写成不少于1000字的影评。

再如秀全中学杨胜珍老师《古诗词课》整本书阅读方案第二篇"流行的语句，雅致的表达——流行语的前世今生"，创设了这样的问题情境：

以班级抢答的形式，分别用诗句形容美人的眼、美人的笑，说出系列流行语的古典诗词版本，尝试用更多的古典诗词表达"我想你"的意思。

这个情境与学生的学科学习和日常生活密切相关，将"板着脸"的古典诗词与现代流行语对接，让古典诗词瞬间"活"了起来。学生会发现，古典诗词原来如此富有生活气息，富有生命力。历经时间长河的洗礼，古典诗词愈加熠熠生辉，璀璨了今天的学习与生活。这样可以相对简单地将积累化为生活语言运用的输出方式，解决了学习枯燥、乏味的问题。

（四）实现过程性评价，以输出表现作为评价标准

《普通高中语文课程标准（2017年版）》指出："教师要注意搜集学生在语文实践活动中产生的各类材料，如测试试卷、读书笔记、文学作品、小组研讨成果、调查报告、体验性表演活动和个人反思日志等。"教师通过阅读活动的设计，创设阅读输出的各类真实情境，引导阅读共同体在阅读的过程中圈画、批注、概括提炼、重组再造。以"阅读专辑"这一输出型成果为目标，对班级整本书阅读活动进行过程性评价，引导阅读的全过程实现有意义的语言建构与运用，关注阅读过程中学生学科核心素养发展的过程性结果，以即时的过程性评价反馈学生阅读的真实状况，并以过程性成果的展示、交流、师生的正向评价激励等促进阅读的进一步深入与拓展。班级小组阅读共同体阅读整本书的过程，既是共同体成员动态阅读输入的过程，更是阅读共同体不断生成新的资源的过程。

如我们对专辑序言写作有这样的提醒："可以小组成员自序，小组集体自序，也可以请家长和老师写序。序言在三则以内。"另外，我们还要求在专辑的最后部分，"附上教师、家长以及组外同学阅读本专辑后的评价，评价者不少于5人"。我们做这样的顶层设计，即为引导学生阅读共同体关注过程性评价，主动邀请同学、家长、教师等参与全过程评价，在评价中学会持续反思，学会阅读交流，学会人际交往，在与他人思想碰撞的过程中，丰富完善自我阅读构建，形成相对稳固的阅读经验，培养阅读的兴趣，提升审美与鉴赏趣味。

对学生阅读成果专辑，我们每学期末区域组织评比一次，从阅读组织、阅读规划、专辑主题、专辑内容、专辑设计五方面进行评价，评价着眼于阅读的全过程组织，强调共同体成员紧密合作，各尽所长，有清晰的阅读计划或方案，要求内容丰富充实，形式多样，特别看重原创千字以上文章的数量与质量等。以终结性评价引导各校各班整本书阅读实现过程性评价，以输出表现作为评价标准，以输出质量作为输入质量评价的有效依据。

总之，整本书阅读立足语文学科课程标准要求，着眼于高阶思维培养，再造输出型阅读目标；将目标分解为一个个小的输出任务，实现以输出倒逼输入；创设真实语言运用的问题情境，以输出成果的呈现促真实问题的解决；阅读全过程实现过程性评价，以个体及共同体的阅读输出表现作为输入质量的评价标准。在巧设输出型任务的理念和策略引导下，阅读共同体在共读一本书的活动中丰富阅读体验，建构阅读方法，实现整本书的深度阅读，同时，丰富美好情感，培育健全人格，涵养健康的精神世界。

二、构建学习单元，赋能课程育人——以新课标推荐阅读名著为例

"整本书阅读"是《义务教育语文课程标准（2022年版）》规定的拓展型学习任务群之一，要求学生"综合运用多种方法阅读整本书；借助多种方式分享阅读心得，交流研讨阅读中的问题，积累整本书阅读经验，养成良好阅读习

惯，提高整体认知能力，丰富精神世界"。《义务教育语文课程标准（2022年版）》还提出，"整本书阅读教学，应以学生自主阅读活动为主"。

《义务教育语文课程标准（2022年版）》提炼了核心素养的内涵，明确提出语文课程要以促进学生核心素养发展为目的。核心素养视域下，整本书阅读教学如何服务于全体学生的核心素养发展？彻底改变过去整本书阅读教学中教师讲解分析为主，甚至以教师的讲解代替或限制学生的阅读与思考的教学模式，努力为学生的整本书阅读构建学习单元，设计真实情境中富有挑战性的学习任务，引导学生在积极主动的语文实践活动中，调动丰富多样的读写资源，自由快乐地阅读、分享，形成创造性读写成果，建构个性化阅读成功经验，是整本书阅读学习任务群教学值得思考探究的课题。

学习单元是一种学习单位、一个学习事件、一个完整的学习故事，一个单元就是一个微课程。单元不是把教学内容碎片化地当作知识点来处置，一个学习单元由素养目标、课时、情境、任务、知识点等组成，单元就是将这些要素按某种需求和规范组织起来，形成一个有机整体。核心素养视域下的整本书阅读，教师基于学生阅读实际，围绕阅读书目、素养目标，对学生完整的阅读过程做整体设计，以为学科核心素养的落地指明清晰的路径。

（一）围绕特定阅读主题，设计挑战性阅读任务

有效的课程是"以终为始"来开展设计的。当教师的教学旨在使学习者理解可迁移的概念和过程，给其提供更多机会将理解的内容应用到有意义的情境（即真实情境）时，才更可能获得长期的成就。

区别于传统名著阅读知识点、能力点的线性排列、逐点解析和逐项训练等输入型阅读任务，整本书阅读挑战性阅读任务是输出型任务，需要学生在阅读理解中尝试应用，并在应用中加深理解，从而建构新的认识，形成新的思路和方法。挑战性阅读任务要能激发学生阅读兴趣，助推学生积极主动地阅读、思考、建构，或积累材料与经验，或运用联想与想象，或欣赏、鉴别、评价，不断寻求解决真实情境中的复杂问题的方法与策略。

如北京景山学校周群老师《傅雷家书》整本书阅读教学，围绕"书信体作品"这一特定阅读主题，设计的挑战性学习任务是：以分享者身份"参加'见字如面'阅读分享会"。广东省广州中学余慧琳老师《水浒传》整本书阅读教学，围绕"鉴赏《水浒传》人物形象"这一特定阅读主题，设计了"出版一本《水浒人物鉴赏宝典》"这一挑战性学习任务。杭州市永兴学校赵娅老师《昆虫记》整本书阅读教学，围绕"《昆虫记》的科学性、文学性与哲学性相统一"这一特定阅读主题，设计的挑战性学习任务是：在《昆虫记》中采集昆虫信息，设计一个尊重法布尔意愿的昆虫博物馆主题展览。南京市科利华中学王跃平老师《西游记》整本书阅读教学，围绕"英雄的心灵成长"主题，设计了"梳理孙悟空的成长史"的挑战性任务。

这些挑战性任务各有不同，但其内核有诸多共性：一是阅读者主体性，即都从学习者学的角度设计，创设让阅读者"做事"的阅读环境，能最大限度调动学生作为阅读主体的阅读兴趣，能激发他们全身心地投入有思想、有感情、有创造性的阅读活动；二是素养发展整体性，即完成任务需要调动语言、知识、技能和思想情感、文化修养等多方面、多层次的综合素养，完成任务的过程即是核心素养得到整体发展的过程；三是学习成果开放性，即任务与生活关联，引导学生在复杂情境、多种角度和开放空间中充分展示其创造性的富有个性的阅读成果。

选择的特定阅读主题，也不拘一格。教师或着眼于名著阅读方法，或着眼于学生思维发展，或着眼于阅读审美体验，又或是着眼于阅读价值判断等方面，选择凸显名著阅读价值、学生阅读起点的主题。教师引导学生借助一部名著，建构一类阅读方法，如阅读《傅雷家书》，把握"书信体作品"的情感内涵、抒情方式等特质；阅读《水浒传》，学习古典小说描写的人物的生动性与复杂性，鉴赏中国传统叙事作品人物塑造的艺术；阅读《昆虫记》，走近科普作品科学性、文学性与哲学性的审美融合；阅读《西游记》，走近"英雄的成长史诗"，体味虚构作品的现实意义；等等。

《义务教育语文课程标准（2022年版）》明确指出，"义务教育语文课程培养的核心素养，是学生在积极的语文实践活动中积累、建构并在真实的语言运用情境中表现出来的，是文化自信和语言运用、思维能力、审美创造的综合体现"。围绕特定阅读主题，设计挑战性学习任务，追求阅读目标、内容、学生生活、语文实践之间的融通，融入阅读与鉴赏、梳理与探究、表达与交流等语言实践活动。整本书阅读语文实践活动，就在这样的融入、贯通、循环互动中，使学生的学科核心素养得以发展、提升。

（二）关联社会生活事件，创设真实的语用情境

语文学习的场域不应只限于课堂，整本书阅读也不应是纸上谈兵的阅读。整本书阅读学习单元建构时，教师应尽可能将学生的学习与丰富广阔的社会生活关联起来，为学生学习创设真实的语言运用情境，引导学生依据交际场合、交际对象、目的等选择恰当的语言表达内容与形式，以富有创造性的个性化输出成果解决真实问题，实现阅读材料与生活情境、课程内容的深度关联。以此引导学生回归真实的生活，在积极参与社会实践和真实读写活动的过程中，积累建构整本书阅读经验，培养提升学科核心素养。

《义务教育语文课程标准（2022年版）》将情境区分为日常生活情境、文学体验情境和跨学科学习情境。日常生活情境指向真实具体的社会生活，文学体验情境指向学生的文学文化体验生活，跨学科学习情境指学生运用各学科课程知识、思想方法等综合解决实际问题的情境。如周群老师精选了15封各个时代的家书，共计一万九千多字，印制成精美的集子给学生在课堂上阅读。一个多小时里，学生动情的泪水，安静陪伴阅读的老师，丰富、细腻、激荡的情感，构成了安静的教室里最美的文学阅读体验情境。余慧琳老师围绕"出版一本《水浒人物鉴赏宝典》"这一挑战性学习任务，组织学生在"阅读共同体"的合作、探究式学习中，进行批注式阅读、思辨式阅读、共享式阅读，学生在与共同体成员的讨论、分工、协商、交流、答疑、辩论中，丰富了理解，解决了问题，收获了友谊，发展了思维。这样的学习体验情境是学生日常生活情境的应有之义，能极大激发学生内在阅读动机与探究阅读欲望。赵娅老师布置"设计一个尊重法布尔意愿的昆虫博物馆主题展览"任务，其中"尊重法布尔意愿"是一个颇有创意的跨学科学习情境，这一情境向内指向《昆虫记》这本书，它的科学性、文学性、哲理性的统一融合特质；向外指向法布尔这位作者，他是著名的昆虫学家、博物学家，也是文学家，被世人称为"昆虫界的荷马""昆虫界的维吉尔"。作为文学家，他用生动细腻的文字，再现了神奇美妙的昆虫世界，饱含对渺小而伟大的生命的理解、尊重与热爱；作为科学家，他在小小的荒石园，长年坚持户外观察和反复实验，不断假设，反复推理，严密求证，一步步逼近真相。学生要高质量完成这一情境下的任务，就必须调动文学、生物学、博物学等多学科知识和思想方法。

关联社会生活事件，创设真实的语言运用情境，将任务背后的"真实世界"化为整本书阅读学习的有机组成部分，让学生运用阅读所获并调动丰富资源，解决真实情境中的复杂问题，以实现学生的"真阅读""深阅读"。

（三）供给多样读写支架，组织连贯性实践活动

为帮助学生积极主动并有效完成挑战性阅读任务，教师需要做好学生的学习同伴、导师或教练员，在学生自主阅读的过程中，持续提供引导、帮助。

其一，做好学习任务群整体设计，将核心学习任务分解，组织连贯性实践活动。核心素养视域下的整本书阅读，教师设计了挑战性学习任务，即告诉了学生"要到哪里去"。接下来还应就学生阅读实际，将终结性学习成果目标分解为一个个小的学习任务，学生每完成一个任务，就接近了目标一步，此即告知学生"如何到那里去"。

如前文所述余慧琳老师，为助力学生完成"出版一本《水浒人物鉴赏宝典》"这一挑战性学习任务，她分解任务，组织了以下连贯性的实践活动：通读《水浒传》全书，填写阅读登记表和任务卡；以小组为单位，创作重要人物思维导图；制作杨志人生路线图，撰写《杨志小传》；《水浒传》人物辨析分类，比读人物；"你若有困难，我必同分担"——《水浒传》答疑交流活动；小组领取鉴赏人物清单，合作编制《水浒人物鉴赏宝典》。从梳理重要人物个性特点、选择人物撰写小传，到辨析对比分析人物、人物分析答疑交流、人物鉴赏宝典编制，系列活动各有明确的任务，由表及里，由浅入深，从人物外在特点到人物一生评价，从单个人物静态分析到多个人物对比分析，从零散的人物小传到《水浒人物鉴赏宝典》，有效的活动连贯有序，层层推进，实时反馈检测，最后水到渠成地达成终极成果目标。

其二，巧妙引入各种读写资源，搭建读写支架，助推学生不断探究、接近问题本质，完成挑战性学习任务。可用于整本书阅读的资源应该是丰富多样的，从阅读材料看，包括纸质文本、多媒体资源、网络资源；从阅读资源生成过程看，包括阅读前教师精心挑选准备的资源，阅读过程中随时生成的话题、问题、拓展材料以及学生创作成果等。"读写支架"则指给学生的阅读和写作创造的适当的线索或提示，从大的范畴看，支架也可算作学习资源的一种。

如前文所述周群老师，在发现学生摘评读书笔记出现的种种问题后，她在教学生改进《傅雷家书》读书笔记的阅读推进课上，印发了两位同学连续两周高质量的读书笔记，要求学生阅读这四份笔记，观察他们都摘抄了什么内容，怎么做点评的，再找出自己的读书笔记与这四份读书笔记的差距，并请迟爱琳和王睿琪两位同学在课堂与大家分享读书体验、遴选摘抄内容以及写点评的方法。周老师及时利用了学生阅读整本书生成的过程性资源，也提供了读书笔记的范例支架，课堂上教师相机指出：让阅读的经典不断与自己的生命发生关联，这是我们阅读时要重视的。这就是生成阅读家书时的审美鉴赏策略了。

如前文所述赵娅老师，为帮助学生完成主题展览设计的任务，提供了问题支架、范例支架、评价量表支架等，帮助学生一步步习得问题解决的认知策略、方法策略。她设计的问题支架包括五个问题组成的"问题串"：①我想设计的昆虫博物馆主题展览要包括哪些东西？②在完成昆虫主题展览策划书的过程中有怎样的障碍？③我将通过哪些途径去解决这些障碍？④在我采用的这些方式中哪些方式最有效？⑤我是否可以设计其他方案的昆虫主题展览策划书？学生能解答"问题串"全部问题，基本就能设计出比较正规、新颖的昆虫主题展览。另外，"昆虫博物馆主题展览策划书"支架，为学生提供了正确格式范例及写作内容指向；"实践部分个人评价量规"及"博物馆昆虫主题展览策划书小组评价表"两份评价量表支架，用于全过程评价及终结成果评价，用以自评、互评与小组评价，引导学生自我反思，交流完善，全面记录自我核心素养的发展轨迹，形成深层次的理解和经验建构。

学生在多样读写资源和支架的帮助下，自主解决阅读过程中遇到的问题，从而更有信心完成学习任务，达成学习目标。

（四）拓展阅读学习时空，形成创造性阅读成果

正如朱永新老师所说，"一个人的精神发育史就是他的阅读史"，整本书阅读不仅是语文课程的一部分，还应是每个个体生命成长的重要部分。从这个意义上说，整本书阅读这一学习任务群的落实，最能充分发挥语文课程全面育人功能。温儒敏先生也在多个场合谈到，要问"统编本"语文教材有什么特色？最主要的就是"读书为要"。他还说，对于语文来说，说一千道一万，还是离不开读书。万变不离其宗，这个"宗"，就是培养读书兴趣。构建整本书阅读学习单元，要注意拓展阅读学习的时间与空间，鼓励学生形成各类创造性阅读成果，激发学生持久的阅读兴趣，培养真正的阅读者。

其一，以"1+X"阅读拓展阅读视域与时空。教师可围绕一本书的阅读目标与学习主题，附加若干本（或篇）同类或者相关的作品推荐给学生阅读；学生也可在教师的指导下，个人自主选择或小组讨论选择拓展阅读篇目；阅读的空间，可由教室向家庭、公共图书馆等场所扩展，阅读的时间，可由课堂向课外、假期等延伸；鼓励学生"读闲书"，尊重学生的阅读生活，给学生的阅读保留相对的自由和个性化空间。如此，呵护阅读的兴致与热情，扩大其阅读视域与时空，拓展阅读的广度，丰富精神的厚度。如周群老师《傅雷家书》整本书阅读教学，除推荐了一组家书（15篇）给学生阅读外，还开列了《曾国藩家书》、鲁迅《母亲大人膝下》等一组共9本拓展阅读书目供学生选择阅读。一封封饱含睿智与爱的名人家书，引领学生走近浩瀚的书信海洋，感受语言文字的精微精妙，走近古今中外一个个高贵细腻的心灵，感受其爱子情肠、家国情怀、处世美德，领略家书背后一个个时代的风云际会，唤起青春学子的缱绻情意、社会责任、家国担当，从而学会成长，开阔胸襟，昂扬斗志，培养爱国主义、集体主义、社会主义思想道德，为形成良好个性和健全人格奠基。

其二，以创造性阅读成果倒逼阅读走向深刻。在指向简单记忆、机械重复、单向输入的整本书阅读中，学生仅止于了解识记书中主要人物、情节故事，理解作品主旨，适当摘抄好词好句在写作时模仿运用。这样的阅读只是简单地积累语言材料，未能在积累的语言材料之间建立起有机的联系，也无须探究语言文字运用的规律，奢谈反思与创造。以构建学习单元为基本策略的整本书阅读，着眼于高阶思维培养的阅读目标，以学生创造性阅读成果输出为导向，强调将积累的语言材料和文化知识结构化，在语言实践中自觉运用语言，以表达审美体验，表达自己的情感、态度和观念，表现和创造新的言语材料，丰富言语经验与语言表达。周群老师《傅雷家书》教学，学生书摘写出了自我生命的深刻感受，学生给自己至爱的亲人写一封信并在"见字如面"读书分享会上朗读；余慧琳老师《水浒传》教学，学生撰写《杨志小传》，编写《水浒人物鉴赏宝典》；赵娅老师《昆虫记》教学，学生需完成《昆虫博物馆主题展览策划书》；王跃平老师《西游记》教学，学生为孙悟空大闹天宫写天庭通缉令和律师辩护词，写《〈西游记〉回目名的探究与品析》《小人物也有春天》小论文……这样的创造性阅读成果，引领学生感受整本书的形象，理解整本书的内涵意旨，品味欣赏整本书言语表达的魅力，是学生文化自信和语言运用、思维能力、审美能力的综合体现，是落实义务教育语文课程培养的核心素养的载体。

综上所述，构建学习单元促进学生深度阅读，是核心素养视域下整本书阅读教学的应有之义。教师围绕特定阅读主题设计挑战性阅读任务，关联社会生活事件创设真实语言运用情境，组织连贯性实践活动并借助多样读写支架促成活动顺利开展，在广阔的阅读时空里鼓励学生形成创造性阅读成果，帮助学生建构整本书阅读成功经验，从而实现语文课程育人功能，落实核心素养培育目标。

【参考文献】

［1］中华人民共和国教育部.普通高中语文课程标准（2017年版）［S］.北京：人民教育出版社，2018：12-13，46.

［2］刘月霞，郭华.深度学习：走向核心素养［M］.北京：教育科学出版社，2018：101.

［3］中华人民共和国教育部.义务教育语文课程标准（2022年版）［S］.北京：北京师范大学出版社，2022：31，4.

［4］崔允漷.如何开展指向学科核心素养的大单元设计［J］.北京教育（普教版），2019（2）：11-15.

［5］威金斯，麦克泰.理解为先模式：单元教学设计指南（一）［M］.盛

群力，沈祖芸，柳丰，等译.福州：福建教育出版社，2018：6-7.

［6］周群.我做阅读推广这点儿事［J］.教育研究与评论，2021（1）：92-96.

［7］余慧琳.基于项目学习的名著阅读教学探究：以《水浒传》教学为例［J］.语文教学之友，2021，40（10）：33-35.

［8］赵娅.新课标视域下以项目化学习开展名著整本书阅读：以阅读《昆虫记》策划昆虫博物馆主题展览为例［J］.语文教学通讯，2021（29）：28-31.

［9］王跃平.整本书阅读的学程设计与教学实施：以《西游记》为例［J］.江苏教育，2022（19）：76-80.

第三节 "互联网+"背景下的
立体读写教学策略与实践案例

在"互联网+"时代背景下，教育领域正经历着前所未有的变革，尤其是语文教学，其读写策略和实践案例呈现出新的特点和趋势。如何利用互联网技术，促进立体读写教学，提升学生的语文核心素养？利用信息技术，丰富教育资源，优化教学方式，实现语文教学的立体化和个性化是一条可探索的路径。

围绕"立体读写"教学的内涵与特征、"广州智慧阅读APP"的适切性分析，以及基于该平台的立体读写教学策略，为语文教师提供创新的教学思路和实践指导，以适应数字化时代的教育需求，培养学生的批判性思维和创造性表达能力。在"互联网+"背景下，构建立体读写教学的新范式，实现语文教学的深度发展。

一、基于"广州智慧阅读APP"的立体读写教学实践与探究：以《小店忆旧》《岭南新语》整本书阅读教学为例

语文课程是学习语言文字运用的综合性、实践性课程，学生的语文素养是在积极的语言实践活动中建构起来的。要提高语文课堂教学的质量，语文教师必须把握语文教育教学的科学性，让学生在语言的立体读写实践中学习语文。

（一）"立体读写"教学的内涵与特征

基于语文课堂肢解语文、架空语言的教学现状，在国内外立体教学研究成果的基础上，提出"立体读写"教学的理念。"立体读写"力求将孤立的、

片面的、零碎的、零散的语文教学因子有机整理、整顿、组合，使其以连接的、联系的、立体的言语形态表征，实现学生语文学习"立体的懂""立体的会"。以学生为中心，在一切可能的情况下，让学生沉浸在真实立体的语言环境中学习语文，促进学生大量参与具有真实目的的读写学习活动，引导学生主动地、有意义地、持久地学习，从而使学生在整体的、真实的读写事件的语境中扎实地培养自己的语言能力。

1. 整合多维丰富的读写资源

教材是学生学习的主要资源，但不应是唯一资源。语文是学习语言文字运用的综合性实践性学科，学生在生活中接触的报纸、杂志、电影、电视、网络、自媒体等，都蕴藏着丰富的读写资源；读写资源以文本为主，但不限于文本，图片、音频、视频，都可以作为立体读写教学资源。

2. 创设立体交互的读写情境

在课标中，"情境"一词出现了34次。重视培养真实情境中解决真实问题的能力培养，是新课程的一个重要理念。教学要为学生再现或创设真实且富有意义的学习情境，以此激发学生学习的积极主动性，拓展学生个人生活体验、社会生活参与、学科学习场域等立体交互的空间，让学生在个人体验情境、社会生活情境和学科认知情境中，培养读写能力，提升学科素养。

3. 设计典型多样的读写任务

只有在语言的综合运用中，才能学会运用语言。改变传统语文课堂逐点讲解知识、大量讲解分析课文的单一教学模式，设计多样、典型、综合、开放的读写任务，学生在读写任务的驱动下进行语文实践，积累丰富的语言材料和言语活动经验，整体提升语文学科综合素养。

（二）"广州智慧阅读APP"的适切性分析

广州智慧阅读APP是广州市教育局专为中小学生设计的一款免费阅读软件，以提升中小学生的阅读素养为根本，借助"互联网+"、大数据分析等现代信息技术，突破时空限制，搭建专家、教师、家长和学生多方联动的，线上线下、立体交互的智慧阅读平台，让阅读的整体过程变得"可知、可导、可管"，引导学生由浅阅读走向深度阅读，促进学生整体全面提高核心素养。

1. 丰富多元的学习资源，满足立体读写教学素材需求

一是丰富多元的图书资源。广州智慧阅读APP为全市中小学生提供阅读教育内容、应用与管理服务，覆盖全市900多所小学和500多所中学共150多万中小学生，全面整合全市公共图书馆1800多万册图书资源以及各类学校图书馆4300多万册图书资源，以纸质书阅读为基础，建设全科主题阅读书单，提供20000种中小学生优秀书目信息。除此以外，听书子系统、阅读知识竞赛子系统、阅读小达人角色激励子系统，分别提供丰富的有声阅读书目资源、阅读能力测评题库资源、阅读综合知识题库资源。

二是丰富的数据分析资源。建立全市1至12年级所有学生的个性化阅读档案库，形成涵盖学生阅读习惯、阅读兴趣、阅读能力的阅读大数据管理与分析，方便教师有针对性地制定班级读写规划，为学生个性化阅读提供进一步指引。

三是丰富的师生读写资源。各学校教师的阅读指导、学生的阅读感悟，都可以以文字、语音、思维导图乃至微视频等方式上传至平台，这些内容自然生成为新的读写资源。

2. 立体交互的学习时空，助力立体读写教学多维思维训练

广州智慧阅读APP加强阅读过程的管理和引导，从选书、读书、评书、阅读效果测评到阅读体验分析都实现可视化。学生在平台阅读打卡，在学习任务的驱动下阅读，不定时上传阅读成果、提出阅读疑难等，与平台上的老师同学请教、讨论、交流，突破原有的学校学习课堂的时空限制，班级师生思维局限的限制，师生、生生间的讨论、辩论、反思，线上线下的交互学习活动，生成大量新鲜的读写资源，有利于开阔视野、拓展思维、深度思考。

3. 科学量化的效果测评，促进立体读写教学良性循环

广州智慧阅读APP基于广州教育大数据中心，构建全市中小学生阅读成长大数据，通过深度挖掘阅读数据和分析统计，分析个人阅读行为效率、阅读习惯、阅读时间等数据，实现学生个性化阅读评价与针对性指导，反馈给教育管理者，为进行下一步实时有效的决策提供有价值的参考，促进立体读写教学良性循环。

（三）基于"广州智慧阅读APP"的立体读写教学策略

1. 围绕主题学习目标，精选读写学习资源

立体读写教学基于新课程标准的要求，将提升学生综合的语文学科素养作为总目标，依据学生年龄与学情设计主题学习任务，围绕每次主题学习任务目标，精选读写学习资源。

2019年南国书香节，澳门文化公所与广州市教育研究院共同承办"南国书香，穗澳同读"阅读活动，组织澳门、广州两地共40名中学生，在广州智慧阅读APP的辅助下共读一本书，以加强对岭南文化的理解和价值认同，加深彼此的了解和联系。为此，我们在智慧阅读平台"岭南文化"推荐书目中选择了《小店忆旧——澳门老店号口述历史》（以下简称《小店忆旧》）《岭南新语——一个老广州人的文化随笔》（以下简称《岭南新语》）两书为主要学习资源，将学习活动主题定为"共读穗澳'老店'，赓续岭南文化"。

《小店忆旧》是澳门口述历史协会会长林发钦组织澳门口述历史协会的学术团队倾力采访整理编写而成。书中介绍了澳门旧区二十家小店，有电器行、理发室、戏院、钟表行等，图文并茂，鲜活展现了澳门旧区居民的生活场景，从一个侧面反映了澳门几十年的发展和变迁。

《岭南新语》是中山大学教授黄天骥在《广州日报》所开设的专栏"生猛广州　淡定广州"的结集。黄先生世居广州西关，对广州城、广州人有着深刻的理解和深深的热爱，作品以洗练而富含深情的文字，对广州城、广州景、广州人、广州旧俗进行了历史追溯和文化内涵的发掘，世事万千变，深藏笔墨间。

两书一为口述历史，一为学者散文，语言风格迥异，却展现了穗澳两地富有特色又同根同源的旧俗传统、人文风貌。捧起两书细细品读，走近两地老店号探秘寻宗，穗澳两地相通的语言文字、相同的风俗习惯，渐渐呈现眼前，慢慢渗入心里。通过各家老店号的经营理念、商业精神、人文情怀，我们或可窥见岭南文化的许多特质：勤勉务实、淡定从容，择善而从、开放包容，机变创新、敢为人先……由此，唤起荣誉感与使命感，从而自觉呵护传统，赓续文化，成为岭南文化传承的新生力量。

2. 设计阶梯式学习任务，助推学生读写逐步深入

利用智慧阅读平台立体交互的学习时空优势，设计逐步深入的阶梯式学习任务。首先，引导学生在与学习平台、学习媒介、学习环境等的交互中，获得基本的、浅层次读写感悟与经验；其次，引导学生在平台实现与学习资源、学习同伴、家长、教师之间互动交流，帮助学生在学习共同体中学习，进一步检视、丰富、深化读写感悟与经验；再次，师生课堂交流，学习共同体学习成果提炼分享，教师点拨、评价，帮助学生形成比较稳定的文字、思维导图、音视频等多样阅读成果，建构个性化读写方法策略。

"共读穗澳'老店'，赓续岭南文化"整本书阅读活动，我们设计了以下任务：

（1）穗澳师生共商讨论，制订阅读计划，初步规划整本书阅读。两地学生共读《小店忆旧》和《岭南新语》，各自登录广州智慧阅读平台，完成相关读写任务：我的老店初印象、打卡吧、我为老店号代言、老店号的去留之辩、为老店设计新招牌、知识闯关等。借助平台留言区，上传微写作、简短音视频等，交流阅读初印象，实现初步互动。

（2）在微任务群的指引下，学习整本书深度阅读。两地学生以小组为单位，对各自校园或社区周边"老店号"进行实地调查走访，整理访谈笔记成文。学习小组实地调研，手绘"老店号"地图；选择深度访谈一家老店号，仿照《小店忆旧》或《岭南新语》其中一篇，整理写作《XX老店号口述历史》或散文《XX老店新语》（文字为主，可配调研访谈照片、录音、录像等材料）上传广州智慧阅读平台。传承广州语文"活动写作教学"传统理念，以写作（学生作品）为中心，以活动创设、组织、实施为路径，实现阅读为写作服务，写作任务驱动深度阅读行为的发生。借助广州智慧阅读平台互动交流，学习共同体成员分工合作，相互促进学习，完成立体读写学习任务。

（3）南国书香节"澳门馆"线下交流活动现场，穗澳师生线下课堂交流《XX老店号口述历史》或散文《XX老店新语》，互相质疑补充，提炼穗澳共通的岭南文化特质，加深对岭南文化的理解，增强传承岭南文化的使命感。主要设计了几个活动：聊聊"老店号"，分享同读趣味；走近"老店号"，共享初读印象；走进"老店号"，追寻文化印迹；共抒"老店"情怀，赓续岭南文化。

以上学习任务由线上到线下，由阅读、微写作、调查访谈，到仿体成文、质疑探究，形式多样，由浅入深，由读、问、听、记到写，由片段写作到成篇作文，学生在教师设计的阶梯式任务指引下，拾级而上、曲径探幽，读写逐步走向深入。

3. 搭建读写学习支架，促进学生自主积累建构语言

"读写学习支架"指给学生的读写学习创造适当的线索或提示。由于知识、经验、能力等原因，学生读写可能遇到各种各样的阻碍。教师适时搭建起恰当的支架，帮助学生克服阻碍，顺利进入读写学习，鼓励学生自主积累建构语言，实现与阅读材料深层次对话，进而实现全面提升立体读写教学质量的目标。支架从表现形式看，可分为：范例支架、问题支架、建议支架、图表支架、工具支架。

以"共读穗澳'老店'，赓续岭南文化"整本书阅读活动为例，我们主要搭建了以下学习支架：

（1）范例支架。为学生完成学习目标要求的学习成果提供典型、可供借鉴模仿的范例。如写作范例支架可以是名家作品、教材篇目、时文、往届学生作品、教师下水作品等，好的范例应能在主题内容和语言表达方面对学生的写作起到引导作用，帮助学生更便捷地达到写作目标。在"共读穗澳'老店'，赓续岭南文化"整本书阅读活动中，我们要求学生创作《XX老店号口述历史》或散文《XX老店新语》，推荐学生共读的《小店忆旧》和《岭南新语》两本书就是最好的范例。两书分别选材于澳门老店历史和广州城历史风俗，两书都为短篇结集，分别以"口述历史"实用文体和"随笔散文"文学文体的表达形式，展现穗澳两地同根同源的岭南文化风貌。

（2）问题支架。学生要完成一个有一定难度的任务，教师应预设他们可能遇到的困难，适当设计几个有梯度的问题，引导学生分层分步化解难题。如为引导学生在创作《XX老店号口述历史》或散文《XX老店新语》时提炼"老店"蕴含的岭南文化特质，设计以下问题：《小店忆旧》和《岭南新语》这两本书为何放在一起读？它们的共通之处是什么？哪些部分给你留下了深刻的印象？穗澳"老店号"有什么共同特点？"老店号"能传承下来的关键因素是什么？有梯度问题的设计，将复杂问题分解成序列小问题，为学生循序渐进的思考提供了依托和方向。

（3）建议支架。学生个体学习或小组合作探究遇阻时，教师提出一些可行性的建议，可以让学生少走弯路，帮助学生提高学习效率。如在学习小组调研访谈老字号前，建议学生小组分工合作，商定选题、制订访谈计划、列出访谈提纲、确定协调员、访谈员、记录员、录音员、摄像师、文字整理员等。列访谈提纲时，建议从老店号的位置、面积、环境、店名内涵、工艺（产品）特色、经营理念、成就口碑，创立、发展与传承的故事等方面提出问题。

（4）图表支架。图表用可视化的方式对读写信息进行梳理，适用于支持概括、分析、分类、综合等高阶读写思维活动。如《小店忆旧》和《岭南新语》都是短篇结集，为帮助学生快速阅读，教师提供留白的图表让学生填写，包括篇名、写作对象、对象特色、发展历程、经营理念、商业精神、人文情怀、阅读初印象等。一方面学生借助表格梳理阅读主要内容，另一方面也方便教师督促学生真正阅读整书内容。

（5）工具支架。适当引入BBS、IPAD、电子白板、PPT等多媒体工具运用于教学，可丰富读写活动形式，全方位调动学生感官，多维度多层面提高读写效益。学生以广州智慧阅读APP为支架，在平台上阅读打卡，上传阅读心得、为老店制作的LOGO和设计的宣传语、调查访谈后创作的《XX老店号口述历史》或散文《XX老店新语》等，其他同学跟帖讨论交流，老师跟帖交流指导，师生共享阅读全过程；线下交流环节，各小组对照精心制作的PPT，展示调查访谈成果，班级现场互动交流，加深对老店号及其蕴含的岭南文化精神的理解。

总之，立体读写教学着眼于语文学习的整体效益，致力于设计多维典型的读写任务，驱动学生在真实立体的言语综合实践中，全面提升语文学科素养。广州智慧阅读APP能为教学提供丰富多元的读写资源，在立体交互的读写空间中，增强学生学语文用语文的意识，帮助学生主动积累建构语言，促进学生语文学习方式的转变，实现信息技术与学科教学的深度融合，实现学生智慧读写，实现学生语文学习"立体的懂""立体的会"。

二、基于智慧阅读的线上写作教学策略

对于智慧阅读，国内暂无确切统一的定义。综合各方观点，大致有以下几种：一是从阅读推广方式角度，指基于新技术的图书馆阅读推广；二是从教师阅读的角度，认为"智慧阅读借助个性化的解读方式，获得对文本新颖、独特的理解，为高品位、高质量的阅读教学提供可能"；三是从阅读教学环境角度，指"智慧课堂下的阅读"；四是从阅读的方式、目的、功能角度，认为智慧阅读是基于大数据、移动互联网等技术建立的智慧阅读服务系统，学生在教师指导下获得德智体美劳全面发展的智慧型成长的阅读。本书更倾向于第四种解释。和传统的阅读教学相比，智慧阅读能实现信息技术与阅读学习深度融合，获得丰富立体的阅读资源供给，实现以阅读者为中心的深度学习，实现混合式学习和个性化阅读。

传承中国语文读写结合的传统理念，以读促写，读写互助，以阅读成果促进写作产出。

基于智慧阅读的线上写作教学充分利用信息技术，提供丰富的阅读资源，生成丰富的写作资源，形成读写的良性循环。本节以"于生活中看见"主题写作为例，探讨基于智慧阅读的线上写作教学策略。

（一）借助数据和在线访谈，分析写作基础学情

（原题呈现）

于生活之中，你用眼睛看见身边、社会、世界的一个又一个事件，一个又一个场景，你是否试过用你的心灵、你的思想去过滤这些事件、场景呢？用心灵去看，用思想去看，你会发现，这些事件、场面蕴藏了世态人生，让你感怀，让你成长。拿起笔吧，记下在生活中某个重要时刻下你的看见，留印记给此后人生。

请以"于生活中看见"为题写一篇文章，体裁自选，诗歌除外，不少于600字。

教师的教学必须面对的是学生个体，确定写作教学的起点和终点必须从考查学生作文的实际状况入手，从调查分析学生的写作现状入手。线上教学的有效性，在一定程度上取决于教师对学情的了解程度。由于线上教学是隔着屏幕开展的，老师看不清学生的表情动作，调查分析学生的写作现状，可借助学情数据分析和在线学生访谈的方式。

借助数据分析基础学情时，采取问卷星投票的方式。直播教学前，在班级腾讯课堂推送作文题，发起"群投票"。投票主题为："于生活中看见"写作，你的难点是什么？选项有：①读不懂题；②不会立意；③没有材料；④不会构思；⑤不会点题。投票类型是单选，采用匿名投票的方式，结束时间是24小时后。最后，投票结果为：97%同学选了"③没有材料"。同时，查看学生学习资源使用数据。直播课开始前两天，上传"'于生活中看见'助学资料（分类写作材料）"。短短一天，学生下载次数高达97次，居所有资源下载量之首，再次印证学生对写作材料的迫切需求。

此外，微信、QQ在线一对一访谈学生，发现学生对日常生活最直观的感受就是身处毕业班，学业任务重、作业多，很少主动观察关注生活中的点点滴滴，偶尔捕捉到一鳞半爪，但缺少深入体验和真切感受。如此看来，为引导帮助学生写出内容具体充实且有真情实感的文章，必须先引导学生关注生活、关注时代主题、关注热点事件，这才可能生发对自然、社会、人生的感受、体验和思考。

（二）推送前置阅读资源，实现全过程导学

大数据、人工智能、云计算、移动互联等新一代信息技术的发展和应用，为写作学习打造了智能化学习平台，拓展了写作时空，丰富了写作内涵，为学生的写作学习和教师的学科教学提供了更加开放、科学、高效的技术支持。基于智慧阅读的线上写作教学拥有较为丰富的写作资源，以网络为介质，不受时空限制，借助微课、网络课件、问卷星练习等助学资源供给，让学生随时随地借助网络学习，打破时间和空间的限制。

1. 写作前：推送素材资源

针对学生普遍的材料缺乏或自认为的材料缺乏问题，师生收集整理网络

资源，包含主流媒体资源和自媒体相对个性化的资源；以文字为主，兼顾图、表、声音、视频资源。按材料关注对象分类梳理助学资料（见图2-3-1），上传至群文件供学生下载阅读。同时，布置前置写作任务，推动智慧阅读有质、有效，由浅阅读向深阅读迈进。

为此，提出以下两个学习任务。

任务1：阅读助学资料，也可补充阅读网上相关资料，进行收集整理，完成表格（见表2-3-1）。选择想写的三个事例，完成三行表格。提示：思考三个事例的关联，即共同表现的中心："我看见的世态人生"。

任务2：你认为"生活中的世态人生"有哪些内涵？你在生活中"看见"了什么？请用几句话概括你最想表现的"世态人生"。

基于智慧阅读的线上写作教学中，借助线上空间课堂这一虚拟教室，师生能够上传和保存资源，实现资源推介、直播教学、即时投票和交流共享。同时，创设"以学生为主体""基于智慧阅读"的写作教学环境，设计层级递进式活动，通过前置写作任务的分层分级引导，推动学生深入、有选择、有质量地阅读。教师在阅读、批改学生提交的前置写作作业基础上，二度备课，让直播课更有针对性，提高引导效果，保证写作教学质量。

2. 写作中：推送范本资源

线上写作教学利用丰富的网络资源，一定程度上改变了过去限定时间在封闭教室空间"无米可炊"的尴尬。学生的写作因有了线上平台而呈现开放状态，实现全方位的即时互动。学生、家长和教师的即时欣赏评价，或可无限激发学生的写作热情、写作灵感与才华。

例如，在第一课时"于生活中看见"选材立意环节，教师以表格形式示范选材立意范围、角度、方向、思路，直播课后，在学生完成写作任务生成的资源中挑选满分样例，及时上传至班群分享，为后写学生提供可借鉴的范本，也为进度慢的学生助力。

此为任务2满分作文范本（周同学）：

世态炎凉，但人情很暖。生活之下，我们看见一个个平凡人温暖人心、令人感动的举动。他们没有过多的言语，但他们用行动给素不相识的人传递了温暖。挫折和不幸有时让人害怕，但阳光是暖的，人心是暖的。

人间处处有真情，这些温暖的人情，发出微弱的光，照亮了周围。这些看似微小的、平凡的举动，在生活之下，却是许多人坚持下去的勇气，是他们冬日里的一抹暖阳。

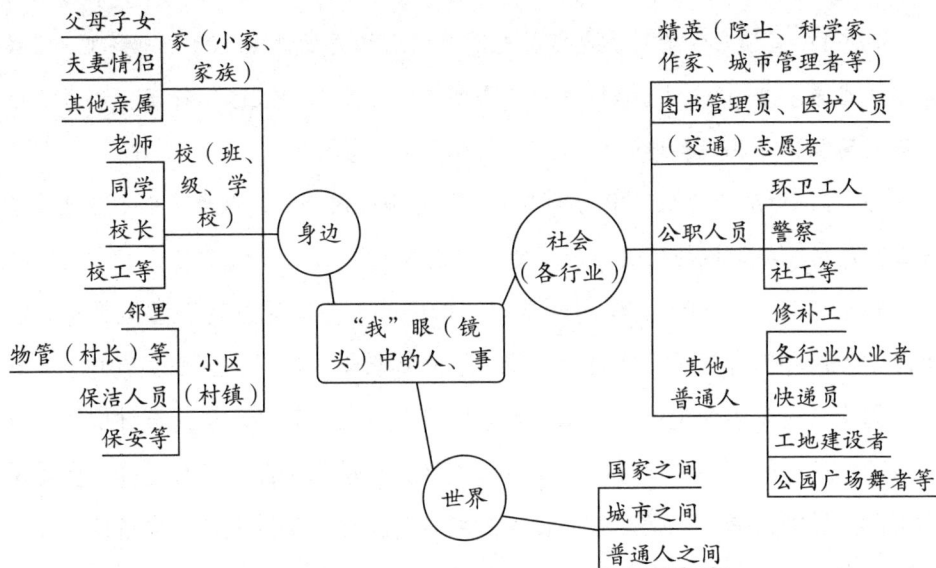

图2-3-1　生活中的人和事分类梳理

表2-3-1　相关材料收集整理

选材立意		生活中（人、事）							看见（情、理）
		时（季节、气候）	地（场地、环境）	人（姓名、职业、外貌、衣着）	起因	经过	结果	平常（他人）表现	世态人生
身边	1. 小家、家族（亲友）								
	2. 班级、学校（师、生、校工）								
	3. 村民、小区住户（小区管理员、邻里）								

选材立意		生活中（人、事）							看见（情、理）
		时（季节、气候）	地（场地、环境）	人（姓名、职业、外貌、衣着）	起因	经过	结果	平常（他人）表现	世态人生
社会（各行各业）	4. 精英（院士、科学家、作家……）								
	5. 普通人（交警、快递员、记者、清洁工、志愿者、学生……）								
世界	6. 世界								

3. 写作后：推送评价资源

利用智慧阅读、线上学习相关平台，学生上传写作成果、作品，教师可以即时评价指导，班级学生、家长在平台上发表看法，依托对学生阅读大数据的分析，推送给学生有价值的个性化读写资源，为学生的个性化读写助力。

本次线上写作教学中，教师以评分量表、评语示范等方式，推送评价资源，鼓励生生互动、小组互动、班级互动，发动家长参与评价。教师全程参与多边互动，保证了评价的客观、科学、有效。

（三）精心设计直播课堂活动，精准施策指引写作

按照选材立意、写好画面、写好过渡、美化语言等进行写作全程指导，在课堂教学中精心设计活动，带领学生交流互动，解决学生写作疑难，引导学生把握写作规律、写作方法，构建写作知识体系，形成写作能力。线上直播课要切实遵循学习者中心的原则，以活动引领思考、问题激荡思维、专业引领和写作成果样本示范带动学生能力提升。

如第一课时"选材立意指导"，基于学生前置写作任务完成情况，发现学生大多未能很好提炼事件的意义，写作中心不甚明确。为此，教师设计了"'他们看见'展览台""'我看见'分享会""'如何看见'讨论会""'我们看见'提升场"系列层级递进式活动。

1."他们看见"展览台

以统编教材《走一步，再走一步》《最后一课》《木兰诗》《伟大的悲剧》等经典文本为例，以线上表格形式，分栏梳理展示"特殊情境""人物表现""平常表现""中心主旨"等内容，借助互动板交流讨论。特殊情境是指不同于平常的、特别的情境，于此往往能洞悉更真实、更复杂的人性。"于生活中某个重要时刻看见"即在特殊情境下，看见与平常不一样的百态人生。

2."我看见"分享会

在此阶段，师生交流任务2写作成果范本，分享各自的立意与思考，发掘特殊情境下演绎的光辉人性：勇挑重担、甘于奉献、敢于担当、不怕牺牲、临危不惧、忠于职守、守望互助、勇敢、善良、坚强、乐观等。

3."如何看见"讨论会

出示待提升的写作样本，和师生写作成果范本对比，讨论应如何避免空泛的抒情、议论。要做到明确，即选材切入口小，如教师的下水范本只选择"生活中那些逆行者"这类形象写作；注意以小见大，以小的个体、事件表现共同的主题；抒情，从所选人物在事件中表现的光辉人性角度抒发赞美、感动、崇敬等情感；议论，扩展更大范围说理，如从赞美"生活中那些逆行者"扩大到"正是无数逆行者让祖国母亲屹立不倒"的思考。

4."我们看见"提升场

结合前面活动的收获，试着修改、完善待提升的写作样本。课堂教学精心设计活动，能有效激发学生自主学习的动机，在学生完成系列驱动式任务的过程中，教师借助教材与师生写作生成资源范本、讨论发言、问题启发等，带动学生反复进行写作实践，促进学生深层次思考，推动学生优化表达，引领学生感悟、成长。

（四）进行多维评价，多方交互推动写作升格

写作评价要发挥诊断、反馈和激励等多种功能，培养学生自主学习能力、合作能力、人际交往能力，促进学生反思、改进学习，利于学生个体健康发展。线上写作教学的评价主张多维、即时、动态、多方交互，将形成性评价与终结性评价，质性评价与量化评价，自我评价、小组评价、家长评价和教师评价相结合。评价引发写作修改与提升实践，推选并生成写作范本资源，形成写作实践过程的良性循环。

在基于智慧阅读的线上写作教学过程中，学生可随时上传写作成果，生生互动留言、点赞、建议，教师参与评价，推送优秀样本，提供修改借鉴范本，下水示范，分享写作心得，采用谈话和批注等方式进行一对一的线上个性化指导，以欣赏、表扬等激励性评语或表情包等肯定优点，同时指出问题和改进策略，鼓励学生不断优化写作，多出精品。全班学生完成作品后，上传至班级公共平台，面向社会开放，邀请家长、社区邻里等各行业人士参与评价；发起网络投票，重视多角度评价，既关注对写作材料收集运用、立意、构思、表达的评价，也关注书写、作文修改的评价等，评选出"最受欢迎""最有创意""最有深度""最美书写""最丰富""最感人""最朴素""最真实"等有代表性的作品，整理制成作品集，作为写作教学生成资源，供班级学生共享学习。

总之，大数据、物联网、云计算等新一代信息技术的发展和运用，为学生的智慧阅读提供了丰富的资源和立体交互的学习环境。基于智慧阅读的线上写作教学，便于教师调用丰富的网络资源，提供即时的写作学习范本，开展多维立体评价，极大激发学生的写作热情，发展学生的写作能力，提升写作教学质量，为实现学生的全面发展奠基。

【参考文献】

［1］谭习龙.如何形成教学风格：名师典型案例的多维解读·综合卷之二
　　　［M］.广州：广东高等教育出版社，2016：66

［2］黄厚江.语文教师的智慧阅读：谈谈语文教师的文本解读［J］.语文
　　　学习，2007（10）：11-15.

［3］方晓波，谭健文，袁志芬.中小学智慧型成长阅读：实践构想与行动
　　　路径［J］.基础教育课程，2019（12）：70-72.

［4］冯善亮.基于问题解决的写作微课程开发：初中作文教学研究新思路
　　　［J］.中学语文教学参考，2015（14）：4-7，2.

第四节　基于内容重构的立体读写
教学策略与实践案例

在当前教育改革的大背景下，语文教学正逐步从传统的单向灌输模式转向更加注重学生主体性和创造性的立体读写教学。聚焦"基于内容重构的立体读写教学策略与实践案例"，旨在探索如何通过重构教学内容，激发学生的阅读与写作兴趣，提升他们的语文综合素养。以"1+X"阅读与写作教学的改进为切入点，分析考情，整合资源，规划序列，以实现写作教学的高效性。同时，通过散文群文阅读的实践案例，展示如何建立有效的文本链接，引导学生体验生命的节律。通过具体的教学策略，如过程指导、有序推进、单元整体突破等，以及创设丰富的学习情境，促进学生在读写实践中深度参与和素养提升，培养学生的批判性思维和创造性表达能力。

一、"1+X"阅读与写作教学的改进

不少教师的写作教学，被动跟着经验走，大概率采用"出示模拟作文题+审题指导+学生写作+教师讲评分析"模式，写作教学缺少系统规划、统筹安排。讲评都是从中心、内容、结构，讲到语言、书写，面面俱到，又都是蜻蜓点水，对学生写作实质性帮助不大。

当然，少数优秀的语文教师开始尝试按文体或写作技巧，系统规划严密的写作训练体系，可惜往往由于"贪多求全，面面俱到；设点过细，针对性不强"而"没有真正实现作文教学高效的理想"。那么，写作教学如何建立序列

又不惟序列化，在有限的时间里真正实现写作教学的高效？以九年级为例，基于考情与学情分析，尝试以教材文本"1+X"阅读为基础，重构学年写作序列，引导学生回归教材，以读导写，在反复写作实践中学习写作，自己建构写作成功经验，生成写作成果，提升写作素养。

（一）分析考情，整合资源，规划序列

张志公先生说过："一个好的教练训练运动员是有严格的训练计划的，计划的安排是很科学的，否则就要影响运动员出成绩。语文训练也应当有并且可以有科学的方法。学习不是循序渐进吗？那么就需要有一个明确的，合乎科学的'序'，教和学才有所遵循。循着这个序，一步一步，踏踏实实地教下去，学下去，才可能有好的效果。"

九年级写作训练规划不可贪多求全，不需太细密，太严密，但又必须有序列，要有整体的规划，这个规划应该是建立在对中考考情分析的基础上，做到高屋建瓴，纲举目张，胸有成竹。围绕中考作文题"题材类别""题目类型"两条线，以及写作训练"文体类型（技法训练点）""'1+X'阅读文本"两线索，结合本省（市）中考命题的特点，整体规划写作训练序列；训练既关注所有题材类别和题目类型，更强调重点突破，"写好几篇"，以少胜多。

1. 分析考情，明确训练"题材类别"和"题目类型"

收集近5年47个省市共200多道中考作文题，分别以题材类别（话题、主题）和题目类别进行归类整理，一步步聚焦，确定训练重点。从题材类别来看，中考作文题主要关联五大母题：我与人生、我与他人、我与社会（家乡、国家）、我与历史（文化）、我与自然。将200多道作文题分别列入五大类别对应的表格中，发现各地中考作文题重点关注"我与人生""我与他人"两大母题，"我与人生"母题可细分为志趣、成长、哲思、想象四类，"我与他人"母题可细分为情感、交流、合作、帮助、和谐五类。其中，各地中考关注的焦点题材是"成长"，分析相应作文题，可将"成长"话题细分为追求、克难、坚持、突破、品格五类。

纵观各地中考作文题，题目类型主要有：情境写作（任务写作）、标题作文、半命题作文、话题作文、材料作文（包括图表材料）。依据考情，在整体规划时对相应题型要有所侧重。如以广东省为例，近十年中考作文题，2018年为标题作文，其余都为半命题作文，2020年增加了对实用文体（书信体）的考查；以广州市为例，近十年中考作文题，都是标题作文，其中2012、2013、2014、2018、2019、2020六年只有标题和要求，另四年除了标题和要求外，还有材料。

2. 整合教材，梳理重组"1+X"阅读文本，构成写作样本组

《义务教育语文课程标准（2011年版）》指出，"要重视写作教学与阅读教学、口语交际教学之间的联系，善于将读与写、说与写有机结合，相互促进。"重视读写结合，既是中国语文教学的优良传统，也是新时期语文课堂实践的基本要求。明确了训练的题材和题目类型，就要思考如何借助教材，整合梳理并重组"1+X"阅读文本，指导学生为写而读，实现读写结合。

统编教材提出"三位一体"的阅读教学体系，总主编温儒敏先生更是多次倡导"1+X"阅读教学观念。"1"即这一篇，是现行教材中的教读或自读课文；"X"就是围绕"这一篇"的若干篇课内外阅读文本。将统编教材编写理念落实到九年级写作课堂，将"X"的范围，从统编教材、其他版本教材（人教版、苏教版、鲁教版、语文版等）、课外名篇，扩大到中考满分、学长佳作，既取法乎上，又"取法乎近"。"1"和"X"的组合，既考虑同一题材类型，又兼顾同一文体类型，这样组合的文本，不仅在题材内容、主题、细节方面有可供学生参考的丰富资源，以唤醒学生相似的情感体验和生活经历；还能提供该种文体可供借鉴的多种构思模式，为学生写作构思提供多种可能的样本组。

3. 探究样本组文本共性与个性，明确文体类别和技法借鉴点

每一文体类别，依托"1+X"样本组，分析各样本突出的写作特点，明确同一文体样本共性特征，发现其各具特色的技法借鉴点，在多角度借鉴的写作实践中，整体把握该类文体特点，达成该写作训练单元目标，生成优质写作资源。以"'情感类'记叙文"这一写作学习单元为例，"1+X"样本组记叙文文体的共同点：有明确的中心、生动的画面、贯穿全文的线索等；分析各样本，发现其各具特色的技法借鉴点：七年级上册史铁生《秋天的怀念》为样本典例"1"，与"X"文本一起，为该写作单元提供主要学习借鉴点——本色呈现生活中微小平常的细节，达到感人肺腑的效果。除此以外，可借鉴《阿长与

〈山海经〉》抑扬手法，《老王》有表现力的词语和句子，《藤野先生》选材典型和对比衬托的手法，《背影》通过分解动作的描写表现人物；课外名篇史铁生《老海棠树》《合欢树》，可借鉴其以植物的兴衰枯荣为线索串起故事。

4. 围绕"'334'写作学习单元"，重构单元序列规划表

聚合题材类别、题目类型、"1+X"样本组、文体类别四条线索，四线合一，因材施教，确立"'334'写作学习单元"，重构"九年级写作学习单元序列规划表"（表2-4-1）。即三个写作学习重点单元——"'成长类'记叙文""'志趣类'记叙文""'情感类'记叙文"，为全体学生学年写作必须完成的训练内容；"'哲思类'托物言志散文""'本土文化'一事一议类散文""'环保类'镜头组合式散文"三个次重点写作学习单元，是大部分同学需完成的训练内容；学有余力的同学，还可以尝试"'想象类'题材童话或寓言""'交流和合作'题材小说""'家国情怀'题材人物通讯或人物传记""'我与历史（文化）'题材简单议论文"四个非重点写作学习单元，进行更多题材和文体类型的专项练习。

整个学年主要围绕其中前六个写作学习单元有序推进每周读写计划，围绕学生写作出现的问题逐个专题突破；每个学习单元结课时，大多数同学成功完成学习单元佳作一篇，一学年下来，大多数同学生成六篇高分甚至满分佳作资源，少数学有余力的同学可能生成更多优秀习作资源。

表2-4-1　九年级写作学习单元序列规划表

序号	写作学习单元	1（教材）	X1（名家名篇）	X2（中考满分）	题目类型
1	"成长类"记叙文	略（后文有详细阐述）			
2	"志趣类"记叙文	艾芙·居里《美丽的颜色》（八上）	冰心《忆读书》（语文版）、冯亦代《书癖》、柯灵《书的抒情》、老舍《养花》、林海音《窃读记》	2016粤"我真想××"；2018哈尔滨"不变的是那份痴迷"；2019呼和浩特：我与××（"演讲""书法""朗读""写作"四选一）；2020南京"食趣"；2020铁岭"我是××家"……	标题作文、半命题作文

序号	写作学习单元	1（教材）	X1（名家名篇）	X2（中考满分）	题目类型
3	"情感类"记叙文	史铁生《秋天的怀念》（七上）	《阿长与〈山海经〉》《老王》《台阶》（七下）；《藤野先生》《背影》（八上）；史铁生《老海棠树》《合欢树》	2015黄冈"那一刻，几分甜蜜在心头"；2015安徽"难忘那××（期盼、慈爱、坚毅、失望，四选一）的眼神"；2017兰州"不期而遇的温暖"；2018宜昌"别样的××情"；2019徐州"永远不变的情思"；2020柳州"难忘那张笑脸"……	标题作文、半命题作文
4	"哲思类"托物言志散文	贾平凹《一棵小桃树》（七下）	《紫藤萝瀑布》（七下）、《白杨礼赞》（八上）、宗璞《丁香结》、冰心《谈生命》、张抗抗《地下森林断想》、张晓风《月，阙也》	2014穗"迟了一分钟"；2014深"快乐加减法"；2016穗"适合"；2017徐州"平淡中也有诗"；2018青岛"这也是一种荣誉"；2020安徽"毕淑敏《精神的三间小屋》"材料作文……	材料作文
5	"本土文化"一事一议散文	《社戏》（八下）	《安塞腰鼓》《灯笼》（八下）；陆文夫《苏州小巷》（苏教版）、沈从文《云南的歌会》、汪曾祺《端午的鸭蛋》、琦君《春酒》	2015穗"广州风格"；2017呼和浩特"我心中的内蒙古/呼和浩特"；2018深"我和深圳××的细节"；2018京"××（某古迹或古物），让我心生敬意"；2019京"北京，这里有我的××"……	标题作文、半命题作文
6	"环保类"镜头组合式散文	朱自清《春》（七上）	老舍《济南的冬天》、刘湛秋《雨的四季》（七上）；《昆明的雨》（八上）	2017绵阳"一棵小树"；2019常州"走在鱼儿的思想里"……	材料作文
7	"想象类"题材童话或寓言	刘慈欣《带上她的眼睛》（七下）	米切尔·恩德《犟龟》（语文版）、列夫·托尔斯泰《七颗钻石》（苏教版）、刘墉《小斑马的领悟》	2018京2"用上'伙伴''困境''成长'这三个词语，以'在幽深的峡谷里'为开头写想象故事"；2018宁"××（文学名著一人）在2018"……	情境作文

续 表

序号	写作学习单元	1（教材）	X1（名家名篇）	X2（中考满分）	题目类型
8	"交流与合作"题材小说	彭荆风《驿路梨花》（七下）	让·乔诺《植树的牧羊人》（七上）、何立伟《白色鸟》（鲁教版）、吴金良《醉人的春夜》	2015渝"我们携手走进××"；2017盐城："材料'我们在给予中一路走来，又将拿什么给予别人'"；2018绵阳"他（她）来了"；2017荆州"邻居"；2017齐齐哈尔2"'相遇'话题"……	材料作文、话题作文
9	"家国情怀"题材人物通讯或人物传记	陆定一《老山界》（七下）	艾青《我爱这土地》、舒婷《祖国啊，我亲爱的祖国》、萧乾《枣核》（苏教版）	2024广元"挺膺担当的青春篇章"；2020阿克苏以"中国梦"为话题……	材料作文、话题作文
10	"我与历史（文化）题材"简单议论文	朱光潜《无言之美》（九下）	叶圣陶《驱遣我们的想象》、李可染《山水画的意境》	2015呼和浩特：××（一本书或一篇文章名称）使我受益匪浅；2020甘孜州"我X读书日"（补充一个字）……	半命题作文

（二）过程指导，有序推进，单元整体突破

在"九年级写作学习单元序列规划表"（表2-4-1）的基础上，按"写作学习单元"安排写作学习计划，写作学习计划突出写作的过程指导，要保留一定的弹性，时间要留白，以便依据学生呈现的过程写作样本，动态调整训练的内容、密度和形式。要化繁为简，在兼顾全面的基础上，依据具体学情确立技法学习借鉴点，突出重点，突破难点，让每一位同学都收获写作的成功体验。

下面以"成长类记叙文1234"写作学习单元为例，简要说明如何实施写作的过程指导，有序推进学生写作实践，实现单元整体突破。"成长类记叙文1234"，即写作"成长类"题材记叙文，以"一个中心、两条线索、三个画面、四处亮点"为记叙文体裁构思基本要求。"1234"非科学规范命名，一是为方便学生理解；二是四个数字相加即为"10"，寓意"十全十美"，或可激

发学生写作兴趣,唤起写作信心。

1. 题材类别选择

"成长类"母题中"追求、克难、坚持、突破、品格"五个子题,任选其一。

2. 题目类型选择

标题作文和半命题作文。提供各地中考若干标题作文和半命题作文真题,任选其一作文:标题作文——"不止一次,我努力尝试"(2015上海);"终于迈出了那一步"(2017哈尔滨);"这里,也是我的舞台"(2017南通);"含笑奔跑的少年"(2018常州);"原来这么简单"(2018广东);"别担心,我可以的"(2019广州);"成长路上"(2020自贡)。半命题作文——"越来越XX的我"(2017河南);"含'瞬间'或'突破'"(2019广东)。

3. 1+X样本组

"1"样本选择:莫顿·亨特《走一步,再走一步》(七年级上册);X1("名家名篇")样本选择:《孤独之旅》(九年级上册)、林海音《爸爸的花儿落了》(人教版);X2("中考满分")样本选择:2018广东中考满分《恒》、2014广东中考满分《勇敢是我制胜的魔杖》《坚持是我制胜的魔杖》;X3("学长佳作")样本选择:吴华智《让挫折走进心灵》、陈静好《张开我的隐形翅膀》、张莹《我相信,你可以》。

4. 分课时指导,分步推进,整体突破

一共安排6个课时,每一课时围绕技法训练点安排相应学习内容,提供素养密码为学习支架,支持学生实现学习成果目标(见表2-4-2)。有序推进每课时读写计划,学生带着课时写作任务进行"1+X"阅读,学生每课时生成的阅读成果即是完整习作的一部分;教师围绕学生写作过程出现的一个个小问题二次备课,调整增减下一课时教学内容,提供素养密码,帮助学生完善升格写作成果……学习单元结课前,大多数同学能水到渠成,先后完成"成长类记叙文1234"佳作一篇。

表2-4-2 "成长类记叙文1234"写作学习单元课时推进表

课时	技法训练点	学习成果目标	学习内容	素养密码
1	一个中心（中心明确、集中）	自选题材和题目；用一句话概括"成长"的内涵；思考为表现"成长"必须写到的内容	概括"1+X"样本组各样本主旨；用一句话概括"成长"的内涵；表现"成长"这一主题，必须写到的一个内容是什么？（用一个词语概括：蜕变）为表现"成长"这一主题，必须用到的一种表现手法是什么？（用一个词语概括：对比）	【概括中心】本文记叙了（描写了、刻画了）……的故事（事迹等），表现了（赞美了、歌颂了、反映了）……的思想（性格、精神、道理），抒发了作者……的感情
2	一个中心（篇末点题）	围绕题材，结合自选题目，综合运用记叙、议论、抒情三种表达方式，写80~160字的结尾，1~2个自然段	阅读分析"1+X"范本的结尾，经典名篇的结尾，思考：记叙文结尾的共同点有哪些	【篇末点题】1.点明主旨：所叙事件意义。2.升华主题：以小见大，思考普遍哲理。3.画龙点睛，篇末点题。4.照应开头
3	三个画面（其一）	围绕中心，构建蜕变前、蜕变原因、蜕变中、蜕变后四个画面，各用一句话概括；选择需要详写的一个画面，写250字左右	画面的概念（"1+X"范本的几个画面）；名家怎么写画面（鲁迅《阿长与〈山海经〉》、莫顿·亨特《走一步，再走一步》语段压缩前后对比）；画面的构建（画面的构成元素有哪些）	【画面元素】1.写人。他人：外貌、动作（分解）、神态；"我"：心理；他人和我：语言（对话）2.写景。调动多种感官写景。3.写事。事件发生、发展、高潮。
4	三个画面	对照老师评点，结合同伴意见，升格画面，并写完其余三个画面	评价画面、升格画面	【画面评价】1.标点：除了逗号、句号，还有其他标点；2.描写人：多种描写；3.写了景或物；4.调动多感官

续 表

课时	技法训练点	学习成果目标	学习内容	素养密码
5	两条线索	设置明暗两条线索	线索的概念；"1+X"范本的两条线索；线索的种类；线索的设置	【"成长类记叙文"线索安排】明线：植物、天气、物件、有意蕴的艺术作品、一句话、一个人；暗线：变化
6	四处亮点	增加一到两处亮点。完成并校对全篇，发布在班级公众号	（广东）中考作文发展等级评分项：立意深刻、构思独特、语言优美、富有个性、文面整洁、书写优美	【美化语言】词语生动、句式灵活、善用修辞、意蕴深厚

总之，本着"以学生写为中心"的原则，以统编教材文本为基础进行基于"1+X"阅读的九年级写作教学改革，重构写作学习单元序列，借助素养密码提供多种读写学习支架，进行写作全过程设计与指导，在"写句""写段""成篇"的层级式全方位的写的实践中，指导学生反复写、写好一篇。在多样的读写实践活动中，让学生沉浸在丰富阅读的喜悦中，引导学生主动地、有意义地、持久地学习，从而使学生在整体的、真实的读写事件的语境中扎实地培养自己的语言能力，全面提升语文学科核心素养，实现中考写作能力的突破与提升。

二、散文群文阅读：建立有效链接，体验生命节律

叶倾城《北风乍起时》、方戈《牵着母亲过马路》、艾玛尔·邦贝克《父亲的爱》三篇散文选自广东高等教育出版社"初中语文同步阅读"丛书七年级上册第二单元，是广东省第三届初中语文青年教师能力大赛决赛授课内容。三篇文章的主题是"浓浓亲情"，均以平常小事反映至真至诚、撼人心魄的亲情。在短短的四十分钟时间里，带领七年级学生潜入文本，读懂三篇文本文字背后的深情以及作者对亲情的深刻思考，对所有选手都是很大的挑战。何苑怡老师巧设活动阶梯，营造情境氛围，帮学生建立与"这三篇"散文文本的链接，以读懂亲情的多重内涵，觉察、理解父母之爱，加深对亲情的感受，丰富

自己的情感体验，从而体验到生命跳动的节律。

（一）为了学生有质量的读：学习目标与学情链接

"阅读教学的'这一篇'课文，不仅是学习材料，而且是学习对象。建立学生与'这一篇'课文的链接，其实是阅读教学的通则。"为实现学生有质量的读，三篇散文的群文阅读教学，需要建立学生与"这三篇"散文的链接。这首先要做的，就是基于学情的分析和了解，确立清晰、准确、合宜的学习目标。

何苑怡老师"读懂至爱亲情"散文群文阅读课设计的学习目标如下：

通过读、思、写等活动，感知父母形象，理解亲情内涵，丰富亲情体验。

这样的目标正是基于对七年级学生起点能力的分析，体现了与学情的有机链接。七年级学生正是人生观、价值观形成的关键时期，三篇散文让学生体悟亲情的真挚与无私，给学生一次爱的洗礼。他们自我意识不断增强，容易以自我为中心，与家人形成隔阂与对抗，学习这三篇散文，有利于引导学生理解家人，珍惜亲情，增强家庭责任感。

对文本的理解方面，三篇散文都表达了父母对子女的至爱深情，但如果阅读只停留在这一层面，文本的主旨、内容、教学价值等就窄化、浅表化了。纵深一层思考，三篇散文均向接受父母之爱的儿女提出了发人深省的问题：除了父母之爱，亲情还应有怎样的内涵？如何看待父母子女之间爱的不对等？爱除了是付出，还可以是什么？……

三篇文章的选材贴近学生生活，就七年级学生已有的认知水平，初读即可感知。学生把握文章基本内容，理解亲情主题并不难。但是，学生容易停留在浅层的解读，难以潜入文本且从内心受到真正的震撼，与理解作者对亲情的深刻思考也还有一定的距离。因此，为学生巧设读、思、写等活动的梯子，营造情境氛围，把学生和文本链接起来显得尤其重要。

群文阅读课对学生是陌生的课型，一节40分钟的课堂内，学生连续学习三篇新文本，不宜拓展过宽，难度过大。同时，七年级学生朗读品味、细节分析及情感表达能力尚在起步阶段，而基于统编教材该单元的导语对朗读、品味语言的重视，作为教材单元文本拓展内容的"×"文本阅读，在教学本课时重视巩固朗读训练，以帮助学生沉浸在文字世界里感知文字内蕴，亦应是教学目标中活动选择的应有之义。

"感知父母形象，理解亲情内涵，丰富亲情体验"，三个阅读学习目标，层层递进，由表及里，由文字阅读感知到深层内涵理解，再到创意表达以丰富情感体验，这正是张志公先生提倡的，"牵着孩子的手，让他们在文本里走几个来回"，能很好引导学生主动参与多样的积极语言实践活动，建立起与文本的链接。

（二）为了学生有兴致的读：学习活动与情境链接

我们都知道，只有学生作为学习主体积极主动参与言语实践活动，课堂真正的学习才可能发生，学生的学科素养才能真正得到提升。王宁先生说："新课标所说的'活动'，指的是语文学习活动，也就是'阅读与鉴赏''表达与交流''梳理与探究'这三件事。"学科实践活动是学科核心素养形成的主要路径。学科学习的过程实质上就是学生学科活动的过程，由教师教的活动和学生学的活动组成，其中，又应以学的活动为根本，一切教的活动都是为学生学的活动服务。

"读懂至爱亲情"散文群文阅读课，何苑怡老师设计了三个主要的学习活动——

活动一：默读勾画，感知父母形象；活动二：品读析情，挖掘亲情内涵；活动三：关联自身，以笔传达心声。

这些大的活动里，又设计了丰富多彩的群文阅读小活动：默读、勾画、圈点、朗读、改写句末标点符号、想象、角色扮演、改编故事情节、创写三行诗……这些学习活动环环相扣，呈现一定的逻辑递进关系；有效规避了传统的阅读课堂大量讲解分析的弊端，引导学生在"做事"（生成活动成果的言语实践）中建构语言，提升学科素养，提高学习的参与度，改变以往教师讲授为中心的课堂生态。

更为可贵的是，教师有意识创设各类情境，将学习活动与情境链接起来。"情境"在《普通高中语文课程标准（2017年版）》高频次出现，体现了国家深化基础教育课程改革对情境的重视，即要求学校教师根据学生发展需求，重视以具体情境为载体的问题解决能力的培养。如果教师善于创设情境，基于学生能够学习和喜欢学习的前提条件，有意识地将学习活动与情境链接，学生学习动机就能得到极大激发，学生学习的兴致也将被调动起来，课堂阅读质量将得到有效提升。这堂群文阅读课，教师巧设情境，引导学生不由自主地积极参与多样化的活动。三个主要的学习活动，分别创设了"最触动心灵的文字"这一个人体验情境、"师生设身处地合作演读"这一学科学习情境和"冬日创'三行诗'倾诉衷肠"这一社会生活情境，将这些真实而富有意义的情境与学习活动链接起来，引导学生在复杂情境、多种角度和开放空间中充分展示他们的才华与个性，并收获富有创造性的、个性化的学习成果。如"默读勾画，感知父母形象"这一活动，创设的是"反复体会，想想哪一处，最触动你的心"这一个体体验情境，这样的情境能引导学生群体广泛参与、深度思考，从而体验散文群文表达的丰富情感。从四位同学交流的内容看，"父亲在急诊室外的叫嚷""老王的连串问句""妈妈一直抱着受伤的我"这样集中表现父母至爱亲情的文字，最能唤起同学们阅读时的共鸣，唤醒丰富的情感体验。又如"回归自身，以笔传达心声"这一活动，创设的是"冬日创'三行诗'倾诉衷肠"这一社会生活情境，学生们纷纷提笔创写，生成了许多非常动人且内涵丰富的三行诗，从学生的活动成果来看，他们进一步读懂了亲情的丰富内涵，感恩、幸福等情感体验被唤醒，也增强了责任、担当、回馈等意识。

（三）为了学生有方法的读：学习过程与支架链接

"支架"指给学生学习创造的适当的范例、线索、提示或建议等。如果教师结合文本特点，在支持学生的学习过程中，利用这种方法建立起学生容易理解的支架来进行阅读教学，学生就会更快对文本产生正确的理解和分析。

散文作为介于诗歌与小说之间的一种文学样式，抒写性灵，是个体情怀的见证。"阅读散文，不仅仅是为了知道作者所写的人、事、景、物，而且是通过这些人、事、景、物，触摸写散文的那个人，触摸作者的心眼、心肠、心境、心灵、心怀，触摸作者的情思，体认作者对社会、对人生的思量和感悟。"正如前面所谈到的，七年级的学生自我意识开始得到发展，但心智和思维尚不成熟，成年人散文所表现的丰富情感和人生感悟，对于他们来说还有一定距离。为此，何老师的课巧设支架，步步铺垫，建立起学习全过程与支架的链接，引领学生渐渐步入文字丰富的意蕴和情感的陶冶中，得到真善美的熏陶和感染。

1. 梳理复杂情节，原创表格支架

《北风乍起时》一文，故事里套故事，三个主要人物，包含两对亲子关系。为帮助学生尽快梳理文本情节以读出"父母与子女之间情感的不对等"这一深刻内涵，教师自创情节梳理表，提醒学生用不同的符号圈画出"人物""地点""受寒流影响程度""人物态度"等关键词。这一看似简单的表格支架，却让学生迅速找到厘清复杂情节的路径，也为后面的交流讨论得以顺利开展奠基。

2. 变换文本表达，再造资源支架

同样的文字，换一种表达，再造资源支架以用于课堂多种形式的阅读，学生或可窥见不一样的风景，感悟不一样的思绪。如教师改编了《北风乍起时》的开头，让学生与老师一起朗诵，在与原文的对比中，自然懂得了"当亲情开始双向互动、双向交融时，就会开出一朵硕大的温暖的花"这样深刻的内涵；又如将《牵着母亲过马路》第四、五段中一些关键词语加粗屏显，在教师配乐深情朗读、学生配乐大声齐读的过程中，随着声音越来越响亮，感情越来越饱满，现场所有人都沉浸在母爱的气息、亲情的氛围里；再如将《牵着母亲过马路》第六段中表现"今昔对比"与"始终如一"的关键词句，挖空让学生大声读出来，以加深对散文情感意蕴的理解。

3. 创写"三行诗"，供给范例支架

在冬日倾诉对父母的衷肠，以诗传达心声，以丰富亲情体验，是非常棒的设计。但七年级孩子大多没写过诗，本节课不允许也没必要大讲作诗技巧，而提供现成的成熟样本，特别是教师下水示范支架，更是给学生最大的鼓励与信心，课堂教学效益自然非常可观，这从孩子们课堂展示的三行诗也得到印证。孩子们的诗，从内容主旨来看，有对亲情的回馈，有对亲情的感悟和感激，还有对亲情双向互动的体认与思考；从语言表达来看，既有贴近原生态生活的质感，又有丰富的想象，能恰当运用比喻、拟人等修辞传达情意，有的还能押韵，富有音韵美。

4. 鼓励多元评价，运用量表支架

反馈与评价是语文课堂重要的组成部分，发挥着检查、诊断、激励、甄别、选拔等多重功能。好的评价能促进课堂教学更加有效，激发学生学习兴趣，指引学生学习方法。除了现场观察、对话交流、小组分享、自我反思外，教师还自创两个清晰、可操作的表格支架，引导学生积极主动参与评价，以评促读、以评促教。如"小组讨论评价量表"，从"参与表现""倾听表现""讨论表现"三方面，各按评价指标表现分为A、B、C三等，包含自评、互评等多元评价主体评分；量表还特别留出空白，提醒用关键词记录小组成员观点，并要求在纸上选出小组发言代表等。这一量表用于小组合作探究难点问题——"《父亲的爱》两次提到'爸不懂得怎样表达爱'，末段却说'会不会是他已经表达了，而我却未能察觉？'父亲到底有没有表达他对儿子的爱？"学生分组有序开展合作讨论，从各组代表发言看，他们读出了"反复叮嘱是爱的表达""一封短柬里有含蓄的爱的表达""无声的克制里有爱的表达""着急的行动里有关爱和心疼""默默的奉献是爱的表达""严厉也是爱的表达"等生活琐碎里如此丰富却细微且不易察觉的爱的表达。如此看来，表格支架的作用不可小觑。

（四）为了学生有效益的读：学习指导与示范链接

苏霍姆林斯基说过："让学生们把你所教的学科看作最感兴趣的学科，让尽量多的少年像向往幸福一样幻想着在你所教的这门学科领域里有所创造。"散文阅读教学是学生、教师、文本作者、文本之间对话的过程，作为成年人的教师对学生阅读的指导、引领和点拨，是学生能进入文本、获得丰富情感体验和审美感受的重要支撑。优秀的语文教师是文本的知音，亦是学生合作学习的首席伙伴。何老师对文本的深入理解、评价语的正向激励与引导、过渡语的精练优美、散文群文思想主旨与表达等的解读示范、关键语段的感情朗读示范、对学生差异性的倾听与呵护，以及下水写作"三行诗"的榜样示范，还有她优雅自如的教态、语音、语调、课堂上全身心的投入等，将学生带入如诗如梦的课堂美好境界，极大地激发了学生的积极思维与创造力，让学生的阅读收获了高效益。在此不再一一赘述。

叶澜先生说："每一个热爱学生和自己生命、生活的教师，都不应该轻视作为生命实践组成的课堂教学，从而激起自觉上好每一节课，使每一节课都能得到生命满足的愿望，积极地投入教学改革。"散文群文阅读教学，特别是几篇陌生散文的群文阅读教学在一节课完成，本是很有难度的专业挑战，但因教师善于建立有效链接，即学习目标与学情链接、学习活动与情境链接、学习过程与支架链接、学习指导与示范链接，使学生读得有质量、有兴致、有方法、有效益，从而在短短的课堂体验到生命跳动的节律，收获了素养的提升与美好的学科学习体验，也给初中语文教师进行散文群文阅读提供了可资借鉴的经验。

【参考文献】

[1] 冯善亮.基于问题解决的写作微课程开发：初中作文教学研究新思路[J].中学语文教学参考，2015（14）：4-7，2.

[2] 张志公.张志公语文教育论集[M].北京：人民教育出版社，1994：19.

[3] 中华人民共和国教育部.义务教育语文课程标（2011年版）[S].北京：北京师范大学出版社，2012：24.

[4] 王荣生.散文教学教什么[M].上海：华东师范大学出版社，2014：6，28.

[5]《语文建设》编辑部.语文学习任务群的"是"与"非"：北京师范大学王宁教授访谈[J].语文建设，2019（1）：4-7.

[6] B. A. 苏霍姆林斯基.给教师的建议[M].杜殿坤，编译.北京：教育科学出版社，2012：60.

[7] 叶澜.让课堂焕发出生命活力：论中小学教学改革的深化[J].教育研究，1997（9）：3-8.

第三章

"立体语文"的
评价体系与反馈机制

构建"立体语文"的评价体系与反馈机制，包括作业设计、观课量表的开发与应用，以及情境化命题设计。

第一节 "写为中心"的作业设计与实施

《普通高中语文课程标准（2017年版）》（以下简称"课标"）指出："祖国语文是中华儿女的精神家园，语文课程对继承和弘扬中华优秀传统文化、革命文化、社会主义先进文化，培养文化自信，推动文化的创新发展，具有不可替代的优势。""坚持立德树人，增强文化自信，充分发挥语文课程的育人功能"是语文课程基本理念之一，"写为中心"的作业设计与实施，致力于全面提升学生的核心素养，发展学生的道德、能力、情感等综合素养，有助于实现全面育人的课程目标。

熟读多背是我国语文优秀的教育传统，"读书破万卷，下笔如有神""好诗不厌百回读，熟读深思子自知""熟读唐诗三百首，不会作诗也会吟"……似乎只要读得多了，自然就会写了。我们不否认多读自能提升一定的语感及理解力、感悟力，但熟读多读，只是写作的基础，离能发展学生的道德、能力、情感等综合素养的"写"，距离还很远。

认为读得多、说得多，就能写得好，这是个极大的误区。"万卷书人谁不读，下笔未必能有神"，正如宋代诗人陈辅所言，许多人都读了不少的书，但不能保证其中人人都能下笔有神。如果只是读书，而不懂或很少练习写，或者缺乏写的系统训练与指导，纯粹靠多读的自悟和摸索，那未必能写，更遑论写好。鲁迅先生谈到自己的经历时也说："从前教我们作文的先生，并不传授什么《马氏文通》《文章作法》之流，一天到晚，只是读，做，读，做；做得不好，又读，又做。他却决不说坏处在那里，作文要怎样。一条暗胡同，一任你自己去摸索，走得通与否，大家听天由命。"可见，只是读，甚至写，而不教写，不系统训练指导，最终会写的，也只是有天赋的那极少数人了。

相反，会写能写的，多会读，也读得多，积累得多；听说能力也大都比常人强些。写作能力是语文能力的最高表现，以写为中心进行作业设计与实施，抓此一点而及全面，将写的能力训练贯穿语文学习的全过程，将极大程度地改变传统语文课程写作居于附属地位，国人语文能力每况愈下的现状。

写作是运用语言文字进行表达和交流的重要方式，是认识世界、认识自我、创造性表述的过程。写作能力是语文素养的综合体现。中国语文传统讲究"文以载道""言为心声"，以写为中心优化作业设计与实施，提倡学生围绕输出型任务多写，多出好作品。好作品的第一条标准就是立意健康，站位高，能关注时代与社会，体现作者与时代主旋律共振、积极进取的精神面貌，能传播社会正能量。成才先成人，"以写作为中心"，即以立德为先导，为国家培养健康向上、有理想道德、有家国情怀的大格局的人。那么，如何设计"写为中心"的作业？又如何借助"写为中心"的作业设计与实施实现语文课程全面育人的目标呢？

一、设计"写为中心"的作业

作业不是机械重复以巩固课堂所学新知，而应是学生学习的一部分，也是教师了解教学效果的一种过程性评价。

（一）设计层递式"写"的任务

作业是指为了达成一定的教学目标，与完成一定的学习任务密切相关的学习活动。《教育大辞典》把作业分为课堂作业和课外作业。凡与学生完成学习任务密切相关的，为达成教学目标而设计的一切学习活动，都可称为作业。本书所指的作业既包含课堂作业，又包含课外作业，课外作业又包括学前预习作业和学后复习反馈作业。

2019年中共中央、国务院发布的《关于深化教育教学改革全面提高义务教育质量的意见》第10条指出："统筹调控不同年级、不同学科作业数量和作业时间，促进学生完成好基础性作业，强化实践性作业，探索弹性作业和跨学科作业，不断提高作业设计质量。"设计层递式"写"的任务，以期学生在不断

"写"的实践中，积累语言材料和言语经验，夯实基础，强化实践，尊重自主和个性。完成系统"写"的任务的过程，即在言语实践中发展和培育素养，实现以文化人、全面育人课程目标的过程。

1. 创设核心"写"的任务

层递式"写"的任务设计关键是创设一个核心"写"的任务，并设计几个为帮助学生更好完成核心任务的层级递进"写"的任务，学生一小步一小步完成任务，即在一小步一小步接近核心任务，完成所有"写"的任务，核心任务也将水到渠成得以完成。

如《陈情表》一课，作为统编高中语文教材选择性必修下册第三单元第1课第一篇文本，按教材"人文主题"和"单元研习任务"双线组元，该课学习目标大致包括：借助梳理总结及评点，把握文章重要实词含义、虚词用法及骈散结合的句式特征；理解贯穿全文的"孝道"，探究其在当今社会的价值；结合作者身份、时代背景，体会文章表情达意的委婉与得体。为此，创设的核心"写"的任务是——

评点，是古人品析诗文的常用方法，也是我们研习古典诗文的好方法。请自由选择角度，细读《陈情表》，试着为之做评点，并与老师同学交流。

提示：评点角度大概有思想大意、内容剪裁、章法结构、起承转折、遣词造句等，即篇法、章法、句法、词法的评赏，笔势、文情的分析，文本深层含意的揣摩、解读等。刹那感受、点滴心得，都可纳入评点范畴。

核心"写"的任务是一个与学习目标相契合的综合性任务，它需要以若干基础性、实践性"写"的作业为基础。如上述"评点《陈情表》"核心任务，包含《陈情表》重点词、句含义的评鉴，文本深层旨意、文化内涵的赏析，委婉与得体的表达艺术品析等，与学习目标要求一致。

又如统编高中语文教材必修下册第七单元第14课《故都的秋》《荷塘月色》第三课时迁移写作课，确立的学习目标是：能运用融情于景、情景交融的写法写篇写景散文，能生动描绘风景。为此，创设的核心"写"的任务详见本书第一章第三节（统编高中语文教科书必修下册第七单元第14课《故都的秋》《荷塘月色》设计输出任务）。

这个核心"写"的任务直接引导学生迁移运用《故都的秋》《荷塘月色》情景交融的艺术，借助对景物的描写抒发真挚独特的情感。这一综合性任务包含对课内文本构思特色、绘景艺术以及审美趣味的鉴赏、借鉴与再创造等，与学习目标高度契合。

2. 设计结构化的多元实践作业

核心"写"的任务是一个指向综合素养的复杂作业，需要高阶思维的参与，完成这样的作业，学生需要较高认知水平层次上的认知能力，包括信息整合、新知建构、逻辑思维、批判思维、创造性思维、评价反思等能力的综合运用。如课堂只是提出一个这样的作业任务，可能大多数学生都会因畏难而懒于思考，懒于动笔，作业的质量自然难以保证，素养的发展也只能是纸上谈兵。教师作为学生自主学习的引导者、协作者和帮助者，就应为帮助学生更好完成任务架设梯子，除了我们常说的学习支架外，将复杂作业进行分解，也很有必要。

结构化的多元实践作业指向语文学科必备知识、关键能力的掌握目标，从学科学习内容来看，大体包含20世纪五六十年代"语文教学八字宪法"提到的"字词句篇语修逻文"等语文基础知识的准确辨析与书写；从学科学习方式来看，大体包含"听说读写思"等传统语文学科学习方式方法的运用；从培养的能力层次看，属于识记、理解、分析、综合、鉴赏、探究等；从实践作业指令看，可以是朗读、默读、浏览、跳读、速读、搜读，听写、默写、仿写、概括、分析等。多元实践作业贯穿课前、课堂和课后全学习时段，导向学生积极的语言实践活动，尊重学生学习的主体地位，帮助学生生成学科学习的成就感、效能感；各项实践作业之间是一种层级递进、相互关联的结构，是核心"写"的任务的前提和准备。

如前所述《陈情表》教学，设计课前预习实践作业包括：借助辅导书疏通文意，写出重要文言词句含义；写出重点句的含义；结合助学资料《晋书·李密传》《晋书·帝纪·第三章》概括李密的身世及坚持不入朝为官的原因；写出双音节词"不行""至于""成立""奔驰""告诉""不许""辛苦"等的古今异义。课前预习实践作业引导学生自主学习，读懂文言文的基本内容，自觉积累古代汉语典型词句和语法现象，为有质量的"评点"打下了坚实基础。

课中实践活动作业包括：朗读全文，质疑解难；搜读全文，过关检测；感情朗读，评点词法、句法；默读，评点章法、思想内容；跳读，关联链接材料，联想发挥评点，等等。课中活动实践作业引导学生合作探究，分步骤评点，包含朗读、搜读、默读、跳读以及互相答疑、抢答、分步写作等多种读写实践。评点的基础是读懂全文，包括文章内容主旨、结构脉络、表现手法等，"质疑解难"实践作业鼓励学生互相答疑，合作解决阅读中遇到的难点问题；搜读全文过关检测环节，设计的五道课堂作业题分别考查该文本重点实词古今义、双音节词古今义、古汉语特殊句式、古代文学文化常识等的掌握情况，对应重点难点学习目标的达成；从"质疑解难""过关检测"到"评点词法、句法""评点章法、思想内容""联想发挥评点"，从整体到部分再回到整体，从词句到篇章，从理解到联想发挥，学生在完成如此层递式的关联性的系统作业过程中，建构文言文学习的重点词句含义理解与推断的知识、经典文言蕴含的文学文化传统知识以及读懂浅易文言文的学科能力等。课后延伸实践作业：阅读链接材料《晋书·李密传》《晋书·帝纪·第三章》《论语中的"孝"》，完成《陈情表》评点稿，并就"中华传统'孝'文化的当代价值"话题与老师、同学或家长交流。

课堂实践作业注重学生的活动与体验，作业指向的学习内容不是孤立的，而是在结构中、在系统中的知识，教师借助结构化的多元实践作业，引导学生在积极的语言实践活动中联想、调动、激活已有的相关知识与经验，以融会贯通的方式组织消化学习内容，从而自主建构个体的知识结构，为核心素养的养成打下基础。课后延伸实践作业指向学习的迁移与创造、反思与评价，具有开放性、个性化特点，不寻求问题的唯一正确答案，而是鼓励学生个性化的创造，鼓励学生在与他人的交流中反思评价自己的学习；交流的话题关注学生理性精神与价值观的形成，引导学生体会中华文化的博大精深、源远流长。

（二）创设具身性"写"的情境

具身认知理论认为认知是情境化的，发生在现实世界中；环境是认知系统的一个部分；认知是为行动的，认知的根本目的是指导行为。我国传统文化注重"修身养性"，孟子的"践形观"，强调身心一体，良心、本心虽为内在但必表现于外；荀子说的"君子之学也，以美其身"，王阳明说的"良知必须在事上磨炼"等，都强调在身体参与现实世界的活动中磨炼性情、良知与品行。

课标也指出，"应引导学生从现实生活中发现问题，提出活动主题，增强在各种场合学语文、用语文的意识，多方面地提高学生的语文素养"。为此，在层递式"写"的作业设计中，尽量创设具身性"写"的情境，设置贴近学生日常生活、社会交往的内容情境，在这种具身的情境中呈现作业所考查的内容知识，引导学生依据交际对象、目的等环境因素选择恰当的表达内容与形式，以富有创造性的个性化输出作业解决真实问题，实现将作业内容与生活情境、课程内容的深度关联，以提升学生建构知识、理解知识、应用知识的能力，在丰富多样的语文实践性作业中培养学生的语文素养。

如前所述，在广州市花都区对口帮扶贵州省安顺市普定县、关岭自治县东西部协作工作"送教活动"中，执教《故都的秋》《荷塘月色》第三课时，为核心写作任务创设了具身性"写"的情境：一是直接关联学生日常生活环境，引导学生放眼身边，普定县、校园或生活的社区、小镇、村落；二是直接关联学生校园生活实践，即班委将把同学们的习作编辑成《遇见：普定风物与人文》一书，印发给来普定一中开展结对帮扶工作的朋友们，这样的情境为写作确定了作者身份、读者对象及交际场合，学生写作时需选择恰切的话语方式、表达特色等，极大激发抒发情感的热情，增加了话语表达的真实度和针对性，能有效提升审美表达的品质。

情境认知理论视域下，情境可看作认知学习活动的基础；建构主义视域下，情境是学生知识建构的条件之一；具身视域下，学习更加注重的是情境性、具身性。情境指向学生参与，作业设计借助"具身性"情境的创设，将学科学习与现实世界关联，引导学生借助学科知识，运用学科能力，解决实际问题，有助于培养学生解决现实生活中真实问题的能力，培养学生的创造力和合作力，体现作业在培养兴趣、能力、道德等方面的全面育人功能。

（三）输出多样化"写"的成果

传统的语文作业，多以"记忆、理解、应用"为目标，即了解文本主要内容，理解作品主旨，识记重点字词、名篇名句，摘抄好词好句在写作中应用等。这样的作业是以输入为目的，将学生当成了学科知识储存的容器，目标指向简单记忆、机械重复、单向输入，学生完成作业只是为简单地积累语言材料，被动地吸收点状、线状的零散知识，未能在积累的语言材料之间建立起有机的联系，也无须探究语言文字运用的规律，更奢谈评价与创造。

"写"为中心的作业设计，与"写"为中心的课堂教学设计与实施理论一致，详见第一章第一节"（四）写为中心，以写促读，实现读写融通教学"相关阐述，在此不再赘述。

如前所述《陈情表》一课的作业设计，围绕"评点《陈情表》"这一核心写的任务，学生输出的"写"的作业成果是丰富多样的，可以是一个词的词法评点，可以是某个特殊句式及其内涵意蕴的评点，也可以是笔势、文情的分析评点，亦可以是抒写阅读时的刹那感受、点滴心得，还可以是结合拓展材料对传统文化中某个专题内容的系统化思考等。评点的具体内容、文字形式、篇幅不限，既尊重学生的学习起点差异，又鼓励创意与创新，让不同层次的学生都能有效输出可视化学习成果。

又如《红楼梦》整本书阅读作业，围绕"创作整本书阅读专辑"这一核心写的任务，各阅读共同体统筹规划阅读进度与内容，输出的作业形式多样，如班级读书计划、个人读书计划、"红楼"人物关系导图、读书笔记、读书札记、读后感、笔友读书交流书信、阅读小论文、阅读分享课文字稿、专辑前言与后记等等。

无论是篇幅形式不限的评点稿，还是阅读计划、阅读思维导图、读书笔记、读后感、阅读小评论，或者是前言、后记、分享课文字稿，都导向学生的"写"——言语输出。为实现导向输出的学习目标，学生语文作业不再只是满足于字面意思上的知道、了解、明白，而是指向更深层次的思考与运用，即提炼、表达、创作、再造等更有难度、更加复杂和更具综合性的学习成果。这样的作业能使学生面对新的、真实世界的情境时运用学习所得创建模型、解决问题、建立与其他概念和学科及真实世界情境的关联，从而形成理解世界的新方式和解决问题的综合素养。

二、"写为中心"的作业实施路径

要落实"写为中心"的作业，教师需要从提供资源、架设支架、下水示范和评价反馈几方面给予学生支持与帮助。

（一）提供写的资源，丰富"前结构"积累

建构主义学习理论认为，学习的过程并非被动地接受与灌输，而是由学习者自发地建构起自己的知识系统。"写"的作业即学生综合运用自己的知识、情感、经验和学科能力建构个体对学习内容的理解、分析和评价。"前结构"指的是知识积累、生活经验、心理图式等。为帮助学生积极主动有质量地完成"写"的作业，丰富学生的"前结构"积累，教师有必要收集整理为学生的"写"服务的拓展资源，以扩大学生的知识面，增加知识储备，解决"言之无物""言之无味"等问题。

如《陈情表》课堂作业部分，提供的拓展资源主要有古代汉语语法现象、文化常识和古人评点示例。其中，古代汉语语法现象、文化常识有：古汉语词义推断方法，包括以今推古法和因形训义法；古今汉语语汇的异同点；古汉语被动句和判断句的规律；古代历史和文化常识例析。这些资源可以避免学生评点时的琐碎、浅表，为学生理性、客观地辨识、分析、比较、归纳和概括古汉语现象，并有理有据地表达自己的观点、阐述自己的发现打下基础。古人的评点示例资源包括张玉惠等《古文百篇评点今译》和金圣叹《金圣叹评点经典古文》，分别节选两书中对《前出师表》首段的评点，虽评点的对象相同，但两书评点字数、内容、语言、形式等迥乎不同，这就既为学生的评点写作提供了可直接借鉴的范例，又引导学生从语词、内容大意、作者旨意及结构、文势、表达风格等各方面自由选择角度评点。

（二）架设写的支架，帮助学生学会写作

"写的支架"指给学生"写"的作业创造适当的线索或提示。教师适时搭建恰当的支架，帮助学生克服由于知识、经验、能力等不足给"写"造成的阻碍，鼓励学生自主学习建构语言，提升"写"的效益、写的质量。支架从表现形式看，可分为范例支架、问题支架、建议支架、图表支架、工具支架等。

如上文提到的前人评点范例，即是提供给学生输入性学习的资源，亦是完成输出性作业的范例支架。再如《故都的秋》《荷塘月色》第三课时教学，为帮助学生完成写一篇"普定风物话题"写景散文的作业任务，除了普定地理地形图、校园风光小视频等资源外，还提供了系列"写"的支架：其一，郁达夫《故都的秋》和朱自清《荷塘月色》构思图，两张构思图都包含"段落""景（选点、特点）""我（行为、心理、情感）""今人""古人"五列，学生在完成填表任务的同时，学习"构思选点，层次安排"，这是完成写景散文作业的第一步。其二，郁达夫《故都的秋》"秋晨院落图"画面内容表格，表格包含"绘景""抒情（我的活动、心理、情感）""悟理（我的感悟）"三列。"绘景"一列，又包括"景物""特点""多种感官（形、色、声、味、态）""用词（叠词、动词、形容词、副词）""句式（长短句、整散句、文白句）""联想想象（比喻、拟人、通感、引用等修辞）"。表格支架以名家范例呈现写景散文画面的描写技巧，帮助学生在构思全篇的基础上结构主体段，将传统的写作技法的内容变成学生写时的支架，改变了传统灌输式教学模式下学生掌握了知识还是不能形成能力以解决"写"的作业任务的尴尬。

（三）下水写作示范，营造师生共写氛围

"下水"是叶圣陶先生对语文教师的建议，他认为，"语文老师教学生作文，要是老师自己经常动动笔，或者做跟学生相同的题目，或者另外写些什么，就能更有效地帮助学生，加快学生的进步"。就像理科老师布置学生做题，自己必先拿笔做一遍一样，语文教师如能经常下水写作，既能为学生写作提供榜样、示范，给学生"有益的启发""切用的经验"，又能营造师生共写的学科学习氛围，激发学生积极主动完成"写"的作业，提高作业实施的效益。

如执教《陈情表》，下水写了《陈情表》全文每一段的评点；执教《故都的秋》《荷塘月色》第三课时，下水写作写景散文《故乡的小河》及全文结构图等。

教师经常下水写作，自能了解写作的甘苦，在无形中建立起与学生世界的亲密关联，对于激励学生完成"写"的作业、更有针对性地指导学生完成"写"的作业、形成良好的师生互动氛围等，有着其他任何教学行为无法替代的巨大价值。

（四）制作评价量表，实施写作诊断提升

作业的及时反馈调节，包括教师根据学生"写"的作业结果，发现"写"存在的共性及个性问题，从而开展有一定针对性的教学指导，及时批改并辅导学生提升"写"的质量，且为下一次作业设计的改进和完善积累有益经验。其中，制作并运用评价量表，以实施写作的诊断和提升指导，是比较有效的措施。评价量表要与"写"的目标一致，要引导将"写"的成果不断改进与提升。包括自评量表、小组评价量表和班级评价量表三类，分别运用于自评反思、组评合作探究、班级评比推优等。每一次量表的运用，都是一次诊断、反馈和提升"写"的质量的过程。

总之，为充分发挥语文课程"全面育人"的功能，将"写为中心"的作业设计与实施贯穿学生语文学习的全过程，设计层递式"写"的任务，创设具身性"写"的情境，输出多样化"写"的成果；同时，提供写的资源丰富"前结构"积累，架设写的支架帮助学生学会写作，下水写作示范营造师生共写氛围，制作评价量表实施写作诊断提升。"写为中心"的作业设计与实施，致力于全面提升学生的核心素养，发展学生的道德、能力、情感等综合素养，有助于实现全面育人的课程目标。

【参考文献】

［1］中华人民共和国教育部.普通高中语文课程标准（2017年版）［S］.
　　北京：人民教育出版社，2018：2，52.

［2］鲁迅.做古人和做好人的秘诀［M］//鲁迅.鲁迅全集：第4卷.北京：
　　人民文学出版社，1981：270.

［3］王月芬.重构作业：课程视域下的单元作业［M］.北京：教育科学出
　　版社，2021：6.

［4］中共中央　国务院关于深化教育教学改革全面提高义务教育质量的意
　　见［EB/OL］.（2019-06-23）［2022-04-10］.http：//http：//www.

moe. gov. cn/jyb_xxgk/moe_1777/moe_1778/201907/t20190708_389416. html.

［5］叶浩生. 具身认知：认知心理学的新取向［J］. 心理科学进展，2010，18（5）：705-710.

［6］叶圣陶. 叶圣陶语文教育论集［M］. 北京：教育科学出版社，2015：353.

第二节 "五视角"观课量表的开发与应用

听评课是教师主题研修的主要内容,是教师专业生活与专业成长的重要组成部分,是教师专业研究学习的重要途径。然而,长期以来,语文学科的听评课处在无研究、无依据、无合作的"三无"状态。什么样的课是一堂好的语文课?学界长期对此缺少共识。语文课的评价,迫切需要相对客观的标准指引。

由崔允漷教授团队构建的课堂观察LICC范式,将课堂分解为"学生学习(L)""教师教学(I)""课程性质(C)""课堂文化(C)"4个要素,主张从4个维度、20个视角、68个观察点进行课堂观察后研究性评课,克服了传统听评课主观、随意、盲目等缺点,为教师的思考、研究提供了合作交流与学习的平台,引导教师将听评课作为专业研究的有效途径。但课堂观察LICC范式只是课堂研究的一种取向、视角、方法、逻辑,无法用于所有课堂的评价。

我们基于课堂观察LICC范式,根据语文学科的课程特点和高中课标要求,顺应语文课堂教学的规律,开发"五视角"语文学科观课量表。

一、"五视角"语文学科观课量表的维度解读

梳理新教材使用的重点和难点问题,确立5个观察视角共20个观察点(见表3-2-1)。5个观察视角为:学习目标、任务与情境、活动与推进、资源与支架、反馈与评价。每个观察视角列出4个观察点,4个观察点是对观察视角下观察内容的具体化,既包含对相对确定的教学设计、教学内容、教学方式的观察,也包含对动态生成的教学内容、教学机智、教学效果等的观察。

表3-2-1 高中语文"学习中心课堂"观课"五视角"

观察视角	观察点一	观察点二	观察点三	观察点四
学习目标	单元目标	本课时目标	目标表述	目标自觉
任务与情境	真实度	适合度	兴趣指数	达成度
活动与推进	匹配度	整合性	递进性	主动性
资源与支架	多样性	丰富性	有效性	递增性
反馈与评价	评价方式	评价主体	评价量表	评价效益

视角一：学习目标

夏雪梅在《以学习为中心的课堂观察》一书中指出，"目标在课堂观察中相当于'脚手架'的作用，搭建起了我们观察一堂课的'核心架构'。通过这一架构，我们能够迅速厘清一堂课的脉络，这样课堂中的零散片段才具有了归整的意义，才能在意义框架内加以探讨。"学习目标对一堂课起到提纲挈领的作用，学习目标要符合学生学科发展需求，致力于学科核心素养的养成与提升。王荣生教授认为，一堂好课的理想标准是语文课程目标的有效达成，即教学内容与语文课程目标一致，教学内容切合学生的实际需要。为此，将"学习目标"作为学科观课量表的首要视角。

在"学习目标"这一视角下，确立4个观察点：单元目标、本课时目标、目标表述、目标自觉。其一，单元目标：是否明晰，是否符合学生实际，能否体现人文主题与学科核心素养培养"双线"要求。其二，本课时目标：课时目标能否为单元目标服务。其三，目标表述：体现了哪些规范。视角一课堂记录表添加批注——教学目标表述规范：①谁（行为主体）；②做什么（行为动词）；③做到什么程度（行为水平或行为标准）；④在什么条件下（行为条件）。其四，目标自觉：从学习活动的推进看，教师是否清楚学习目标；从课堂学生的表现看，学生是否清楚学习目标（按课堂表现典型环节依次记录）。从以上观察点评价学习目标，引导统编教材课堂教学进行单元整体学习任务群教学，课时目标服务于单元整体任务的完成，师生都应该清晰学习目标并自觉为实现目标努力。

视角二：任务与情境

《普通高中语文课程标准（2017年版）》（以下简称"高中课标"）提出并定义"语文学习任务群"概念，明确指出"'语文学习任务群'以任务为导向，以学习项目为载体，整合学习情境、学习内容、学习方法和学习资源，引导学生在运用语言的过程中提升语文素养"。高中课标课程中包含了18个学习任务群，"循着这样的思路，统编高中语文教材首先找到的核心支点是任务设计，在单元整体建构的基础上，以任务设计统领整个单元的教学"。

"情境"是高中课标的高频词，一共出现了34次。而在2003年版的《普通高中语文课程标准（实验稿）》中，"情境"仅出现了3次。"情境"的高频次出现，体现了普通高中课程改革对情境的重视，即要求学校教师根据学生发展需求，重视以具体情境为载体的问题解决能力的培养。高中课标建议创设综合性学习情境，开展自主、合作、探究学习，在真实的语文学习任务情境中综合考查语文学科核心素养，考试、测评题目应以具体的情境为载体。为此，我们引导教师关注任务与情境，重视从"任务与情境"视角评价统编教材教学。

在"任务与情境"这一视角下，确立4个观察点：真实度、适合度、兴趣指数、达成度。其一，真实度：情境与任务的真实（或拟真）度。其二，适合度：情境与任务是否有利于本课要解决的问题（与学习目标的适合度）。其三，兴趣指数：情境与任务能否引起学生学习的兴趣并保持关注。其四，达成度：从学习活动的推进看，师生能否充分利用情境达成学习目标（按课堂表现典型环节依次记录）。从以上观察点评价"任务与情境"，引导统编教材课堂教学重视学习任务设计，即引导学生在"完成任务/解决问题"中学语文，致力于提高解决真实情境中真实问题的学科素养，改变以往为应试以积累背诵语文知识代替学习语文的课堂生态。

视角三：活动与推进

王宁先生说："新课标所说的'活动'，指的是语文学习活动，也就是'阅读与鉴赏''表达与交流''梳理与探究'这三件事。"学科实践活动是学科核心素养形成的主要路径。学科学习的过程实质上就是学科活动的过程，由教师教的活动和学生学的活动组成，其中，又应以学的活动为根本。语文课程要引导学生在真实的语言运用情境中，通过自主的语言实践活动，积累言语经验，把握祖国语言文字的特点和运用规律。语文学习活动是学生在教科书和教师引领下自主的语言文字运用实践，活动内容应紧扣学习语言文字运用和形成语文学科核心素养。

在"活动与推进"这一视角下，确立4个观察点：匹配度、整合性、递进性、主动性。其一，匹配度：指活动与学习目标和任务的匹配度，即是否有助于分解学习任务，且助于任务的顺利完成。其二，整合性：活动是否注重阅读与鉴赏、表达与交流、梳理与探究三方面的整合，活动是否做到不琐碎、少而精、实而真。其三，递进性：几项学习活动是否环环相扣，是否呈现一定的逻辑递进关系。其四，主动性：从学习活动的推进看，活动是否有序，学生积极性、参与度如何，活动质量如何（按课堂表现典型环节依次记录）。从以上观察点评价"活动与推进"，引导统编教材课堂教学避免大量的讲解分析，重视学习活动设计与推进，即引导学生在"做事"（生成成果的言语实践）中建构语言，提升学科素养，提高学习的参与度，改变以往从听老师讲解到回答课后思考题的课堂生态。

视角四：资源与支架

学习中心课堂，教师角色要由过去教材的忠实执行者，转变为语文资源的提供者、开发者，学生学习的促进者。丰富多样的资源为满足学生多样化、个性化的学习提供了物质保证。"支架"指给学生学习创造的适当线索或提示。学习中心课堂尊重学生学习的主体性，教师提供各种学习资源与支架，以帮助学生顺利达到最近发展区。

在"资源与支架"这一视角下，确立4个观察点：多样性、丰富性、有效性、递增性。其一，多样性：资源和支架形式是否多样，资源形式如纸质文本、电子文本、多媒体、网络资源、实物与模型等，支架形式如背景支架、范例支架、方法策略支架、问题支架、概念支架等。其二，丰富性：资源和支架类型是否丰富多元，有预设也有生成的，有教师开发的，也有学生或学习共同体开发的。其三，有效性：师生是否有效利用资源和支架为实现学习目标服务。其四，递增性：从学习活动的推进看，生成了哪些过程性资源和支架？师生是如何利用的？（按课堂表现典型环节依次记录）。从以上观察点评价"资源与支架"，引导统编教材课堂教学重视对学生学习活动的引导和帮助，即引导学生独立、能动地学习，帮助学生更好完成学习任务，学会学习，改变以往以大量的讲解或师生问答推进课堂教学的传统生态。

视角五：反馈与评价

反馈与评价是语文课堂重要的组成部分，发挥着检查、诊断、激励、甄别、选拔等多重功能。反馈与评价的目的不仅是考查学生课堂学习内容、学习成就水平，更是促进课堂教学更加有效，激发学生学习兴趣，指引学生学习方法，从而有效促进学生学习，提高学习成效。

在"反馈与评价"这一视角下，确立4个观察点：评价方式、评价主体、评价量表、评价效益。其一，评价方式：评价方式是否多样，如纸笔测试、现场观察、对话交流、小组分享、自我反思等。其二，评价主体：评价主体是否多元，如学生自评、生生互评、组内评价、组间评价、班内评价、师生评价等。其三，评价量表：是否有适宜的评价量表，量表是否清晰、可操作，量表是否同时起到学习支架的作用。其四，评价效益：从学习活动的推进看，师生是否围绕教学目标评价（着眼于核心素养的整体发展，关注外在学习结果及内在学习品质）？评价语言是否对学生学习起正向反馈作用，如评价时能提出可操作性建议，能教会学生反思等（按课堂表现典型环节依次记录）？从以上观察点评价"反馈与评价"，引导统编教材课堂教学重视全面客观评价、过程评价、发展评价，即引导学生发挥评价的积极主动性，调动学生评价的主人翁意识，以评价改革学生的学习和课堂的教学，实现以评促学、以评促教，提升学生发展水平的价值，改变以往他评师评为主、过于重视知识掌握程度评价的课堂传统生态。

二、"五视角"语文学科观课量表的价值探寻

（一）对学科观课的价值

"五视角"观课量表建立在对高中语文统编教材编写体系理解的基础上，是独属于高中语文学科的观课量表，能有效改变长期以来语文学科听评课无研

究、无依据、无合作的"三无"状态，对于高中语文学科区域主题教研、学科校本主题研修乃至高中语文教师个体之间的观课议课，都有着不可估量的价值。

其一，从观课目的来看，改无研究、目标偏移的价值判断为专业研究，以观课研课促进教学改进。厘清学科观课的目的，即不是价值判断，而是改进教学。基于"五视角"观课量表的学科观课使我们不再以臧否优劣作为评价的方向，而是引导教研共同体成员以"五视角"量表为依托，从学习目标确立、任务与情境的创设运用、学习活动的设计与推进、学习资源与学习支架的开发使用、反馈与评价的开展等方面，研究基于高中语文课程标准的统编教材单元整体教学设计规范、教学组织策略、教学资源与学习支架的开发运用等专业问题，将观评课作为教师主题研修的主要内容，作为教师专业学习与成长的重要途径。

其二，从评课标准来看，改无依据、学理不足的评价为依据学科观课量表、凸显学科课程标准要求。确立学科好课的指标，引导教师由感性认知、主观判断转向量表记录、课堂观察与课后研讨，教学评价有据可依，专家、授课教师与听评课同行平等交流。我们制作的一份《学校（或区域）课堂教学评价活动问卷调查》（以下简称"调查"）结果表明，目前学科评课标准主要有两种：一种是教务或教研部门制定的不分学科的统一评价量表（占比67.61%），还有一种是以学科带头人（教研员、科组长、备课组长或经验丰富的老教师）的评价为标准（占比31.56%）。"五视角"语文学科观课量表从5个方面开发观课视角，每个视角各设4个观察点，评课以教师同行的课堂观察记录及成员研讨结论为标准，在多次观评课的专业研讨中，引导评课者明晰课程理念下的统编教材单元整体教学设计与实施的方向，明确学习者中心课堂的标准与建构路径。

其三，从评价方式来看，改无合作、主观随意的评价为合作讨论、聚焦研究、客观结论与建议。明确学科观课的主体，教师由被动的被评价者变为主动的观察者、合作研究者。调查表明，目前学校（或区域）课堂教学评价结果呈现方式，以分数式（占比27.46%）、等级式（占比33.81%）和评语式（占比

29.58%）为主，问题诊断式仅占比9.15%，这也照应了以价值判断而不是以专业研究改正教学为目标的评价现状。运用"五视角"学科观课量表的评价，提倡教研共同体既分工又合作，即成员以不同视角分组观课研课，各视角评课代表分享观课所得，阐述公开课在该视角下的4个观察点的表现，分享该视角观课团的观课结论与建议。不同视角观课所得既相互补充，又彼此印证，形成对该公开课的整体认知与客观评价。参与听评课活动的所有成员都是活动的主动参与者，在积极主动的观课、讨论与交流中，获得对新课程下语文课堂教学转型的相对系统的理论与实践经验。

（二）对教学设计的价值

高中课标凝练了语文学科四大核心素养，明确指出"语文学科核心素养的四个方面是一个整体"，为实现学科核心素养的整体提升，课标设计了18个"语文学习任务群"。与课标对应，2020年8月全面投入使用的统编高中语文教材设计了"单元学习任务"板块，要求语文教师落实"学习任务群"教学。课标和教材对高中语文教师教学设计提出了全新的要求，也对高中语文教学设计提出了新的挑战：如何落实单元学习任务群教学？如何整合教材文本及课内外学习资源？如何处理单篇教学与单元学习任务的关系？如何设计恰切的活动助推任务的有效完成？如何改善课堂教学评价方式？……习惯了单篇讲授式教学设计的教师，对于新教材教学设计，有种种困惑与不解。

建立在对高中语文统编教材编写体系理解的基础上的"五视角"观课量表，同时也可作为教师进行统编教材教学设计的基本遵循，给迷惘中的教师提供了方向和指引。

"五视角"观课量表的5个观察视角、20个观察点，即对应梳理新教材使用的重点和难点问题确立。对应5个观察视角，教师教学设计，重点考虑学习目标的单元整体性、任务与情境的创设、学习活动设计与推进、学习资源与支架的开发运用、课堂反馈与评价5个方面；对应各个观察视角下的4个观察点，教师可进一步做好教学设计。如前文所述，在"学习目标"这一视角下，确立了4个观察点：单元目标、本课时目标、目标表述、目标自觉。分别引导教师基于学情和学科"双线"要求确立单元目标、每课时目标服务单元目标、所确立的目标要清晰具体可检测、所设计的学习活动皆为了学习目标的实现。这就可以有效避免以往教师做教学设计时不清楚要教什么、所教不是为所学、学习活动与学习目标不一致等问题。

又如教学设计的核心内容"活动设计"部分，对照"视角三：活动与推进"的4个观察点，设计的活动可有效分解学习任务实现学习目标，是引导学生做"语文的事"的"阅读与鉴赏""表达与交流""梳理与探究"整合活动，是有机关联的能促进学生积极主动参与的高质量的活动。这就可有效避免以往教师设计的学习活动只为迎合评课者喜好的热热闹闹的"动"，而其实学生没有做"语文的活"，活动与学科学习无关联，与学习目标不匹配等问题。

而"任务与情境的创设""资源与支架的开发运用""课堂多元反馈与评价"，更是以往语文教学设计的薄弱方面，我们见过太多的传统讲授式课堂的教学设计，这3个方面几乎是完全缺位的。我们开发"五视角"观课量表，引导教师在自评和他评的教研活动过程中，不断明晰单元整体教学设计的五大元素，主动建构符合课标理念精神和统编教材教学要求的教学设计。而基于观课量表反复运用的主题教研的导引，"以评促教"，会让教师自觉不自觉地将量表运用于统编教材的教学设计，在此循环往复的过程中，教师不断更新理念，改进教学设计，践行课标理念与要求。

（三）对课堂转型的价值

无论是普通高中育人方式改革层面、语文学科课程层面，还是统编高中语文教材使用实施层面，都要求我们的课堂教学必须转型，要改革传统教学以教师讲授为中心的课堂形态。陈佑清在《学习中心教学论》一书中指出："建构学习中心课堂是回应当今时代对培养新人的需求并解决传统课堂诸多问题的一个基本选择。"特别是高中统编教材投入使用以来，部分教师开始主动探索体现高中课标理念的课堂教学行为，尝试课堂积极引导学生进行实践性学习，然而一讲到底、大量讲解分析的现象仍普遍存在。"五视角"观课量表的开发和使用，有力推动了区域高中语文课堂由讲授中心向学习中心转型。

其一，促使教师重新思考自身角色定位，要从知识传授者向学生学习的帮助者、促进者转型。"五视角"观课量表引导教师以终为始，思考新型课堂的教学设计与组织。如"学习目标"视角，我们强调目标的行为主体应是学生，教师只是学生学习的引导者、学习活动的设计和推进者；又如"任务与情境"视角，强调教师应为提高学生解决真实情境中真实问题的学科素养而教，改变以背诵语文知识代替学习语文的课堂生态。

其二，促进课堂组织形式由教师讲为主线向学生学习活动为主线转型。我们提倡教师创设并引领学生进行语文学习实践活动，学生在自主的语言实践活动中形成学科核心素养。如"活动与推进"视角，从匹配度、整合性、递进性、主动性4个观察点评价学生学习活动，引导教师摒弃过去大量讲解分析的课堂组织形式，代之以设计学生"做事"的学习活动，引导全体学生积极参与活动，在学习共同体中建构语言，提升语言运用能力，发展学科核心素养。

其三，敦促学生从被动的知识接受者向积极主动的知识建构者转型。如前文所述，教师基于"五视角"观课量表进行教学设计，基于单元目标创设学习情境，设计富有挑战性的学习任务，改变了教学的组织形式。课堂以学习者为中心开展言语实践活动，以此唤起学生内在动机。学生具身投入活动，积极主动参与学习共同体的合作探究，共同完成学习任务，并以此自主建构知识，习得能力，提升素养。

其四，推动课堂评价从单一评价向多元评价转型。评价是为全面提高学生语文学科核心素养服务，开放、多元的评价是学习者中心课堂的重要特征，将有助于引导学生学会学习。"五视角"观课量表专设"反馈与评价"这一视角，从评价方式、评价主体、评价量表、评价效益4个观察点评价课堂，引导教师全面、客观地开展全过程评价，尊重学习者评价的主体性，提倡学习共同体成员互相评价，特别是借助评价量表引导学生在评价中学习、提升，彻底改变了师本位评价的传统课堂生态。

基于"五视角"学科观课量表开发与使用的区域主题教研尝试，改变了传统的公开课听评课由权威专家评判优劣的评价观，重新确定语文听评课的目的指向，执教者、观课者、评课者平等对话，所有参与者了解评课的视角和依据，思考如何从学习目标、任务与情境、活动与推进、资源与支架、反馈与评价等视角重新审视语文课堂，思考并实践课堂转型的可能与路径。

总之，由讲授中心课堂向学习中心课堂的转型，是高中统编教材教学的应然选择。我们希望借助"五视角"学科观课量表的开发与使用，引导教师关注并致力于单元整体教学研究与设计，重视资源与支架的开发与使用，进行多元多样的反馈与评价，实现讲授中心课堂向学习中心课堂的转型，使学生能在真实的语言运用情境中进行积极的语言实践活动，形成正确价值观念、必备品格与关键能力，整体提升学生的语文素养。

【参考文献】

［1］魏本亚. "复盘式"评课的理据与操作规程［J］. 小学语文教学，2012（31）：44–46.

［2］崔允漷. 论指向教学改进的课堂观察LICC模式［J］. 教育测量与评价（理论版），2010（3）：4–8.

［3］夏雪梅. 以学习为中心的课堂观察［M］. 北京：教育科学出版社，2012：36.

［4］王荣生. 听王荣生教授评课［M］. 上海：华东师范大学出版社，2007：20.

［5］王本华. 任务·活动·情境：统编高中语文教材设计的三个支点［J］. 语文建设，2019（21）：4–10.

［6］《语文建设》编辑部. 语文学习任务群的"是"与"非"：北京师范大学王宁教授访谈［J］. 语文建设，2019（1）：4–7.

［7］陈佑清. 学习中心教学论［M］. 北京：教育科学出版社，2019：38.

第三节　素养导向下的情境化命题设计

在当前教育改革的大背景下，传统的应试教育模式正逐渐被素养导向的教育所取代。"素养导向下的情境化命题设计"旨在探讨如何在中学语文作文教学中，通过设计真实、具体的写作任务，引导学生进行深入思考和有效表达，从而提升学生的语文核心素养。分析"任务驱动型作文"的概念内涵，辨析其与传统作文教学的区别，并指出当前作文命题中存在的常见误区。在此基础上，提出优化策略，即如何通过情境化命题设计，激发学生的写作兴趣，培养学生的批判性思维和创造性表达能力，实现写作教学的真正价值。

一、高中任务驱动型作文任务指令的设计

"任务驱动型作文"命题意图摒弃传统的"文章写作"封闭型个人抒情的"小文人话语"体系，注重写作的实用和交际功能，提倡思维的多维与辩证，提倡和尊重写作的真正价值，体现了写作命题的理性回归与进步。

（一）"任务驱动型作文"概念内涵与辨析

综合关于"任务驱动型作文"的相关论述，任务驱动型作文大概指的是给学生创设一个情境，出现对立性的问题，通过增加任务型指令，让学生通过写作，提出解决问题的想法和方案的新材料作文。真实或仿真的情境，明确清晰的任务指令，对立性的问题和解决问题的方案，是任务驱动型作文的几个重要元素。

1. 任务驱动型作文属于"交际语境写作"

高考"任务驱动型写作"命题设计是对"交际语境写作"范式的一种呼

应，命题者以此对"陷入泥潭"的中学语文写作教学做出积极引导。希望语文教师重视写作的应用价值，带领学生远离那种只能阐释命题者预先给定的一个主题的"虚假写作"，重视写作的读者意识、文体意识、目的意识、语体意识，"赋予写作活动充分而具体真实的言语动机"，以激发学生写作兴趣，学习调动转化加工生活内容，引导学生提高现代社会经济文化发展愈来愈需要的交际能力。

交际语境写作与我国传统写作学重视写作的实用价值其实是一脉相承的。叶圣陶先生在20世纪30年代就提倡写作应基于生活的需要，他说"文章不是吃饱了饭没事做，写来作为消遣的""凡是好的文章必然有不得不写的缘故"。张志公先生也曾谈道："写文章要注重实用。凡是有价值的作品，无论是文学作品还是科学著作，都是为了解决一定的问题，写给一定的对象的，也就是说写作从来是有实用目的的。"

2. 任务驱动型作文并不是只能写议论文

有论者认为"任务驱动型作文"只能写概念化的议论文，一味强调"任务驱动型作文"窄化了学生写作的空间，这实在是对"任务驱动型作文"的一种误解。只要基于真实或仿真的情境，有明确清晰的任务型指令，面对对立性的问题，提出解决问题方案的作文，都是任务驱动型作文。写作的内容、文体、语体等的选择，取决于写作情境和要解决的问题，"有明确文体的要求，而不限制考生写作的文体，论述类、叙述类乃至说明、抒情类的文体都可以自由选择"。

张志公先生曾举例说明作文命题应体现写作的实用目的。其中例1"告诉外地来京的亲戚怎样找到自己"和例2"写篇介绍某个公园新景的文章向学校墙报投稿"偏重写说明文，例3"写一个品学兼优的同学作为榜样劝弟弟向他学习"和例4"写自己某天的生活和学习情况向国外报刊投稿，帮助外国少年了解中国中学生的学习生活"偏重写记叙文。例1至例4，在今天看来，无疑都是"任务驱动型作文"命题。

（二）"任务驱动型作文"任务指令设计的常见误区

任务驱动型材料作文命制的核心是任务指令。任务指令设定写作的思维路径，要求考生根据特定的情境，遵照规定的思维路径作文。任务指令设计在很大程度上决定写作的成败和效果，也是许多写作命题面临的一大难点。

1. 导向"虚假写作"的一元价值论

这类命题所设任务指令常常是"对此，你有什么看法？"这似乎给了学生独立思考、判断和选择的空间，但其实作文材料本身已暗示业已确定的主题，如对善良、正直、奉献、爱国等美好品格表达感动、赞美、歌颂等，对中华优秀传统文化、对今日中国的蓬勃发展等表达自信、自豪等情感。考生只能老老实实地论证命题者给定的观点，这在一定程度上引导学生说大而空的废话，限制了学生的思考。

如某地2018届高三上学期第一次统一考试（12月）作文试题：

随着党的十九大闭幕，国家发展的宏伟蓝图绘就。几个中学生就此展开了热烈的讨论：

小张说："再有不到20年，我们国家将实现现代化，那时我们才30多岁，真是幸运的一代啊。"

小王说："进入现代化，都实现了高收入、人工智能，我们到时候都不用干活了，我看现在也不用怎费劲学习了。"

小李说："现代化不可能从天而降，还是需要一步一个脚印地走，就像登山，越是到高处越是不敢松劲。"

小赵说："这个好像和我们个人没有多大关系吧，我们只管过好自己的生活就行了。"

小刘说："我们这一代是幸运的，因为前面几代人的奋发图强，我们不能辜负前辈，要担起这历史性的责任。"

对于这个新时代重大议题，你有什么看法？

要求：选好角度，明确文体，自拟题目；不要套作，不要抄袭；不少于800字。

"对于这个新时代重大议题，你有什么看法？"这个任务指令看似开放，但结合材料可知，命题人已暗示明确的主题——"我们不能辜负几代人奋发图强带来的成果，要担负起历史性责任，为实现国家现代化发展的宏伟蓝图继续努力奋斗"。这一主题有"唯一正确性",相信学生只要"略有知觉",都不可能认同"小王""小赵"的观点,而是会综合"小张""小李""小刘"的观点,得到上面"唯一正确性"主题。

这样的命题,看似牢记"立德树人"使命,大力弘扬"社会主义核心价值观",倡导真善美,但其实预设的"一元价值论"会严重打击学生写作的积极性,引导考生"说假话""抒假情",背离写作教学和命题发展进步趋势,无法导向写作教学的正确方向,甚至阻滞写作教学朝着"真实写作"的进步方向前进,也与语文课程标准提倡的"要引导学生在语言文字运用的过程中发现问题,培养探究意识和发现问题的敏感性,探求解决问题和语言表达的创新路径"目标相矛盾。

2. 任务指令没有应用价值,写作的真实或拟真情境缺乏

这类命题所设计的写作任务与真实生活脱节,无法激发学习者的写作欲望,甚至因没有考虑学生是否有足够的背景知识,导致学生无法完成写作任务,更无法实现写作的交际和社会功能。如上面的作文题,设计的写作任务——对于'国家发展的宏伟蓝图'这个新时代重大议题,你有什么看法?"国家发展的宏伟蓝图"是一个非常宏观而且内涵丰富的话题,不要说高中生,就是一般的成年人,也难以把握。在真实的生活中,也几乎不会遇到讨论这么宏大主题的情境,这导致学生只能说些空话、套话、大话,对写作失去兴趣与热情。

从这个角度来看,即使是张开先生明确认定为任务驱动型作文的2015年全国Ⅰ卷和Ⅱ卷作文题,也还没有设计真实或拟真的写作情境,写作的应用价值也还不明晰。如Ⅰ卷任务指令"对于以上事情,你怎么看?请给小陈、老陈或其他相关方写一封信,表明你的态度,阐述你的看法"。这个任务让考生莫名其妙:他们之间的事,与我何干?写信的目的是什么呢?同理,对Ⅱ卷任务指令"这三人中,你认为谁更具风采?请综合材料内容及含意作文,体现你的思考、权衡与选择",考生会想:我觉得这三人各有各的风采,我为何要"权衡"并"选择"?

3. 写作对象不明确，读者意识缺乏

如果写作指令的设计不针对具体的读者，考生就只能把阅卷者当成唯一的读者对象，觉得写作任务的目的仅仅是向老师展示学过的技巧和知识，写作兴趣和参与度大大降低，写出来的只能是枯燥乏味的、漫无交流意识的作文，自然不能够达到训练学生写作思维能力的目标。"对于……，你怎么看？""……，谁更……？"这样的任务指令设计，完全没有写作的对象，学生不知道要和谁说看法、和谁来讨论、对谁来表达自己的主张，写作时就会茫然而无所适从，似乎写作只是为了完成任务，写给阅卷老师看。如2016年全国Ⅱ卷任务指令"请根据材料，从自己语文学习的体会出发，比较上述三条途径，阐述你的看法和理由"。考生写作时，也完全不清楚要对谁"阐述看法和理由"。

4. 写作目的不清晰，目的意识缺乏

真实的写作目的包括对生活经历的反思，分享和交流信息、看法，玩味文字及创造思想，为自己争取权利和改变周围的世界，等等。缺乏真实或拟真情境的写作指令，使写作远离生活的需要，脱离语言真实表达的基本功能，成为一种无意义的荒谬的存在。这种目的性不强或模糊不清的写作任务，没有多少教育实践意义，会严重挫伤学生写作的热情，影响表达的质量。

上面提到的某地模拟题和2015年全国Ⅰ卷、Ⅱ卷，2016年全国Ⅱ卷，任务设计者忽视了读写实践与社会实践的密切联系，任务指令的设计不够具体，考生无法明了自己写作的目的。

（三）"任务驱动型作文"任务指令设计的优化策略

任务指令的设计应考虑写作者兴趣、写作语境、读者对象以及写作目的，这样利于考生提高写作投入度，从而优化思维品质，提高话语表达和交流的质量。好的任务指令设计与学生的生活密切相关，给学生提供真实的语境、目的和读者，体现写作的价值，使写作变得有乐趣，能激发学生写作的兴趣和热情，调动学生的生活认知和人文积淀，促使写作向更清晰、更深刻、更灵动的方向迈进。

1. 任务指令设计要导向真实

其一，设计真实或拟真的写作情境。寻找贴近学生生活的话题，设计真实的写作情境，将学生置于真实语境之中，拥有真实的目的和读者，能加强其在交际环境中进行互动的意图，从而达到促写的目的；这样的写作任务贴近现实生活，为学生的学习和将来的工作提供真实的演练机会，让学生感到熟悉、友好、亲切，能激发其写作热情，从而使学生感受深、易接受、有兴趣，有写作的冲动，写作时有明确的目的和对象意识，更便于与虚拟的对象交流，从而注意提升交流时话语的策略和表达的有效性等。

如将上面谈到的某地模拟题任务指令修改如下：

你的表哥是个快递员，听说未来许多职业将被人工智能取代，整天忧心忡忡，抱怨生错了时代。你会怎么开导他呢？

"人工智能是否会抢夺人类饭碗"，一直是一个有争议的话题，考生可以思辨，不用一味唱赞歌。再通过具体的交际语境设计，明确写作对象——做快递员的表哥；也明确了写作目的——开导表哥，让他辩证认识人工智能，明了时代发展与进步的同时，也必然提出新的课题与挑战，人们可以通过学习新技术主动迎接挑战，不要无谓担忧和抱怨等。

又如，2015年全国Ⅰ卷任务指令可改为"以女大学生小陈的身份向警方写封举报信"，Ⅱ卷任务指令可改为"向举办单位写一封推荐信或自荐信"。2016年全国Ⅱ卷任务指令可改为"班级对此展开讨论，请你从自己语文学习的体会出发，比较上述三条途径，写一篇发言稿，表明你的看法和理由，并在讨论会上和同学交流，试着说服与你观点不同的同学"。

结合学生更感兴趣的可说真话、抒真情的话题，将任务指令优化，设计拟真的生活情境，帮助学生明确写作目的和写作对象，体现了生活中写作的价值，写作的实用功能也就得到了体现。

其二，真实或拟真的写作目的。写作目的决定写作者写什么，怎么写，选择哪些材料，运用怎样的语词、口吻、语气，选择怎样的话语策略，来进谏说服、阐释意义和情感表达等。如果一个学生想说服校长收回"不允许举办节日晚会"的规定，其写作语言的选择、表述的方式、阐述的理由等，都为了达到这一目的，属于"进谏说服"；如果这个学生告诉他的父母他是怎样说服校长同意班级举办节日晚会的，他会为解释为什么能得到校长支持而选择写作语言、表述方式、说服方法等，介绍合理的理由，这属于"阐释意义"；如果这个学生在当天的日记里把其得到校长同意班级举办节日晚会的感受记录下来，其写作语言、表述的方式、情感细节的选择，都是为了其自我记录和抒情的需要，这是属于自我"情感表达"。

上面将2015年全国Ⅰ卷、Ⅱ卷，2016年全国Ⅱ卷任务指令修改后，写作目的变得明确，分别是"举报父亲（以借助外力帮助父亲改正错误）""推荐或自荐（阐释价值意义，以弘扬风采，传播正能量）""说服（探讨方式方法，以分享交流信息，明辨并丰富内涵等）"。

其三，真实或拟真的写作对象。所有话语的最终目的都是达到交流效果，交流必然首先要有明确的交流对象，不同的对象决定不同的话语策略和风格等。读者的选择会对话语的表达产生形式上的影响，写作指令的设计不仅要体现清晰的写作目的，而且要有明确的具体的读者意识。

如改后的2015年全国Ⅰ卷、Ⅱ卷，2016年全国Ⅱ卷写作对象分别是"警方""举办单位""班里的老师和同学"。又如2017年全国Ⅰ卷作文题，任务指令设计了明确的写作目的（"帮助外国青年读懂中国"），也很好地设定了具体读者对象（外国青年）。

2. 任务指令设计要体现公允

公允是指公平恰当，不偏袒任何一方。公允既是指任务指令在对材料中的现象、事实或故事进行概括提取时，应客观公正，不带有命题者的主观判断或主观偏向，不诱导学生认可预设的"唯一正确观点"；公允也指任务指令的设计应给学生的批判性思维留有足够的空间，应体现生活中原本可能遇到的矛盾冲突，不偏袒任何一方，能利于持正反方观点的学生双方甚至多方与虚拟"对手"辩驳，各方都能找到支撑观点的背景、现象、原因等丰富材料。

其一，客观公允地概述或提取材料事实。近些年，"新闻反转"几乎成了一种现象，"反转新闻"数量可谓与日俱增，媒体因为片面追求速度，为博眼球而有意选择性呈现信息，对读者进行强烈的文字暗示。好的写作任务指令设计一定不预设价值观，不惟崇高或美好，而是客观呈现生活的多元可能，给足考生自由思考、选择与立论的空间。

如某地2018届高三9月质量检测作文题任务指令："以上这些历史人物身上散发的'英雄气'有许多依然有现实意义。对此你有怎样的理解和感悟呢？请从以上人物中选取两三个来解读。"其中"有许多依然有现实意义"的表述就明显带有暗示考生认可其现实意义才是"唯一正确立意"的导向，可改为"是否依然有现实意义"。

其二，客观公允地留下思辨空间，方便两边对驳，不偏袒任何一方。"思维发展与提升"是语文学科核心素养的重要方面，而语言文字的运用和思维密切相关，写作训练题应有助于促进学生思维能力的发展与思维品质的提升。教育部考试中心张开特别谈到，2017年高考作文题继承了"利于思辨、立意多元等传统优势""在正面引领价值观的同时，也为批判性思维的发挥预留空间"。

任务驱动型作文命题必须体现对思维能力的考查，无论是作文材料的选择与阐述，还是任务指令的设计，都要有思辨性，要有利于考查学生分析（归类、识别、比较、澄清、区分、阐释等）、推理（质疑、假设、推论、论证等）、评价（评判预设、假定、论点、论据、结论等）等思辨能力，考查学生思维的清晰性（清晰、精确）、相关性（切题、详略得当、主次分明）、深刻性（有深度、有广度）、灵活性（快速变化角度、娴熟自如地交替使用不同思辨技能）等思维品质。

梁启超先生曾说，"论辨文最好的题目是两边对驳，题要切实，不可空泛""论辨文之题要成问题乃可，不能反对的便是不成问题，不能做论题"，他还特别举例说，"'如中国宜自强论'之类，空而不能驳，最坏"。

作为高考分值最大的一道试题，作文题设计在引领价值观的同时，应避免空泛，要能引导考生进行丰富想象和深刻思辨；要为批判性思维的发挥预留空间，使优秀的考生能够以小见大，由表及里，层层深入，思考国家前途和个人命运，乃至为国家的发展和人类的未来出谋划策。优秀的任务指令设计，要能体现对考生的思维水平与真正的写作能力的考量，激发深度思考，应有助于培养考生的思维品质与理性精神。

2017年全国Ⅰ卷作文题，设计了"帮助外国青年读懂中国"这一清晰的"任务驱动"指令，使写作目的和对象都明确化之外，也为考生的思辨留下空间。"读懂"一词，内涵丰富，外国青年"不懂"中国，可能是有误解，可能是了解还很片面，考生要认真分析推理，思考其现象的多元可能、背后的历史与现实原因，从而选择"帮助外国青年读懂中国"的有效内容与适洽的沟通方式。这样的任务指令，对于考生思维品质的提升益处不言而喻。

再来看某地2017年4月普通高考模拟测试作文题：

某大学"纸质图书发烧友"协会通过走访、问卷以及深入城市社区观察，对实体书店进行了广泛而深入的调查研究。他们发现：由于网络书店和电子图书的冲击，近半实体书店关闭或转行；一部分书店改变经营模式，满足读者多元化需求，如"24小时书店"设有供"背包客"借住的小房间，"老书虫"书店每周举办朗诵会、读书会、艺术电影欣赏等文化活动；极少数书店坚守传统经营模式，走特色书店、专业书店道路，如那美书店精心打造中国最全电影文字书库，蒲蒲兰绘本馆专注经营儿童绘本……

结合材料的内容和含意，写一篇文章，表明你对"实体书店的困境与出路"的态度和看法，并阐述由此引发的更多思考。

要求：选好角度，确定立意；明确文体，自拟标题；不要套作，不得抄袭。

与2017年高考山东卷作文题（略）比较，两卷都谈到"24小时书店"，但山东高考作文题引导考生歌颂"24小时书店的人文情怀"，考生的批判性思维发挥空间较窄；此题材料内涵丰富，可以较好地考查考生思维的独创性、批判性和深刻性。从"实体书店摆脱困境的出路"思考，进入文化学范畴，考察"传统行业（或传统文明）摆脱困境的方式（途径）"，还可延伸到哲学范畴，思考事物发展的否定之否定规律，发展需要不断地推陈出新，我们应辩证看待传统行业的发展变化等。思辨力强的学生，可从第一层面写起，延伸到第二、三层面，体现思维的辩证性与深刻性。材料对列举的三种"出路（方式或途径）"只是客观叙述，没有任何倾向，材料体现出一定的矛盾冲突，因此可褒可贬，可以"两边对驳"，同时末尾的"省略号"也允许考生提出更多的"出路（方式或途径）"，为考生思维的独创性预留了空间。

当然，此模拟题"表明你对'实体书店的困境与出路'的态度和看法，并阐述由此引发的更多思考"的任务指令还不够具体清晰，为了帮助学生进一步明确写作目的和对象，可将任务指令改为：调查报告在"校园论坛"发布后，同学们就"未来实体书店该走向何方"这一话题展开了广泛的讨论，请你写一篇文章发布在校园论坛，表明你的观点，并试图说服与你观点不同的同学。或改为：班级就此展开辩论，辩题——实体书店应（不应）坚守传统经营模式，请你选择其中一方，并为己方一辩写篇立论陈词。

总之，为了激发学生的参与热情和创作欲望，使学生体验到写作的乐趣，拓展学生思维层次和创造的空间，真正帮助学生提高表达的效率，任务驱动型作文任务指令就应设计真实或拟真的写作情境，表明真实或拟真的写作目的和对象，尽可能客观公允地概述材料的客观事实，给学生留下广阔的思辨空间。

二、基于交际语境写作的中考命题重构

近年来，中考写作命题"以课程标准为依据，以先进理念为指导，积极吸收教学改革实践经验，在客观反映和考量学生写作能力、引导写作教学改革、促进学生素养发展等方面进行了可贵的探索"，这也促使考场上涌现出许多有真情实感、富有个性、文质兼美的好文章。但不可否认的是，说空话、套话，表达模式化、格式化的"假大空"作文，特别是宿构、套作，依然大量存在。究其根源，还是中考命题与写作教学忽视对"真实写作"的引导。命题多缺乏真实写作情境的创设，命题者设定封闭的话题或主题，写作对象就是阅卷者，写作目的就是考试。写作教学为顺应学生应试写作的需要，亦多不会强调写作的语境、目的、对象，学生写作大多是为应试做准备，被动进行虚假作文的制造，导致写作兴趣不足，作文虚假苍白，寡然无味。

自2015年高考开始尝试"任务驱动型材料作文"命题，关注典型任务的设计和真实情境的创设，体现语言是交际交流工具的本质，给学生一个情境化的问题和任务，要求学生基于情境提出解决方案，这样的设计得到了社会的广泛认可。

交际语境写作与任务驱动型作文"有着共同的写作理念、价值追求和范

型特征"，它指的是"面对具体的或假拟的读者，围绕一定的话题，为了达到特定的目的和意图，以一定的角色和口吻，建构意义，构建语篇，进行书面表达和交流的活动"。具体的写作话题、特定的读者对象、明确的写作目的，是交际语境写作的基本要素。与传统的阐释型封闭式自说自话的"虚假写作"不同，交际语境写作有真实或拟真的言语任务、真实或拟真的言语环境，产生真实的言语成果，强调写作的交流意识、对话意识，写作有着真实的读者对象，为着真实的交流或交际目的，属于真实写作。

基于交际语境写作的中考命题，能极大调动学生写作的热情，激发学生写作兴趣，培养真实的作者和读者，丰富学生的生活和生命体验，有利于引导教学着力于提升学生运用语言文字进行表达和交流的综合素养，培养学生生活、学习、工作需要的书面交际能力。

基于交际语境写作的中考写作命题，需要创设真实或拟真的写作情境，写作目的明确清晰，有具体的写作任务要求，作者角色、读者身份明确，文体特征要求鲜明。下面结合2020年中考作文题，阐述基于交际语境写作的中考作文命题改进策略。

我们收集了2020年全国各地中考作文题135道，其中有3道可称为"情境作文题"，符合交际语境写作命题特点。其余标题作文62道（含"材料+标题"37道），材料作文41道，半命题作文20道（含"材料+半命题"14道），话题作文9道，从交际语境写作命题几个要素看，都还可以进行不同程度的改进或优化。

（一）主题"规限"有度，避免人云亦云

"只有确保任务的真实性，才能使我们有机会观察到学生在真实生活情境中应用知识和解决问题的能力，才能确保评价的效度。"真实的任务即来自或可能来自现实生活的任务，与学生的学习生活、社区生活、社会生活息息相关，可以检验学生在真实生活中解决实际问题的能力。

"典型任务是指为评价学生语文素养水平而选取的具有代表性的语文实践活动"，典型任务着眼于学生语文学科核心素养的综合性、整体性考查，能考查学生多方面的复杂认知和表现，体现语文学科综合性和实践性的特点。

如很多标题作文命题只是提供了一个话题或写作的主旨，与真实生活问题相距甚远，既不能唤起学生写作的欲望，也不能很好地考查学生在真实生活情境中运用知识解决问题的能力，更为甚者，还可能为套作、宿构大开方便之门。如"难忘那张笑脸""珍藏的记忆""感动在心中荡漾"等作文题，只给了标题和惯常的书写、字数、文体等要求，题目过于开放，写作任务泛化，仅为应试之需，容易导向虚假写作。

真实典型的写作任务应该出于学习、生活或工作的需要，为达成交际交流而设。如2020年湖北荆州中考作文题设计了这样的"写作任务"：

即将毕业，八年级的学弟学妹邀你去做一次演讲，请以"书包里还应该装些什么"为题，写一篇演讲词。

"为给学弟学妹做演讲准备演讲词"，这样的写作任务完全来自真实的校园生活，能唤起考生对生活中真实问题思考与探究的欲望，能考查学生多方面的复杂认知和表现。

又如"珍藏的记忆"这道标题作文，不妨做如下修改：

时光流转，转眼就要初中毕业了。回首三年初中生活，师长的鼓励与呵护，同学的帮助与陪伴，校工的关怀与照顾，都成为毕业生最值得珍藏的记忆。临别在即，学生会为制作毕业纪念册，向全体毕业班同学征集以"珍藏的记忆"为话题的文章，要求选择学校一位老师、同学或校工，叙述自己和他（她）相处的点滴故事，表达感激和留恋之情。请你写一篇文章向学生会投稿，题目自拟。

制作毕业纪念册，是非常有价值的学生活动；毕业生通过写作投稿，回溯初中生活，体验丰富情感，锻炼写作水平，是非常有意义的写作任务。这样的写作任务来自真实生活的需要，引导学生在拟真的生活场域主动参与有意义的写作实践活动，发展学科核心素养，能唤醒学生真实表达的欲望，能有效减少人云亦云、无病呻吟之作。

（二）语境合时合事，致力语篇赋形

"真实、富有意义的语文实践活动情境是学生语文学科核心素养形成、发展和表现的载体。"只有充分具体的特定情境，才能有效呈现学生依托素养完成任务的水平。"语境越充分越具体，对写作行为的制约作用越明显，对选择写作的内容和形式的启示也越大"，如果设计的写作语境不充分不具体，就很难有效考查学生运用语文知识分析解决实际问题的能力。

充分的语境要素包含话题、写作者、写作目的、写作对象、语言形式和风格等。不少材料作文的材料内容要表达的意旨不清晰，命题语境要素不全，没有清晰的语言交际环境，让人百思不得其解。如某地2020年中考作文题目：

阅读下面的材料，自选角度，自拟题目，写一篇作文。

一个人看海，

是一个样子，

如果和别人一起看海，

又是另一个样子。

（选自艾斯特哈兹·彼得《赫拉巴尔之书》）

这道作文题目的材料是一首哲理诗，命题人似乎要让考生揣摩命题意图，审准材料主旨再立意作文。这样的写作语境非常模糊，对写作行为没有清晰的制约，让考生摸不着头脑。我们可以试着为这道作文题目充实语境要素，如可在材料之后增加一段引导性文字：

班级本周读书会将讨论对以上文字的阅读感受，请你结合自身生活经历与体验，写一篇发言稿，在读书会上与同学们交流。

通过增加的引导文字，创设了真实的交际语境：班级读书会，时间、地点、目的、对象充分具体。一定程度上，真实的交际语境对写作内容和语言形式的选择起决定作用，可以很好地考查考生解决现实生活中复杂问题的综合素养，也有利于评判学生考场写作成果的优劣，能有效避免自说自话式的"心灵鸡汤式"的被动应试写作。

夏丏尊先生曾说，"离了读者，就可不必有文章的""诸君为文的时候，第一不要忘记有读者"。交际语境写作本质上是以"读者为中心"的写作。写作命题如果作者、读者身份不明确，就很可能让学生的写作陷入盲目、被动，学生写作的兴趣也会大打折扣。如某地2024年中考作文题目：

孔子云：己所不欲，勿施于人。这是一种尊重他人的态度。尊重，意味着接纳彼此的差异，意味着换位思考、关注他人感受，意味着珍视他人的努力和成果，意味着平等对待每一个人……尊重能建立信任，收获友谊，提高个人修养。有了尊重，人与人之间会更加包容，社会会更加和谐与进步。

同学们，对此你有怎样的经历和感悟呢？请自拟题目，自选角度，写一篇文章。

这道作文命题人给定的作者身份即写作者（中考生）自己，本来设计没什么问题，但材料中的文字"尊重能建立信任，收获友谊，提高个人修养。有了尊重，人与人之间会更加包容，社会会更加和谐与进步"已限定了写作范围，引导语还要求考生谈"感悟"，就有些牵强了。这样的命题在无形中引导考生说言不由衷的话，写作的真情实感必然受到影响。

同为"尊重"话题，如某地2024年中考模拟作文题就很好地创设了"真实的、富有意义的语文实践活动情境"——

在2024年的秋天，你作为国际中学生交流项目的参与者，随团来到一个与你文化背景截然不同的国家进行为期一个月的学习与交流。这个国家以其悠久的历史、独特的文化习俗和热情好客的人民而闻名。初到异国他乡，你满怀期待，但同时也面临着语言障碍、饮食习惯不同、社交礼仪差异等诸多挑战。

请以"一次跨文化交流中的尊重之旅"为副标题，讲述你的所见所闻，写下你的经历和感悟，总结这次跨文化交流经历给你带来的深刻启示。

这道作文题，比较好地界定了更清晰的作者身份：国际中学生交流项目的参与者。可以引导考生回顾相关经历或设身处地想象、联想，选择最有感触的内容写作。

（三）鼓励个性思辨，防止蠡酌管窥

传统的写作命题多为"主题先行"，要求考生揣摩命题意图，被动接受命题人或作文材料的观点，考生没有太多机会独立思考与判断。如某地2020年中考作文题目：

郊游前，天阴沉沉的，本来诺顿和同学们都想带伞，可觉得带伞太麻烦，看样子也有可能不下雨，就都没带。结果，他们刚到郊外就下起了大雨，都被浇成了落汤鸡。大家都说，如果有后悔药就好了，就把伞带上了。回家后，诺顿对父亲说："我将来要研制后悔药，让许多人不再后悔。"父亲听后笑了，对他说，后悔药不是吃的药，而是行动，行动才能弥补遗憾。

上面的材料引发了你怎样的联想、感触与思考？结合你的经历和体验，写一篇不少于600字的作文。

这道作文题材料讲的本是生活中平淡无奇的故事，可惜父亲的话有些"狗尾续貂"。本来诺顿的想法非常有想象力，值得鼓励，没想到父亲却一本正经地说：行动才能弥补遗憾。这纯粹是命题人要将主观意志强加给考生，即考生为保证理想的分数，作文只能立意：行动才能弥补遗憾。如果你像诺顿一样奇思妙想，要研制后悔药，那恐怕真的只有后悔不已了。

交际语境的写作命题关注每个个体独特的感受与体验，尊重并鼓励个性思辨，希望考生掌握思考问题的方法，能独立思考与恰当表达。为此，我们可以将上面的命题引导语修改为：

假如你是那天与诺顿一起郊游的同学，你会支持诺顿还是诺顿的父亲？为什么？请结合你的经历和体验，给你支持的一方写一封信，表达你的观点与态度。

这样的改动不再限制考生思维，考生可以自由选择立场，尊重了考生的意志与人格，鼓励从不同角度思考、分析、阐述、表达，更符合生活中真实的写作任务要求，能较好地考查写作表达和思辨能力。

又如2020年某地中考作文题目：

在经受了失败和挫折后，我学会了坚韧；在遭受了误解和委屈时，我学会了宽容；在经历了失落和离别后，我懂得了珍惜。

要求：请围绕以上文字的内容和含义，自选角度，自定立意，自拟标题，确定文体（诗歌除外），写一篇600至800字的文章。文中不得出现你所在学校的校名，以及教职工、同学和本人的真实姓名。

这个题目要求"自定立意"，其实考生是万万不可自定立意的，因为材料已主题先行：失败和挫折让我学会了坚韧；误解和委屈让我学会了宽容；失落和离别让我懂得了珍惜（三选一）。暂且不说这个，我们再读一读这个材料，不得不为命题人简单粗暴的逻辑捏一把汗：失败和挫折、误解和委屈、失落和离别，都是多么好的呀，我们要热情呼唤，要张开双臂拥抱？其实我们稍加思索便知，失败和挫折、误解和委屈、失落和离别，本身并不会让我们成长，甚至还会给予我们致命的打击。但生活难免有失败、挫折等，重要的是我们的态度、选择和行动等。

或者我们给这道题加一句引导语：

对于以上文字，你怎么看？

非常简短的一句话，却能将固化的思维打开，体现对考生积极主动思维的引导，鼓励批判思维和个性思辨，防止蠡酌管窥。

总之，基于交际语境的中考写作命题着眼于学生语文学科核心素养的考查，以情境任务作为试题主要载体，任务真实典型，情境充分具体，提倡思辨与个性，鼓励学生展现智慧，自由发挥和创造。基于交际语境的中考写作命题，能引导写作教学回归真实生活，提高学生书面表达水平，提升思维品质，致力于培养学生未来生活、学习、工作需要的学科综合素养，应引起写作命题者重视与关注。

【参考文献】

［1］荣维东.交际语境写作：我国写作教学的发展方向［J］.语文教学通讯（小学）（C），2013（4）：4-8.

［2］叶圣陶.文章例话［M］.北京：生活·读书·新知三联书店，2013：1.

［3］张志公.读写门径［M］.北京：北京教育出版社，2014：161，149-150.

［4］张开.2017年高考语文作文试题综评［J］.语文学习，2017（8）：8-12.

［5］中华人民共和国教育部.普通高中语文课程标准（2017年版）［S］.北京：人民教育出版社，2018：3，48.

［6］黄厚江.任务驱动型写作思辨：由一道作文题引发的异向思考［J］.中学语文教学参考，2017（34）：13-16.

［7］梁启超.作文法［M］.北京：北京教育出版社，2014：59，60.

［8］孟宪军，孟立平.2018年中考作文题述评及写作教学建议［J］.中学

语文教学，2018（8）：77-80.

［9］荣维东.交际语境写作与高考作文命题技术的进步［J］.语文学习，
2019（7）：53-57.

［10］赵德成.促进教学的测验与评价［M］.上海：华东师范大学出版
社，2016：114.

［11］魏小娜."信息报告类"写作教学的策略［J］.中学语文教学，2016
（7）：29-35.

［12］夏丏尊，刘薰宇.文章作法［M］.长沙：湖南教育出版社，2008：1.

第四节　传统文化评价呈现方式与教学启示

中华优秀传统文化是我们中国人思想和精神的内核，是最深厚的文化软实力。2014年4月，教育部印发《完善中华优秀传统文化教育指导纲要》，要求加大中华优秀传统文化在中高考中的比重，完善中华优秀传统文化教育的评价机制。

教育部考试中心《中国高考评价体系》（以下简称《评价体系》）中明确指出："（高考命题）要重视中华优秀传统文化材料的选用，引导学生从中获得对当代文化问题的思考。"近年来，高考命题充分发挥"立德树人、服务选才、引导教学"的核心功能，将中华优秀传统文化有机融入"五育并举"全面发展要求。分析传统文化在高考试题中的呈现特点，有助于引导高中语文教学自觉有为进行传统文化传承教育，发挥语文课程教学在传承和弘扬中华优秀传统文化中的重要作用。

一、高考试题中传统文化材料的育人价值

高考语文命题发挥语言文字作为文化载体的学科特点和优势，让学生在解题作答的过程中涵养高尚审美情趣、厚植中华文化底蕴、坚定文化自信。试题主要选取古代散文、古典诗词、名篇名句、成语等载体，体现对核心思想理念、中华人文精神、中华传统美德等中华优秀传统文化重要内容的考查。

（一）培育家国情怀，激发使命担当

爱国主义是中华民族精神的核心，自古以来，家国情怀就流淌在我们民族的血脉之中，"精忠报国，振兴中华"是中华民族珍贵的精神遗产。命题选用

的古诗文中往往饱含深厚的家国情怀，深入研读这些贴近现实、贴近考生的阅读材料及问卷，可有效培育学生家国情怀，激发其使命担当。

如2020年新高考Ⅱ卷作文"《中华地名》主持词"的写作，以包含传统地域文化丰富内涵的地名为对象，虚拟当代社会生活中常见的地域文化电视栏目《中华地名》，创设为此栏目写主持词的写作任务。这样的命题能引发考生对中华不同地域的自然特征、风土民情、历史文化、著名人物等的丰富记忆与价值思考，唤起考生爱家乡爱祖国的深厚情怀。2021年新高考Ⅱ卷文言文阅读材料节选自《通鉴纪事本末·祖逖北伐》，命题材料展现了著名的东晋爱国将领祖逖坚定北伐、收复中原的决心与壮举，祖逖为国为民、敢于担当的精神，能激发当代青年奋发向上的爱国之情、强国之志和报国之行。

（二）厚植文化底蕴，滋养传统美德

文化经典汇聚传统文化精华，蕴含丰富的中华优秀传统美德文化。语文命题多方面取材中华文化典籍，以陶冶学生情操，培育学生美德，厚植其文化底蕴，充分发挥传统文化铸魂育人功能。

如文言文阅读皆取材于古代优秀典籍，再现古代贤君及名臣良将贤明勤勉、励精图治、恭俭爱民的动人故事。2019—2021年，全国卷共12套，文言文阅读材料分别取自《史记》《宋史》《晋书》《明史》《通鉴纪事本末》《宋史纪事本末》。提出进步主张使王朝长治久安的著名政论家贾谊，厉行法治使秦国太平富强的商鞅，屡建奇功的著名军事家吴起，独出当世、爱民如子的大文豪苏轼，才思敏捷、敢于直言的大词人王安中，刚正不阿、屡作建言的光禄大夫王彪之，为官清正、磊落刚直的"铁面御史"左光斗，明察秋毫、清正为民的"海青天"海瑞，忧国忧民、敢于担当的北伐名将祖逖，以及任贤使能、从谏如流的盛世明君唐太宗……阅读他们的故事，考生感悟古代君明臣直、上下同心的优良传统，领略古人崇德向善、严于律己、乐于奉献的传统美德。古人先忧后乐、奋发有为、敢于担当的精神，对于青春学子们是一种感染和洗礼，更是榜样激励和示范。又如名篇名句默写，也都取材传统文化优秀篇目，使考生在答题的过程中回顾经典，从中汲取思想精华，得到传统美德、优秀文化的浸润。

（三）融通古今文化，笃定理想追求

习近平总书记指出："要加强对中华优秀传统文化的挖掘和阐发，使中华民族最基本的文化基因与当代文化相适应、与现代社会相协调""要推动中华优秀传统文化创造性转化、创新性发展，不断提高人民思想觉悟、道德水平、文明素养，不断铸就中华文化新辉煌。"中华文化融通古今，承载、传承历史，连接现实与未来。高考写作命题多次取材传统文化元素，挖掘传统文化的当代价值，摒弃消极因素，辩证取舍，推陈出新，可引导考生汲取传统智慧，继承积极思想，实现古为今用。

如2021年新高考Ⅱ卷作文以传统的书法描红为载体，材料以四格漫画展现毛笔书法写"人"的运笔过程，要求考生"整体把握漫画的内容和寓意"，进行"评价、鉴别与取舍"，"体现新时代青年的思考"。命题以此引导考生对传统书法蕴含的"写人与做人"思想进行有鉴别的对待、有扬弃的继承。2021年全国乙卷作文材料引自汉代思想家扬雄《法言·修身》，以开弓射箭喻君子的修养过程，要求以"当年青年"身份，谈对自身追求理想的启示，这就提醒考生将传统文化、自身发展、时代精神等关联起来，融通古今文化，笃定理想追求，使传统文化与当代文化相适应、与现代社会相协调。

（四）倡导五育并举，涵养奋斗精神

《评价体系》指出，"通过考试改革，紧密对接高中育人方式改革，进一步健全立德树人落实机制，完善德智体美劳全面培养的育人体系"。近年来，高考全国卷努力践行"五育并举"的评价体系，将体育、美育与劳动教育的内容与中华优秀文化材料相连，培养学生高尚品德、健康体魄、良好的审美情趣以及热爱劳动的品质，促进整体全面发展。

除了文学作品外，全国卷还以传统书法、音乐、绘画、雕塑、表演、建筑等艺术形式为对象，以语言运用材料语段，论述类文本、组合文本等为载体，引导考生在审读材料与题干、解题答题的过程中体验美、欣赏美，增强审美意识、提升审美情趣。如语言文字运用试题，2019年全国Ⅰ卷和Ⅱ卷，2020年全国Ⅰ卷和Ⅱ卷、新高考Ⅱ卷，2021年新高考Ⅰ卷和Ⅱ卷，分别取材于"中国古琴艺术""国画艺术""中国篆刻艺术""殷墟甲骨文""风筝制作艺术与放

飞民俗""元宵节俗""中国画"等传统文化内容；论述类阅读及现代文阅读
Ⅰ试题，2019年全国Ⅱ卷和Ⅲ卷，2020年全国Ⅱ卷，2021年新高考Ⅰ卷，分别
取材于"杜甫七律演进""传统表演艺术的保护与传承""美术的'历史物质
性'""雕塑与诗画艺术"等传统文化内容。

礼敬劳动、倡导劳动实践等劳动教育的内容，也常和传统文化丰富的艺术
形式关联起来考查，以引导学生树立正确的劳动观，涵养其勤勉踏实、踔厉奋
发的实干精神。如2019年全国Ⅲ卷古诗阅读材料为刘禹锡《插田歌》，以民歌
俚曲描写田野风光和劳动场景，抒写农人劳动的欢乐；2021年新高考Ⅱ卷古诗
阅读材料为陆游《示儿》，教育儿孙学习先圣、勤俭耕种、勤勉为人、心怀国
家。还有如2020年全国Ⅲ卷名篇名句默写，以白居易《观刈麦》为素材，等等。

二、传统文化在高考试题中呈现的主要方式

（一）传统文化作为必备知识考查

必备知识是培养能力、达成素养的基础。传统文化知识体系丰富，在一定
程度上，考生文化积淀的深浅往往反映其学科素养的高下，在文言文阅读、古
诗鉴赏和名篇名句默写题中，常作为重要内容考查考生的积淀以及运用这些知
识解决问题的能力，引导考生要夯实必备知识，丰富文化积累。

如名篇名句默写，主要考查课标必背名篇名句准确识记和书写，除2021年
全国新高考卷设置开放式默写，历年答案都是客观唯一的。

又如文言文阅读板块"对文中加点词语相关内容的解说"题，是对古代
文化常识必备知识的考查。统计近三年全国卷试题，考查最密集的为政治制度
文化知识，包含皇帝制度、中央政府制度、地方体制和官僚制度等，如"诏
令""主司""太守""司农""大理丞""令尹""遗民"等；其次是宗法
礼俗文化知识，如"立嗣""宗室""礼乐""就国""犯颜""鼙鼓""庙
社"等。另外还有科举制度文化知识如"殿试""乡试"；法律制度文化知识
如"追比""黥""抵极刑"；文史典籍文化知识如"诸子百家""四六之
制"；饮食器用文化知识如"减膳"；军事文化知识如"辎重""传檄""部
曲"；人物文化知识如"缪公""殷纣""周公""汤武""武王"；天文历

法文化知识如"闰月""甲子";古代地理文化知识如"海内""京口";等等。

（二）传统文化与学科关键能力融合考查

将传统文化元素融合在对考生的阅读理解、信息整理、应用写作、语言表达、辩证思维、批判性思维等关键能力的综合考查中，引导考生平衡发展"语言建构与运用""思维发展与提升""审美鉴赏与创造""文化传承与理解"等学科核心素养。

一是将教材传统文化内容与命题材料适度关联，考查考生课内外对比阅读、阅读理解迁移、有效整理已知信息，以解决新情境中的新问题能力。如2019年全国Ⅲ卷古诗阅读第15题，要求与课本中刘禹锡《酬乐天扬州初逢席上见赠》诗对比，分析命题材料《插田歌（节选）》的语言风格的不同；2021年新高考Ⅰ卷古诗阅读将命题材料杨巨源《寄江州白司马》与教材中白居易《琵琶行》相关联，引发考生回顾已知传统文化相关知识，以帮助解决对陌生诗歌诗意的理解与赏析的新问题。还有2020全国Ⅰ卷文言文阅读考《杜甫传》，Ⅱ、Ⅲ卷古诗阅读作者分别为王安石、陆游，都是教材中学生熟悉的古代文化名人；2020年全国Ⅲ卷论述类文本阅读材料《谈谈〈古文观止〉》，其中提到的多篇文章都是教材经典篇目。

二是在题干中引用传统文化材料，或以传统文化内容为阅读材料，考查考生对阅读文本内容的理解、对传统文化内容的解读，以及结合当代生活对传统文化的辩证思考，进行鉴别、取舍、批判吸收与创造性转化等综合能力。如2021年新高考Ⅰ卷现代文阅读Ⅰ第5题的题干引用嵇康和顾恺之的诗句，要求结合朱光潜和钱钟书所著关于"诗画理论"的材料来解读，考生必须读懂诗句包含的传统文化内容，才可能迁移运用对阅读材料的理解来解读诗句对诗画理论的印证。又如前文所述2021年新高考Ⅱ卷作文"写人与做人"的漫画材料，即为传统毛笔书法描红，文字内容语带双关，借"学写字"喻"学做人"，蕴含着古代"为人之道"，引导考生在读图基础上体悟含义，提取信息、推断探究、鉴别取舍，实现对考生阅读理解、信息整理、应用写作、辩证思维和批判性思维等关键能力的综合考查。

（三）传统文化作为问题情境的背景呈现

课标指出，"真实、富有意义的语文实践活动情境是学生语文学科核心素养形成、发展和表现的载体"。课标和《评价体系》都明确提出"以情境任务作为试题主要载体"，高考命题根据考查内容，为落实考查目标，将传统文化融入设定的试题情境中，以引导学生从中获得对当代文化问题的思考，激发学生思维，引发学生情感共鸣。

一是作为个人体验情境的背景。如名句默写题，并不考查静态的上下句填空，而是将中华经典名篇名句，置于个体阅读理解、丰富情感体验的情境中，以加深个体学习体验及对文化经典独特魅力的领悟。前文所述2020年全国Ⅱ卷古诗阅读第15题，将北宋名家王安石《读史》一诗作为学生个体独自鉴赏文学作品这一情境的素材，要求学生回答诗阐述的道理及启示。

二是作为社会生活情境的背景，在现实社会的问题情境中考核学生语文素养的发展水平。如2020年全国Ⅱ卷作文，整合墨子"兼爱"名句、王昌龄诗句等传统文化内容以及外国诗人名句等材料，用作"世界青年与社会发展论坛"这一社会生活情境的写作对象。另外，近年考题用到"元宵节""中国画""风筝制作与放飞"等传统文化材料，均是当下典型的日常生活、社会活动情境。

三是作为学科认知情境的背景。如前文所述2019年全国Ⅲ卷古诗阅读第15题，创设课堂内外古诗对比鉴赏的情境背景，要求学生于同一诗人作品群这一特定学科认知情境中，鉴赏探究其不同语言风格，培养审美情趣。还有2020年全国Ⅰ卷作文，将管仲和鲍叔辅佐齐桓公成就霸业，孔子和司马迁的评价等传统文化素材，用作班级读书会这一校园学习活动情境的讨论材料。

三、高考传统文化试题对语文教学的启示

"优秀文化作用于个人成长和社会发展不是立竿见影、一蹴而就的，必须坚持长时期的宣传与推广、培养与浸润。"综上来看，近年高考语文充分落实课标和《评价体系》要求，充分发掘学科育人资源，加强了对中华优秀传统文化的考查，选用丰富的中华优秀传统文化材料，引导考生厚植底蕴、笃定追

求、提升素养，这给高中语文教学带来有益启示。

（一）重视积累，建构传统文化知识网络

中华优秀传统文化源远流长、博大精深，从精神文化角度看，有核心思想理念、中华人文精神、中华传统美德，各有非常丰富的内涵；从物质文化角度看，有建筑文化、艺术文化、科技文化等；从制度文化角度看，有礼仪制度、法律制度、宗法制度、经济制度、政治制度、教育制度等；从民俗文化角度看，有节日民俗、节气民俗、生产娱乐和竞技风俗等。

鉴于如此广博的知识体系，教师有必要构建开放融合的学习新样态，激发学生学习主体的能动性，引导学生自主建构系统的传统文化知识网络。一是课内课外融合。善于引导学生走出课堂，走进图书馆、博物馆、展览馆，突破时空阻隔，开阔视野，丰富认知。二是线下线上融合。充分利用有交互功能的网络学习空间，创设线上线下一体的学习生态，充分开拓和利用线上资源，丰富学习材料与体验。三是独学群学融合。既提倡学生学会运用工具书等独立研读、学会梳理，又要让学生组成研修小组，在群体中互帮互学。

（二）建立关联，培养语文学科关键能力

关键能力是支撑学生未来长远发展和适应社会变化的能力，是培育核心价值、发展学科素养所必须具备的基础。如前文所述，必备知识与关键能力、学科素养、核心价值是一个整体的网络，它们之间紧密相连。通过建立其间的关联，帮助学生培养阅读理解、信息整理、应用写作、语言表达、辩证思维和批判性思维等关键能力。

一是学习内容与学生成长关联。建立传统文化学习内容与当代学生成长的关联，引导学生以主人翁的意识来参与、体验和探究，如传统文化经典共读活动，推介《古诗词课》《史记精讲》等代表性作品师生共读，递交终结性成果——《我们读××（副标题）》专辑。成果专辑有封面设计、序言、目录、章节名称和内容、后记等，采用文字、图表、照片、网页链接、音视频等多样形式。

二是学习活动与多种情境关联。创设多样的学习探索情境和生活实践情境，如"传统文化知识思维导图课""文化常识抢答赛""文化人物故事电影节""传统文化微视频展播""元宵灯谜会"等。在与日常学习、生活、生产实践密切关联的情境中，学生运用传统文化知识解决真实问题，实现知识的建构与运用，增加文化的传承与理解，形成认识世界、解决问题、涵养思维的知识获取能力、实践操作能力和思维认知能力。

（三）推进活动，提升传统文化综合素养

语文实践活动是语文核心素养形成的主要路径，学科学习的过程实质上就是学科活动的过程。王宁先生说："新课标所说的'活动'，指的是语文学习活动，也就是'阅读与鉴赏''表达与交流''梳理与探究'这三件事。"传统文化学习活动应紧扣传统文化运用，以提升传统文化综合素养。

一是学习活动与传统文化学习目标要匹配，如围绕文言实词、虚词、特殊句式和文化常识的积累目标，推进梳理与探究的活动；围绕传统文化创造性转化、创新性发展的目标，推进真实或拟真情境中的表达与交流活动。二是学习活动要注重整合性，注重多种活动类型的整合，活动做到不琐碎、少而精、实而真。三是学习活动要有递进性，即几项学习活动环环相扣，呈现一定的逻辑递进关系，如传统文化知识的识记梳理、理解运用到转化输出。四是调动学生参与活动的主动性，重视传统文化学习兴趣的激发，提升传统文化的育人功能。

重视学习活动设计与推进，即引导学生在生成传统文化学习成果的言语实践中建构语言，提升学科素养，提高学习的参与度和有效度。

（四）融汇古今，发掘传统文化当代价值

学习中华优秀传统文化重在继承和内化，也要有所创新。既要以礼敬的态度取其精华，亦要防止唯古是从或以今律古的不良倾向。要融汇古今，有鉴别地取舍，有扬弃地继承，探究、提炼中华优秀传统文化的当代价值，赋予中华优秀传统文化新的时代内涵和现代表达形式，进行创造性转化和创新性发展运用。

以中华优秀传统文化精髓滋养当代学子的精神世界，将传统古诗词、经典艺术作品等以当代学生喜闻乐见的形式进行再演绎。如利用现代信息技术或形体艺术等形式，将中华优秀传统文化内容加以现代演绎，让传统文化焕发新的

活力与生机，这方面一些优秀的电视节目或可给我们教学以启示。比如，中央电视台的《经典咏流传》节目，"和诗以歌"，将古诗词配以现代流行音乐，带领观众在传统经典的现代演绎中领略诗词之美、发现传统文化深层价值。又如2022年央视春晚舞蹈诗剧《只此青绿》，以现代舞蹈之美引领观众步入千年淬成的那种端庄、大气、沉静的中华传统美学殿堂，带给观众高难度的舞蹈、超越感官的视觉享受的同时，更有人与自然的和谐和中国文化自信的共鸣。

总之，语文是落实中华优秀传统文化教育的核心课程，语文课程在传承和弘扬中华优秀传统文化中发挥着不可替代的作用。梳理传统文化在高考语文试题中的育人价值及呈现方式，以此引导高中语文教学深入挖掘中华优秀传统文化蕴含的思想观念、人文精神、道德规范，引导学生感悟中华优秀传统文化的精神内涵，涵养社会主义核心价值观，增强对中华优秀传统文化的自信心，让中华文化展现古典魅力和时代风采。

【参考文献】

［1］中华人民共和国教育部.关于印发《完善中华优秀传统文化教育指导纲要》的通知［EB/OL］.（2014-04-01）［2022-02-12］.http：//www.moe.gov.cn/srcsite/A13/s7061/201403/t20140328_166543.html.

［2］中华人民共和国教育部.普通高中语文课程标准（2017年版2020年修订）［S］.北京：人民教育出版社，2020：49.

［3］习近平.习近平谈治国理政：第二卷［M］.北京：外文出版社，2017：340.

［4］教育部考试中心.立德树人自然融入内容改革持续深化：2021年高考语文全国卷试题评析［J］.中国考试，2021（7）：63-69.

［5］《语文建设》编辑部.语文学习任务群的"是"与"非"：北京师范大学王宁教授访谈［J］.语文建设，2019，（01）：4-7.

第四章

"立体语文"的

素养培育与教学创新

本章关注素养培育与教学创新，探讨了素养导向教学、学生人格培养和教学模式创新。

第一节　素养导向的"立体语文"教学

在现代教育的背景下，语文教学正逐步从传统的知识传授模式转向以素养为导向的立体教学。素养导向的"立体语文"教学旨在探讨和实践如何通过创新的教学策略，培养学生的核心素养，包括语言建构与运用、思维发展与提升、审美鉴赏与创造、文化传承与理解。以具体的教学案例，如散文《紫藤萝瀑布》的教学，展示如何设计活动以培养学生的审美鉴赏与创造能力，以及如何通过合作学习，促进学生批判性思维和沟通协作能力的全面发展。此外，深入分析语文教学中的互动平台构建，以及如何通过整合教学资源和创新教学方法，激发学生的学习兴趣，提高他们的语文综合应用能力，从而全方位提升学生的语文核心素养，落实立德树人的教育目标。

一、活动设计：核心素养培育的创新路径

核心素养主要指学生应具备的，能够适应终身发展和社会发展需要的必备品格和关键能力。在培育学生适应现代社会的品格与能力中，语文学科具有不可取代的地位。《普通高中语文课程标准（2017年版）》明确提出：语文学科核心素养，主要包括语言建构与运用、思维发展与提升、审美鉴赏与创造、文化传承与理解四个方面。下面以散文《紫藤萝瀑布》为例谈设计活动培养"审美鉴赏与创造"核心素养的基本路径。

"审美鉴赏与创造"是指学生在语文学习过程中，通过感悟、体验等活动，形成审美意识，提高审美情趣，并能表现美、创造美的能力及品质。散文，特别是经典美文，在教材中应该属于"定篇"类型的选文，往往文质兼

美，值得学生反复涵咏品味。散文阅读教学要创设活动情境，使学生在活动任务的驱动之下，运用汉语言文字表达真切的审美体验与独到的审美感悟，表现个体在阅读中对散文文本内容及形式的情感、态度和价值观念，并在此基础上尝试"表现和创造自己心中的美好形象"，进而提高审美创造能力和创新意识。

（一）依标扣本，确立散文教学目标

《义务教育语文课程标准（2011年版）》将文学作品的学习目标表述为：欣赏文学作品，有自己的情感体验，初步领悟作品的内涵，从中获得对自然、社会、人生的有益启示。对作品中感人的情境和形象，能说出自己的体验；品味作品中富于表现力的语言。

《紫藤萝瀑布》是统编义务教育语文教科书七年级下册第五单元唯一一篇教读课文。按照统编教材的编写意图，阅读单元的组织兼顾人文主题和语文要素两条线索，力求做到二者的协调统一，强化语文学习的综合性和实践性。该单元人文主题是"哲理之思"，语文要素主要有两个：一是散文托物言志的手法，二是比较阅读的方法。教读课文，与以往教师重点讲授的讲读课文不同，要求教师以此类课文为学习范本，带着学生学习阅读策略和阅读方法，从而举一反三，懂得运用阅读方法自读其他同类文本。

依据课标与本篇散文在教材中的地位与作用，从体验与感悟、鉴赏与评价、表现与创新三个方面确定本篇散文的教学目标。

1. 体验与感悟

整体感知，理解作者借紫藤萝要表现的生活感悟——生命会遇到各种不幸，但生命绵远延长，人类生命的长河是无止境的，我们要以乐观、坚忍的态度面对生活，投入新的征程。

2. 鉴赏与评价

分析概括作者所描写的今昔藤萝的外形特点与内在气质精神——繁茂、生机勃勃、活泼热闹；稀落、枯萎、冷清压抑。

3. 表现与创新

揣摩语句，体会作者所运用的多感官互通、化静为动、拟人、比喻、对比等描写手法的妙处；学习运用托物言志的手法写作写景状物的散文（片段）。

（二）设计活动，培养审美鉴赏与创造能力

课程改革以来，教学活动强调由以教为中心过渡到以学为中心。《人是如何学习的：大脑、心理、经验及学校（扩展版）》一书认为，摒弃通过范畴和顺序图表之类练习来学习这种单一的渐进方式，取而代之的是将学生暴露于自然的问题情景中，从这些情景中产生出学科领域的主要特点。组织一些活动，使学生能够探索、解释、扩展、评价他们的进步。

语文的学习更是如此。语文课程是一门学习祖国语言文字运用的综合性、实践性课程。学生的语文学科核心素养，要学生通过丰富的言语实践活动主动构建。言语实践活动，是学生得以形成审美体验、培养审美品位、提升审美鉴赏与创造能力的重要途径。

《紫藤萝瀑布》是一篇文字优美、内涵丰富、充满哲理的美文，按照传统的教学方式，教师一般会带领学生反复诵读、品味语言，并辅以作者和相关背景介绍，然后师生一起厘清文章脉络，体会作者抒写的人生哲理，再总结语言描写的精妙和托物言志的手法。这种教法的好处是条理清晰，重点突出。但学生自己的品析、感悟、独特的阅读审美体验，特别是学生的审美鉴赏和创造力的培养，都大大削弱了。

教师设计语文活动，一方面是为了激发学生阅读参与的兴趣和学习的热情；另一方面是通过活动设计的任务驱动将学生暴露于自然的问题情景中，让教师了解学生的学习期待和已有的知识经验，让学生主动发现并不断探索新奇的、未知的领域，培养提升学生审美鉴赏和创造力。

1. 试写→读和说→写和说：猜读试写，激趣启思

对比式读写任务，培养学生审美鉴赏与创造力。通过学生读前素写，引发学生猜读文本内容，设置悬念，激发阅读文本的兴趣；再通过自己作品与文本对比，揣摩语句，鉴赏体会作者写作的妙处；在阅读鉴赏、比较阅读的基础上，学习作者写景状物的方法，升格自己的文字。为此，设计了三个层递式的活动任务。

活动任务一：读前试写——合上课本，对照盛开的紫藤萝图片，描写你看到的紫藤萝。

从学生课堂的实际写作来看，大多数学生能描写眼前所见，一般从形、色两方面进行描写；少数学生能展开想象联想，写到香气、动态等，能恰当运用比喻修辞；极少数学生将藤萝拟人化，赋予藤萝"人"的情态和气质品格；多局限于整体式的描绘，几乎没有学生能拓展开来自如创作，不能由整体写到局部，由全景式的描绘写到特写。

学生a写作：一簇簇的紫藤萝呈竖列堆叠着，一簇的末端又接着一簇的上端。嫩绿的叶子都淹没在紫色的花海之中，若隐若现。几条青色的藤蔓从花中露出了身影，青翠欲滴，惹人喜爱。远远望去，紫色的花、嫩绿的叶，好似油画上的瀑布。一点一点的紫蓝色都被描绘得那么清晰。走近一看，一朵朵坚忍的紫藤萝绽放着，紫色的花瓣还有一片鹅黄，高贵而娇艳。风一来，花海紫浪翻滚。风晃动着花海，不时有几朵花跌落下来。

这个写作任务摒弃传统的散文阅读教学"反复诵读—品味语言—感悟哲理—总结写法—模仿借鉴"单一的渐进方式，将学生暴露于自然的问题情景中，从而发现学生的最近发展区，激发学生学习的兴趣和热情。

活动任务二：读和说——打开课本，对比阅读，说说自己和作者文字之间的差距。

学生a反思：作者除了描写紫藤萝的颜色、形态，还联想到了气味和藤萝的动态、心理，将藤萝写得有情味有生气，突出了藤萝的生机和美丽，寄寓了作者对藤萝的热爱。我的文字缺少联想和想象，动态的描写不够，缺少情感的注入，使花儿缺少生机。

通过对比，学生探索、解释、鉴赏作者写景状物所运用的多感官互通、化静为动、拟人、比喻、对比等描写手法的妙处。

活动任务三：写和说——再次合上课本，对照盛开的一片紫藤萝及特写的一朵紫藤萝图片，提升自己的文字，并说说修改后的文字好在哪里。

在对比阅读的基础上，通过比较、赏析、品味，学生发现自己与作者之间的差距，懂得鉴赏美并学会模仿，优化自己的文字。从学生a修改后的文字来看，他不仅能有效借鉴作者在写景状物时运用到的联想和想象手法，将若隐若现的叶子想象成"娇羞的少女"，将"惹人喜爱"想象成"挠得观赏的路人的心直痒痒"，将落下的几朵小花想象成"淘气地脱离母亲怀抱的孩子"……而且能从整体写到局部，由成片的藤萝写到几朵躺在地面的小花，将藤萝写得富有情味，突出藤萝的美丽与对人的友好。

学生a写作升格一：一簇簇的紫藤萝从天空中垂下，不见其发端。嫩绿的叶子好似娇羞的少女，躲在那一层层的紫色帘子内，若隐若现。几条青色的藤蔓顺着花垂下来，微微卷曲着，挠得观赏的路人的心直痒痒。放眼看去，一片紫色的海在流动着。淡紫、深紫，数不清的层次涌动着，梦幻一般，那样的灵动的紫。走近一看，无数朵紫藤萝在绽放，争先恐后展现自己。紫色的花海里有一小片鹅黄，高贵而娇艳。风一来，花海紫浪翻滚，不时有一两朵浪花淘气地脱离了母亲的怀抱，落到了地上。它们静静地躺在地面，阳光照耀着它们。它们微笑着，仿佛说："零落也是美好的，不是吗？我会散发芳香，让行人的脚也沾上灵魂的香气！"

2. 诵与听：角色朗诵，换位赏美

变换人称分角色朗读任务，培养学生分析、鉴赏与评价能力。眼前的藤萝繁茂、生机勃勃、活泼热闹，十多年前的藤萝却是稀落、枯萎、冷清压抑的。如何知道学生读懂了多少呢？教师设计了本节课第四个活动任务。

活动任务四：诵与听——和同桌合作，用不同的语调、语速、语气，分别朗读散文描写今昔紫藤萝的文字。

学生可以改用第一人称朗读，与同桌分别以眼前的藤萝和十多年前的藤萝为对象，描述"自己"的外形特点，表现其内在的精神品质。学生通过有感情地朗读，体会、对比两种紫藤萝的描写特点，欣赏课文中写景状物的妙处。

3. 读和说：补叙缘由，明情悟理

补写式说话任务，考查学生对散文内容的整体感知，唤醒学生的体验与感悟。《紫藤萝瀑布》全文共11段，近1000字，作者睹物思怀，由花儿自衰至盛，表现自己的生活感悟——生命会遇到各种不幸，但生命绵远悠长，人类生命的长河更是无止境的，我们要以乐观、坚忍的态度面对生活，投入新的征程，此即作者要言之"志"。教师不做任何讲解，不能有任何暗示，学生能读懂多少呢？于是设计了本节课第五个活动任务。

活动任务五：读和说——默读全文，说说文末作者为什么"不觉加快了脚步"？

学生b：因为我从紫藤萝那里知道了，生命是无止境的。即使会遇到不幸，也不能停止前进的脚步。我们要克服种种困难，实现人生的价值。

学生c："我不觉加快了脚步"暗示了作者从紫藤萝顽强、旺盛的生命力中得到了启发，决定笑对生活中的挫折，保持生活的希望，创造更美好的生活。

学生d：看着这些绽放的紫藤萝，想起了自己的生活。其实人们要像这些紫藤萝一样，自信，活泼，活出自己的精彩。

学生e：作者为紫藤萝顽强的生命力感到喜悦，联想到自己，从而获得感悟，对生活重燃希望，因此加快了脚步。

学生f：作者从紫藤萝处得到感悟，感悟到了生命的美好和永恒，收获了坚定前行的勇气和力量。

......

从以上学生的回答来看，有了前面对"写景状物"内容的对比式写作和分角色朗读的铺垫，学生基本能找出作者所言之"志"，并且能发现"志"与"物"之间的关联——紫藤萝由稀零到繁茂，是因为它们拥有顽强、旺盛的生命力，人也一样，会遭遇各种不幸，要笑对生活中的不幸与挫折，保持住生活的希望和追求，创造更美好的生活。

托物言志散文的构思，往往是由外在形象到内在品质，从感性体验到理性思考，从现象描述到本质解读。这样的结构特点，体现了写作者的思维逻辑过程，以及审美情趣和审美品位。通过补写式说话的任务驱动，学生找到作者托物要言之"志"，体会托物言志写法中"志"的表达方式，以及"志"与"物"之间的关联点。

4. 创写：创意表达，抒情说理

续写式写作任务，激发学生审美创造的兴趣，提升创造的能力。读和写可以相互影响，相互促进，要真正领会散文"托物言志"的手法，最好的方法莫过于让学生继续动一动笔。为此，设计了本节课第六个活动任务。

活动任务六：创写和续写——续写自己以"紫藤萝"为对象的描摹状物的

文字，要求表达自己要借藤萝抒发的情感或由藤萝得到的感悟和启示。

学生a写作升格二：一簇簇的紫藤萝从天空中垂下，不见其发端。嫩绿的叶子好似娇羞的少女，躲在那一层层的紫色帘子内，若隐若现。几条青色的藤蔓顺着花垂下来，微微卷曲着。挠得观赏的路人的心直痒痒。放眼看去，一片紫色的海在流动着。淡紫、深紫，数不清的层次涌动着，梦幻一般，那样的灵动的紫。走近一看，无数朵紫藤萝在绽放着，争先恐后展现自己。紫色的花海里有一小片鹅黄，高贵而娇艳。风一来，花海紫浪翻滚。不时有一两朵浪花淘气地脱离了母亲的怀抱，落到了地上。它们静静地躺在地面，阳光照耀着它们。它们微笑着，仿佛说："零落也是美好的，不是吗？我会散发芳香，让行人的脚也沾上灵魂的香气！"这就是大自然。它向我们献上自己的美丽和友善。和大自然和谐相处吧，我们的心会更加快乐。

一篇课文教学点的选择原则，一是合题，即合乎作者原文本意，合乎教材编写思路；二是显示教师的学识、个性，能给学生尽量多的启迪帮助；三是趣味，使学生喜欢读这篇课文，喜欢上语文课，喜欢阅读。《紫藤萝瀑布》一课的教学，正是基于课程标准、教材和学情，通过四步共六个驱动式学习任务，激发学生的学习兴趣，自然高效完成了课文的学习目标，实现了在散文阅读教学中培养学生审美鉴赏与创造的核心素养目标。

（三）结语

语文学科核心素养的四个方面相互联系，不可生硬分割。审美鉴赏与创造是其中重要的组成部分，是学生语文素养形成和发展的基本表征之一。"语文活动包括阅读与鉴赏、表达与交流、梳理与探究三个方面，它们相互配合，共同构成语文实践活动系统。"在语文学习中，教师要善于设计驱动性学习任务，让学生在一个个任务的驱动之下，通过阅读鉴赏优秀文本、品味其独具个性的言语表达艺术，从而丰富情感体验，获得审美享受，发展想象与联想能力，感受独具魅力的思想光芒，并在听说读写诵的过程中，学会运用个性化的口头语和书面语去表现美、创造美，最终形成自觉的审美意识，提升审美能力，养成高雅的审美志趣和高尚的审美品位。

阅读散文，可以走近散文所叙说描写的人、事、景、物，并可以借着这些人、事、景、物的叙说描写，走近创作散文文本背后的那个人，了解他的喜怒哀乐愁，明白他的性格、思想、个性、情感、志趣，品读他的学养、眼光、襟怀、气度。散文阅读教学，实质是建立学生的已有经验与"这一篇"散文所传达的作者独特经验的链接。目前散文教学的一个困惑，就是没有教出"这一篇"来。为此，在散文的阅读教学中，教师要牢牢抓住"这一篇"，发现"这一篇"的教学价值，通过系列驱动任务活动的设计，实现培养学生审美鉴赏与创造的核心素养的目标，全面提升学生的语文素养。

二、合作学习：核心素养发展的互动平台

合作学习通过小组互动的形式，促进学生在交流、讨论和共同完成任务的过程中，培养批判性思维、沟通能力和团队协作精神。这种学习方式不仅增强了学生解决复杂问题的能力，而且有助于他们理解不同视角，学会尊重和包容，这些都是核心素养的重要组成部分。

在合作学习的环境中，学生被鼓励主动参与和贡献自己的想法，这种积极参与反过来又加深了他们对知识的理解和内化。同时，合作学习还能培养学生的领导力和责任感，因为每个小组成员都有机会在不同的角色中承担责任，为团队目标做出贡献。合作学习不仅是知识传递的渠道，更是学生全面发展核心素养的互动平台。

《先秦诸子选读》是原人教版文化论著研读选修系列的重要课程。先秦诸子对社会人生各方面的问题有异常敏锐深刻的洞察，他们的思考在今天仍然富有引导和启示意义。为激发学生学习先秦诸子的兴趣，启发他们运用先秦诸子的思想反思种种社会人生问题，培养好学深思的探究态度，基于互文性视角，创新班级小组合作学习方式，小组成员合作学习并登台讲授、演讲，盘活学生资源，盘活文言词句及文化思想的学习内容，有效实现学生核心素养的综合发展。

课程学习之前，在任教的两个班做问卷调查，共收回92份调查表，对于"你了解先秦诸子吗？"这一问题，有49位同学选择的是"很少"或"不知道"；对于"当今多元文化世界，你是否愿意抽出时间阅读先秦诸子经典书籍？"这一问题，只有18位同学选择了"十分愿意，觉得那是一种人生享

受"，其他同学选的是"没时间读""觉得浪费时间"或"没兴趣"；而对于"你在读《先秦诸子选读》时有什么困难"这一主观问题，75位同学不约而同选择了"读不懂，没有兴趣"。

那么，有什么方法可以提升学生学习的兴趣，帮助学生突破难点，学有所获呢？我们依然可以在学生这里找到答案。对"你希望以什么样的授课方式来学习《先秦诸子选读》这本书？"66名同学选择了"教师学生互动式教学方式"，只有19名同学选择的是"教师讲授式"，剩下的同学选择了"学生自己体验式"或"学生研讨式"。基于课程特点和学生实际需要，创新小组合作方式，进行"互文视角下《先秦诸子选读》读写结合讲授"新尝试，盘活文言教学。

（一）整合教材，目标分解

语文课程标准提出：阅读文化论著，重在领会精神，抓住重点，对其中的主要内容或观点进行讨论，不必面面俱到。"至圣先师"孔子曾说："知之者不如好之者，好之者不如乐之者。"学生对先秦诸子普遍兴趣不大，要激发他们的兴趣，首先要给他们选择的自由。

完全尊重学生的选择，不给予任何的强制或暗示。学生小组讨论，结合小组成员的兴趣、拥有资料、个人爱好与特长，自选《先秦诸子选读》精读文本一篇，报到科代表处。科代表根据小组选择的情况，安排讲授的顺序，并将表格公示，见表4-1-1。

表4-1-1　2016届高二（23）班小组合作授课安排一览表

讲授序号	组别	讲授内容
1	飞翔组	《论语》选读：有教无类；好仁不好学，其弊也愚
2	奋进组	《孟子》选读：王好战，请以战喻
3	勤学组	《孟子》选读：王何必曰利
4	小智组	《孟子》选读：民为贵
5	星星组	《孟子》选读：乐民之乐，忧民之忧
6	凌组	《孟子》选读：人和
7	静怡组	《孟子》选读：我善养吾浩然之气
8	佳娴组	《孟子》选读：仁义礼智，我固有之

续 表

讲授序号	组别	讲授内容
9	郑琪组	《老子》选读：有无相生
10	蜘蛛组	《庄子》选读：无端崖之辞
11	莹莹组	《庄子》选读：尊生
12	倩倩组	《墨子》选读：兼爱
13	心怡组	《墨子》选读：非攻
14	诗婷组	《墨子》选读：尚贤
15	水欣组	《韩非子》选读：郑人有且买履者

托尔斯泰说过："成功的教学所需要的不是强制，而是激发学生的兴趣。"一轮"选课"下来，学生小组合作学习的兴趣大增，他们目标明确，跃跃欲试。与之前被动地等着老师来讲授，记住一些"古今异义""词类活用""通假字""古汉语特殊句式"这些让他们觉得枯燥乏味的东西，被动接受老师传授的所谓优秀传统文化思想相比，是否更有效呢？

（二）指导精读，明确任务

著名学者周振甫先生在《怎样学古文二十五讲》中强调学习古文要"立体的懂"，"点线的懂""平面的懂"其实是囫囵吞枣，没有真正地学会学懂。所以对于小组精读方法的指导，无须太细太碎，只是给个大概的方向。

每小组"精读"任务：小组的"精读"是为"讲授"做准备的，类似教师的"备课"，备课越到位，课就会上得越精彩。指导各小组主要从"言"和"文"两方面去准备。"言"的部分：疏通精读篇目的大意，重点词、句的理解，古汉语现象的归纳整理等。"文"的部分：体会选读篇目体现的诸子文化的基本精神和丰富内涵，思考其对于社会人生的重要价值和启示意义，选择最有感悟的部分，小组成员从不同的角度阐发立意，各写一篇800字以上的演讲稿，并打印保存在班级电脑里。建议同学们在写演讲稿前查找同一话题的古今学者解读文章、时评美文进行互文性阅读，小组合作探究话题的深厚内涵，写作时尽量引用一两处先秦诸子原话，以加深对所精读篇目的理解，学会运用。同时，建议各小组提前一天布置全班同学预习，布置预习任务要具体，要求同学们将词句的理解、文意的思考，写在课本相应位置。预习越到位，课也会上得越精彩。

各小组"讲授"任务：每个小组两课时。第一课时：完成"言"的部分，适当观照"文"的部分。虽然讲授目的大概相同，但各小组要各尽所能，不拘一格，创新方法，最好能激发同学们学习的兴趣，帮助同学们很好地理解文意。第二课时：完成"文"的部分，体现读写结合。各小组在精读诸子名篇、古今学者解读文章、时评美文的基础上，联系现实生活，思考诸子思想在当今的重要价值、启示意义或是局限性，小组成员在精读篇目"主话题"范围内，从不同的角度阐发立意，组内合作交流之后，以演讲的形式与全班同学交流。建议创新演讲的形式，如加强与听众（同学）的互动，组内针锋相对辩论、辅以PPT演示等。

（三）开放课堂，激扬生命

生本教育创始人郭思乐教授说："当教师把一个任务交给学生，就是对他极大的信任，这本身就会带来开拓感和成就感。更重要的是，学生资源并不是我们荣封的称号，而是实实在在地由学生的学习热情、学习经验、既有知识等构成的。"当课堂真正开放了，学生上台了，果真带来了许许多多的惊喜。当一个个词句的理解提问被台下的同学一个个完美地解答了，当一个个意想不到的问题由同学们提出来全班开始探究了，当课堂上看到的是一张张发自内心的灿烂的笑脸时，我惊讶于这还是原来那些说对先秦诸子"不了解""没有兴趣"的学生吗？

每天都是不同的同学上台讲授，这本身就够让人期待。加上每个小组的方式不尽相同，更是每天多了一份趣味。兴趣被激发起来了，创造就如清泉，每天都有汩汩活水流出。

就"言"的方面，他们发明了不少推断实词含义和虚词用法的方法，如"借同学名字记词义法""借助成语推断词义法""百度百科法""互文见义法""温故知新法"等。如"静怡组"在讲《〈孟子〉选读：我善养吾浩然之气》时，就借用同学"李浩明""郑浩林"的名字，解读"浩然之气"的内涵。"郑琪组"在讲《〈老子〉选读：有无相生》时，就借"伐功矜能、矜功伐善、矜功自伐"等成语帮同学理解文中"自伐者无功""伐"的含义。"凌组"在讲《〈孟子〉选读：人和》时，提及："什么是'人'，百度百科这样解释——是地球上有史以来最具智慧的生物；什么是'和'，是指不同事物或方面的相互关系是令人满意的，知道的人都皆大欢喜的一种状态"。"蜘蛛组"在讲《〈庄子〉选读：无端崖之辞》时，就借初中学过的课文《邹忌讽齐王纳谏》中的句子"期年之后，虽欲言，无可进者"帮助同学温习"期年"的意思……

就"文"的方面，首先，同学们为了充实课文内容，找了不少名家解读诸子的书来读，他们在讲授中提到的有：于丹《〈论语〉心得》、李零《丧家狗：我读〈论语〉》、傅佩荣《解读论语》、鲍鹏山《鲍鹏山说〈孟子〉》、南怀瑾《庄子諵譁（上、下）》、易中天《先秦诸子百家争鸣》等；其次，他们都能通过网络和阅览室，查找各大报刊专栏文字，阅读相关时文美文，从而联系今天广阔的社会生活，思考诸子思想在今天的价值或局限性。他们由孔子"有教无类"的思想想到世界各国通过的《世界人权宣言》中提到的"人人享有受教育的权利"，想到我国十二年义务教育的大讨论；由孟子的"民为贵"想到现代民主制度建设，思考作为现代公民的责任；由孟子的"人和"联想到年级的篮球赛和辩论赛，反思班级辩论的惨败在于同学们集体荣誉感的缺乏；由庄子的"尊生"联想到"衡水二中铁栅栏密封防跳楼，学校成'监狱'"的新闻；等等。

他们认真阅读诸子名篇、当代名家解读篇目、报刊时文美文，小组合作探究，每个小组写出四篇"互文本"，在互文性阅读的基础上，实现互文性写作。同学们写作的演讲稿除了有丰富的内容外，不少篇目还有严谨的结构、新颖的形式，甚至不少同学说写出了自己有史以来最满意的一篇文章。他们的演讲稿，有的采用了"时评"的形式，指点江山，激扬文字；有的采用了"驳论"的形式，明辨是非，破立结合；有的采用了"书评"的形式，感悟升华，洞见精微……

就课堂的创新形式来看，他们有的一人主讲，助教分别负责制作课件、板书、提问等；有的四人分工，分别讲解不同的段落或内容；有的调动其他组的同学，"师生"互动学习；有的印发训练卷当堂小测；有的组织小组竞赛抢答的形式；有的采用"开火车"的形式扫清字词障碍；有的借助"百家讲坛"等视频帮助讲授；还有的采用"你问我答"答记者问的形式……可谓"凡所应有，无所不有"，在这些生动活泼的形式后面，有一点是共通的——各小组对自己讲授的内容可谓"了如指掌"，非常自信，讲授虽不能都称得上圆满无缺点，但都能做到有条不紊、从容不迫。

（四）总结评价，探索提升

评价依然以学生为主体，学生自评、互评与教师评价相结合。每个小组第二节演讲课，4人演讲大概25分钟完成，剩余的15分钟为评价时间。首先是活动前全班讨论制定了统一的评分标准。评分标准要所有同学参与讨论，大家都认可，并且要简单明了，便于操作，突出授课内容，奖励创新，并将评分标准和小组积分表格公示，见表4-1-2和表4-1-3。

表4-1-2　2016届高二（23）班小组合作授课评分标准

基础分 （100分）	声音洪亮程度，吐字清晰程度	20分	备注：去掉一个最高分、一个最低分，其余分相加再除以12（共15个小组，去掉自己组、打最高分组和最低分组），即为小组最后得分
	控场能力，与同学互动效果	20分	
	是否抓住词句重点	20分	
	讲授内容是否丰富	20分	
	讲授是否清晰、流畅	20分	
加分项目	演讲脱稿	每人次加5分	
	形式创新有效	酌情加5~10分	

表4-1-3　2016届高二（23）班小组合作授课积分一览表

	1	2	3	4	5	6	7	8	9	10	11	12	13	14	15	总分	均分	名次
1	\																	
2		\																
3			\															
4				\														
5					\													
6						\												

续 表

	1	2	3	4	5	6	7	8	9	10	11	12	13	14	15	总分	均分	名次
7							\											
8								\										
9									\									
10										\								
11											\							
12												\						
13													\					
14														\				
15															\			

小组讲授结束后，其余小组对照评分标准展开讨论，记录下讨论过程及加减分情况。各组将最后评分交给科代表后，教师组织全班同学交流，同学们各抒己见，对于小组讲授情况发表自己的看法，亦可就文本内容补充交流看法，或直接向讲授小组同学提出问题，讲授小组的同学起来答辩，等等。

在整个活动的过程中，教师由"台前"到了"幕后"，只负责整个活动的策划、组织和适时的引导、评价，在学生需要知识、技术性援助的时候伸把手。教师充分尊重同学们的看法，评价以激赏为主，同时提醒需要更正的知识点，建议可进一步思考的点，帮助全班同学养成好学、深思、宽容、开放、进取的探究心态，激励同学们在日后的学习生活中进一步走近、熟悉乃至运用诸子思想，批判继承中华优秀传统文化遗产，形成积极健康的人生观和价值观。同时，学生在这种民主自由的合作活动中激荡思想，交流情感，为进一步的阅读、思考和写作奠基。

夏丏尊、叶圣陶先生在《文话七十二讲》中提到："每读一篇文章该作内容的与形式的两种探究……中学里国文科的目的，说起来很多，可是最重要的目的只有两个，就是阅读的学习和写作的学习。这两种学习，彼此的关系很密切。"在互文性视角下，教师创新小组合作方式，盘活文言教学资源，带领学生进行了《先秦诸子选读》读写结合讲授的新尝试，引导学生整合诸子名篇、当代名家解读内容、时评美文等，激发学生研读文化论著的兴趣，为学生打开一扇思考、感悟、表达、交流之窗，帮助学生在阅读与鉴赏、表达与交流的实践中，轻松有效掌握语文读写结合的方法，培养审美能力、探究能力，提升语文阅读与写作实践能力，增强对中华优秀传统文化的了解与热爱。

【参考文献】

［1］林崇德.构建中国化的学生发展核心素养［J］.北京师范大学学报（社会科学版），2017（1）：66–73.

［2］中华人民共和国教育部.普通高中语文课程标准（2017年版）［S］.北京：人民教育出版社，2018：4，15.

［3］王本华.守正创新，构建"三位一体"的语文教科书编写体系：部编义务教育语文教科书的主要特色［J］.语文教学通讯，2016（26）：7–10.

［4］布兰思福特，布朗，等.人是如何学习的：大脑、心理、经验及学校（扩展版）［M］.程可拉，孙亚玲，王旭卿，译.上海：华东师范大学出版社，2013：122.

［5］王荣生.散文教学教什么［M］.上海：华东师范大学出版社，2014：56，8.

［6］王岱.以挑战性学习任务提升学生的语文核心素养："战国四公子"专题阅读教学案例［J］.语文学习，2017（3）：34–39.

第二节　语文教育与学生健全人格培养

早在2007年6月20日，《华西都市报》就以醒目的标题——《离开北大清华再高考他究竟为了啥？》报道了一名特殊的高考生张非（现改名张空谷）奇特的高考经历。

考上北大清华是多少考生梦寐以求的理想，而这位考生为什么两度进入北大、清华而又退学重考呢？张非其实就是考试能拿高分，但人格不健全、心理不健康的所谓"高考奇才"。2006年11月2日的《广州日报》也曾报道一个叫周剑的"高考奇才"。类似的学生其实是一个极其庞大的数字，他们有的也被劝退，有的虽然拿到了大学文凭但却不适应社会生活，有的读到了硕士、博士以后又因某种不如意而轻生。类似这样的例子，有力地证明：我们相当一部分学生，在应试教育的重压下，其智能结构、学习习惯甚至思维、生活方式，都被严重地"格式化"了。他们不仅不大可能成为对社会有用的人才，倒很有可能成为社会的累赘。

《全日制义务教育语文课程标准（实验稿）》明确指出："语文课程还应重视提高学生的品德修养和审美情趣，使他们逐步形成良好的个性和健全的人格，促进德、智、体、美的和谐发展。"

"先生不应该专教书，他的责任是教人做人；学生不应该专读书，他的责任是学习人生之道。"语文教学在不断改进，但是再怎么变化，有一点是不会变的，那就是在教学中教学生怎么做人。我们不仅要培养学生良好的科学文化素养，而且要重视培养学生的思想道德素养和良好的人文素养。健全的人格是学生面向未来的通行证。学生只有拥有健全的人格，在面对生活的时候，才可以做到宠辱不惊，去勇敢承担生活的责任，勇于挑战生活的一切艰难险阻，从而到达成功的彼岸，实现最大的人生价值。因此，新课程理念下的语文教育，必须重视学生健全人格的培养。语文教育培育学生健全人格的路径，大体有几下几个方面。

一、身正为范：发挥语文教师课程资源价值

著名经济学家茅于轼在谈到对自己读书生涯产生重大影响的人的时候，曾深情地说："我在中学时的一位语文老师，他教我们读《论语》，在教室里朗读时声调抑扬顿挫，得意的时候眉飞色舞、手舞足蹈，使我领会了《论语》文字之外的精神，大大地帮助了我理解这部伟大的著作。"茅于轼先生是幸运的，因为他遇到的就是好的语文老师。教师对祖国语言文字的热爱会深深地影响学生。有如此教师，学生又怎么能不热爱语文，从而增强爱国主义的情感呢？

我在与学生第一次见面的时候，大多会介绍自己的姓名。我先在黑板上工整地书写一个"张"字，告诉学生，读准字音"zhāng"。如果学生不小心读成"zāng"，我会夸张地表示抗议："老师虽然不是很爱打扮，但是最懂整洁就是美的道理。老师可不是'脏'老师哦。"接着讲述"张"的字形，张姓的祖先是弓箭的发明者，据传说，少昊氏有子曰"挥"，他在夜间看到天上的弧星，因弧星诸星在星空中排列成一张弓的形状，"挥"于是受到了启发，发明了弓箭，并任弓正之职，因此以"张"为姓。"张"的本意就是张弓的意思。接着我在黑板上书写"林花谢了春红/太匆匆/无奈朝来寒雨晚来风/胭脂泪/留人醉/几时重/自是人生长恨水长东"。告诉学生，这是老师特别喜欢的南唐词人李煜的《乌夜啼》。老师的爷爷是没落地主家的少爷，感叹生活的无常，又因我出生在春天，就为我取这首词中的"春红"二字为名。

就是这样，我用语文教师严谨认真的治学态度、幽默豁达的生活态度，去感染自己的学生，使他们从我的第一堂课起，就爱上语文。除此以外，语文教师孜孜不倦的钻研精神、持之以恒的坚持品质、循循善诱的良好品格，都会成为学生学习的楷模，甚至会在学生的心灵深处留下永久的印记，对学生健康积极向上的良好道德风貌的养成起到非常重要的潜移默化的熏陶作用。

二、教材育人：激发经典文本的思想启迪

"随风潜入夜，润物细无声"，翻开统编新课标初中语文教材，七年级上册第一单元"单元提示"："日月经天，江河行地，春风夏雨，秋霜冬雪，大自然生生不息，四时景物美不胜收。本单元课文描绘了多姿多彩的四季美景，用文学语言营造了富有诗意的情境，抒发了古往今来人们亲近自然的情怀和对生活的丰富感受。阅读这些课文，可以让我们感受到自然的美妙，生活的淳美。""学习本单元，要重视朗读，在朗读中感受语言的美。要把握好重音和停连，体会声韵和节奏……"确实是这样，一本本语文教材就是一页页生动的人格培养好材料。语文的课堂教学，以教材为本。新课标提倡语文教师在文本、教师、学生的三者对话中，扮演"平等对话中的首席"。语文教师可以利用自己得天独厚的首席地位，在课堂教学中，用生动优美而又承载着几千年古老文明精髓的课本，传承祖国生生不息的文化，对学生进行极其深广的人格培养，诸如爱国主义和国际主义的情感、责任感、集体荣誉感、奉献精神、创新精神等多方面的熏陶感染。

三、博览群书：拓展整书阅读的人文关怀

语文课程标准对第四学段（7~9年级）的课外阅读的目标要求是："每学年阅读两三部名著，探索个性化的阅读方法，分享阅读感受，开展专题探究，建构阅读整本书的经验。感受经典名著的艺术魅力，丰富自己的精神世界。""学会制订自己的阅读计划，广泛阅读各种类型的读物，课外阅读总量不少于260万字。"毋庸置疑，课内外阅读，特别是其中的整本书阅读，也是语文教育中人格培养的重要途径之一。积极开展内容丰富、形式多样的语文整本书阅读，不仅有利于开阔学生的视野，使学生热爱阅读，而且有助于培养学生高尚的道德情操。

对教材推荐必读的整本书阅读名著，我一般是这样处理的：开学初，有计划地布置学生每天读多少页，一般一个月专心读一部名著，要求在书上圈点勾画，随意写下自己阅读时的感受，包括想象与联想等，并且在天天语文本（初

一入学始，要求每个学生一本，每天写点东西，类似日记本）上摘抄其中的精彩词句、段落，并就书的某一方面，每周写一篇600字以上的读后感。之后，用两节课的连堂时间，举办一个读书交流活动，给全班每一个同学发言的机会，谈自己阅读之后最深刻的感受，有时也采用知识问答、辩论的方式，分成小组竞赛，之后活动总结、颁奖。此外，针对初中学生的年龄特征、兴趣爱好、思想实际，向学生推荐其他有益读物，列出书目，指导学生有计划地去读。

读《繁星·春水》，学生感悟了自然、母爱的伟大，知道要乐观地对待人生；读《爱的教育》，学生懂得这世界需要爱，人与人需要互相关心，互相帮助，互相理解；读《名人传》，学生感受到崇高、坚强，找到了前进的力量……

加强阅读指导，激发学生课外阅读兴趣，教给他们读书方法，特别是评价与欣赏的方法，使学生从阅读中有所收获。又如在七年级的寒假，我推荐学生读完司马迁的《史记》，波澜壮阔的历史故事比较符合七年级学生的阅读趣味，又能使他们明白许许多多做人做事的道理，觉得生活充满了智慧和快乐。

一本本好书就是一位位良师益友，不仅可以丰富学生的人文、历史、科学知识，帮助提高学习成绩，还能培养刻苦学习、战胜困难、持之以恒的意志品质，因此，我还鼓励学生订阅报纸杂志，使学生不断扩大视野，提高思想觉悟，提升人生境界。

四、日积月累：天天语文本记录心灵成长

前面提到过，天天语文本类似学生日记本，既是学生的心灵记录，也是师生沟通的重要桥梁。教育家魏书生曾将写日记称作"道德长跑"，他认为，常年写日记如同常年坚持长跑一样，能使人的心灵健康、强壮、开阔。绝大多数学生写日记时都说真话，说心里话，这便起到了使人求真的作用。"写日记能规劝自己上进，劝人改过。许多学生在日记中针砭假恶丑，赞扬真善美……这便起到了教人向善、爱美的作用。"从七年级开始，我便要求每个学生一本，坚持每天记录500字以上。到九年级，有学生骄傲地对我说："老师，我的书架上一排整整齐齐的'天语'（天天语文的简称），我坚持了一千多天，自己都要佩服自己了呢。""天语"不仅激发了学生对写作的热情，而且培养了学

生持之以恒的品质，同时，使学生学会倾诉，学会合理宣泄，学会调节不良情绪，保持良好的心境。

五、知行合一：促进综合性学习的实践应用

《义务教育语文课程标准（2011年版）》指出：综合性学习既符合语文教育的传统，又具有现代社会的学习特征，有利于学生在感兴趣的自主活动中全面提高语文素养，有利于培养学生主动探究、团结合作、勇于创新的精神，应该积极提倡。我们需要将语文综合性学习活动作为在语文教育中渗透人格培养的重要途径之一。

语文教材设计了综合性学习实践活动。根据学生的特点、学校的实际情况，有针对性地展开。其中，活动的设计是关键。例如八年级下学期，在母亲节的前两周，设计"献给母亲的歌"综合性学习方案，布置学生利用两周的时间，分小组分任务去收集相关资料，并要求全班每人以"感恩"为话题给母亲写一封信。母亲节那天，我们邀请母亲到教室，在两个科代表的主持下，各小组展示自己的活动成果，每个人把写好的信交到母亲的手上，用自己的方式表达对母亲的爱与感激。母亲们说，这次活动是母亲节收到的最有意义的礼物。通过这次活动，学生进一步明白了母爱的深沉博大，学会了感恩，并且，对于处于叛逆期的八年级学生，提供了一次与母亲成功沟通的契机。

初中生处于半幼稚、半成熟、独立性与依赖性相交错的充满矛盾的时期，他们的行为富有模仿性。故课外活动要坚持选择正面良好的榜样，以培养积极进取精神、社会主义道德情操和爱国主义情感，如设计"走近人工智能""名校掠影""珍惜青春、创造未来""挫折也是财富"等综合性学习活动，使学生受到科学教育、成功教育、奋斗教育、挫折教育等。通过这些活动渗透道德品德教育，把语文能力训练与品德培养有机地结合起来，寓人格培养于语文综合性学习中。

现在的学生多是家人的"掌上明珠"，很多较自我，以自己为中心，唯我独尊，不善于合作与交流。而随着社会的发展、社会分工的细化，团队精神显得越来越重要了。而通过语文综合性学习活动，培养团队精神，在语文综合性学

习活动教学中，比较可行的一个方法就是编学习小组，进行接力式的学习活动。

如在七年级上学期，按照学生的语文学习情况，由语文科代表把全班编成了7人或8人一个语文学习小组，全班共编成了6个语文学习小组。每单元的语文综合性活动和每学期3~4次的整本书阅读都是以小组为单位展开的，或小组讨论交流派代表发言，或以小组为单位展开知识竞赛等，小组成员之间接力工作，小组与小组接力接受并出色完成任务，学生的交流合作意识得到了加强。

除此以外，在下学期，以小组为单位主要开展了下列"接力"活动：以学号为序接力写《我在月球上的一天》，寒假阅读的名著《史记》手抄报比赛，语文综合性活动《马》手抄报竞赛，"黄河知识知多少"抢答赛，承包语文知识点上课竞赛，表演课本剧《两小儿辩日》，排练话剧《皇帝的新装》，等等。

总之，通过小组学习的方式，把语文综合性学习活动贯穿在课内课外的语文学习中。一系列的接力活动，不仅使学生更加热爱语文的学习，而且培养了合作精神，增加了创新意识，增强了自信心，在语文的学习中学生的人格也得到了成长。

苏霍姆林斯基说：教育——创造真正的人，这才是你神圣的职责。相信只要教师坚持不懈，在实践中不断探索，在语文的教育教学过程中，寻找合适的途径和方法，自觉地进行人格培养，翻手为"语"，覆手为"人"，就一定能充分发挥语文教师"人类灵魂工程师"的作用，收到良好的人格培养教育效果。

【参与文献】

［1］幸伟兰.悟根求本　让每个生命绽放［J］.生活教育，2017（1）：64-65.

［2］中华人民共和国教育部.义务教育语文课程标准（2022年版）［S］.北京：北京师范大学出版社，2022：15.

［3］路冬梅，郭奇.新课程语文教学法［M］开封：河南大学出版社，2006：127.

［4］中华人民共和国教育部.义务教育语文课程标准（2011年版）［S］.北京：北京师范大学出版社，2012：3-4.

第三节　创新教学模式的探索与实践

在教育创新的大潮中，传统的教学模式正经历着前所未有的变革。"创新教学模式的探索与实践"探讨和展示如何在语文教学中实现创新，以适应当代学生的需求和教育的发展。从互文性视角下的阅读与写作教学出发，探讨如何通过文本间的对话和交流，激发学生的批判性思维和创造性表达。同时，深入分析高中语文混合式学习的深化路径，如何利用信息技术和网络资源，构建合作学习组织，促进学生的主动学习和全面发展。通过具体实践案例的分享，展示如何将这些创新理念和策略应用于实际教学中，以期提高学生的语文素养和综合能力，实现教育的现代化和个性化。

一、互文视角下的阅读与写作教学

互文性理论认为，文学本身起源于人与人之间的交流活动，文学所面临的各种关系也集中表现为"主体—主体"之间的关系，互为主体的双方间的"对立、对峙——对话、交流"是双方能动的、双向的相互作用，而不仅仅是主客体的反映与被反映的关系。这种主体之间的交流首先是一种共同参与，一种主体的分有、共享或一种共同创造。它强调相互间的投射、筹划，相互溶浸，同时它又秉有一种相互批评，相互否定，相互校正、调节的批判功能。在这一视野之下，我们发现，所谓的作者与读者都是相对的，在一定条件下，可以相互转换。以前作为阅读者的学生，不再是被动接受文本提供的信息与观点，而是可以探究、质疑乃至批判，如果学生将自己或小组成员对文本的探究、质疑和批判整理出来，就是非常有价值的文字，也正与"课程标准"提倡的"写作教学应重视发展学生的思维能力，发展创造性思维。鼓励学生自由地表达、有个性地表达、有创意地表达"是一致的。这样，就自然实现了阅读与写作的"联姻"，省去了大量另起炉灶、收效甚微的写作训练，也避免了学生写作时"无米"的尴尬。

我在教学中试图以粤教必修教材（以下简称"教材"）阅读为基础阵地，从"内容"和"形式"两个大的方面，以"主题"和"文体"为两条主线，建立高中三年完整的作文训练序列，在互文性的视角下，将阅读和写作进行联姻，力图解决庞杂的教材内容与有限的教学课时的矛盾，实现学生语文素养的全面提升与升学成绩全面提高，真正改变高中语文阅读与写作教学"劳而无功"或"劳而少功"的吃力不讨好的现状。

（一）从文本的内容层面探讨文本间存在的互文性，同一主题文学作品深入探究与写作

将教材中相同或相近主题的文学作品放在一起让学生阅读，深入探究写作的背景、共通的审美价值以及主题的多角度表现方法。在此基础上，再引导学生就这一主题写作。

如教材必修五第二单元是"新闻"，单元要求学生"养成阅读新闻的良好习惯，获得更多的生活智慧"，但鉴于课程安排的时间紧张，这么简单的文字阅读，既不能提高学生的阅读水平，也未必能提升多少生活智慧，何况这些所谓"新闻"早已成为"旧闻"。故在实际操作中，许多教师的教学计划里直接忽略这个单元。

然而，我发现这个单元如果从在文本的内容层面探讨文本间存在的互文性，发现这些作品大体可从"成功的因素"这同一主题方面深入探究，无论是航天英雄杨利伟，还是杂交水稻之父袁隆平，抑或是诺贝尔奖获得者华人科学家李政道博士，他们都具有坚忍、奉献、脚踏实地、淡泊名利、谦逊好学等优秀品质，学生可以将他们的事迹略加概括，从不同侧面作为表现不同中心的素材加以积累；同时，亦可以找到他们的一个共同点，确立一个中心，将他们分别作为三个事例加以充实文章内容，将这几粒"好米"一连缀，即可煮出一窝香喷喷的"好饭"。学生并不是傻的，一点即通，他们将这三个素材"随手捻来"，略略加工，果成好文。

如张卓颖同学的《脚印》有这样的文字：大地是稿纸，脚印是诗行，人人都用自己的脚印写着自己的人生史诗。有些人的诗平平淡淡，千篇一律；有些人的诗却丰盈饱满，别树一格……面对众多专家的质疑，各种权威的挑战，袁隆平坚持走一条荒无人烟的路，然而他脚步从不后退胆怯，他踏踏实实地进行研究，于是沉稳的步伐通向的是一个无人领略过的崭新天地……道路越泥泞，留下的脚印越清晰；负载越重，留下的脚印越深刻。杨利伟，中国载人航天飞行第一人，静默在他身后的脚印，无一不揭示着过程的艰辛：离心机的训练让他泪流满面，这些沉重负担却成为他前进的动力……

（二）从文本的形式层面探讨文本间存在的互文性，同一体裁文学作品对比阅读与写作

为方便学生从不同时代、不同内容的文本中更全面地了解各种文体写作的特点，从而发现各种文体的写作规律，吸收借鉴各种文体的写作技巧，除了古诗文单元为方便学生理解记忆掌握分散教学外，其他文体的阅读写作教学，一般是将教材的不同模块中相同文体的篇目组合在一起教学。

将教材中同一文体的阅读篇目进行重新整合，从中找出三四篇在文体特征方面各具特点的代表性篇目，在教材处再找出该文体的作家作品、高考优秀例文以及学长学姐的优秀习作，将这三种文章放在一起，分为三个阅读板块：名家引路、高考佳作链接、学长习作展览，指导学生对比阅读，先找出共性，明白该文体在写作时必须注意的方面，再发现个性，学习不同篇目在该文体写作方面的亮点，以便博采众长，运用于写作中。

利用教材，帮助学生开辟出更多的写作可模仿可学习渐进之路，就教材的五个模块来说，就涵盖了叙事散文、议论性散文、时评、书评、人物传记、小说等各种文体的阅读，以教材为基础阵地，打通课内与课外、课堂与考场、此届与往届，带领学生深入一种文体的阅读，发现规律，先是"输入"，再运用规律与技巧写作，达到"输出"的目的。一次的训练看似花费了大量的时间，但比起一次又一次蜻蜓点水似的浅阅读、低效阅读，比起一次又一次与课堂阅读教学毫无关系的另起炉灶的写作教学训练，此法将阅读探究层层深入，将阅读与写作联姻，其实是达到了事半功倍的效果。一次的训练，真正可谓让学生终生受益。

如必修一模块指导学生叙事散文的写作，"名家引路"阅读板块：张洁《拣麦穗》（必修一第三单元）、史铁生《老海棠树》（《史铁生散文》，2007年3月，人民文学出版社）、叶倾城《姥姥的蚊帐》（《人民文摘》，2012年第6期）。"高考佳作链接"板块：《回到原点》（2011广东省教育考试院公布的广东高分作文第2篇和第6篇）。"学长学姐习作展览"板块：2010届21班吴获《他和她的白文鸟》、2011届31班叶诗瑜《一课的时光》、2012届35班李饶尧《洒满阳光的箱子》。

学生自主阅读三个板块的例文，发现好的叙事散文有一些共同点，如都有至少一条清晰的线索，都运用了以小见大的手法，都有生动细腻的画面描绘，都能恰到好处地议论抒情以画龙点睛等。"名家引路"板块帮助学生打开视野，取法乎上；"高考佳作链接"板块让学生明白在高考中"文体不限"不是一句空话，符合题意的好的记叙类文章亦是可以拿高分的；"学长学姐习作展览"板块让学生看到榜样，增进学生写作的信心，只要用心学习，用心发现，用心写作，一定可以写出成功的作品。

（三）文学阅读与写作联姻应注意的若干事项

在互文性视角下实现教材阅读与写作的联姻，也要防止对文本漫无边际的解读，引导学生从阅读文本中借鉴写作的过程中，要处理好几个关系。

1. 文本的互文性与独特性的关系

在探讨文本间的互文性的同时，不可忽视文本自身的价值与意义，每一个文本都是相对独立的存在，要引导学生认真研读文本，透过文本的字词句，探究文本要表达的情感和价值倾向，不可模糊文本间的差异性，不可不忠实于写作者的原意，随意阐发。

2. 客体与客体之间的对话关系

在实现阅读与写作联姻的过程中，一直贯彻课程标准的精神，倡导并实现"小组合作探究"的学习模式，"鼓励学生在个人钻研的基础上，积极参与讨论及其他学习活动，善于倾听、吸纳他人的意见，学会宽容和沟通，学会协作和分享"，实现互文性理论提出的文学阅读的"客体与客体"之间的互动。

3. 学生感悟与教师精讲的对话关系

我们提倡学生的自我发现和小组合作探究发现，重视学生对知识的自我建构，但教师的引导与对整个过程的精心管理也是非常重要的。给学生提供互文的文学文本要多而广，帮助学生开阔视野，得到客观全面的认识；同时，在学生泛读的基础上，教师要指导学生精读，教师通过精心引导学生认识递进和提升，使学生从文本的阅读中收获写作的知识，学习写作的技巧。

4. 选择、实施与评价的关系

教师高屋建瓴地对学习内容的筛选、整合与管理是实施的基础，是评价的依据，而评价又是实施的动力和方向。故教师要谨慎处理选择、实现与评价三者之间的关系，评价权要下放，建立自我评价、小组评价、小组互评、教师评价四级评价体系，强调生生对话、组间对话、师生对话，力求打造平等、尊重、有序的共同提升的平台。

二、高中语文混合式学习深化路径

伴随着信息技术的飞速发展和教师信息技能的稳步提升，混合式学习将成为教育发展的必然趋势和选择。在信息化环境下，需要进一步探索教学流程、资源支持、教学支持、学习评估等影响学生学习的各种要素所发生的新变化，积极探索信息化环境下的语文教学模式。语文教学要充分借助网络和信息技术，调动丰富、立体、多元的学习资源，创设运用语言文字的真实情境，形成有意义的交互式学习生态，促进学生在更广阔的语言环境中主动学习。本文以统编高中语文教科书必修上册单元教学设计为例，探讨新技术时代的语文学科混合式学习深化的路径。

（一）倡导独立自主，建构合作学习组织

混合式学习是一种学生能动、独立、个性化的学习活动，在共建合作学习组织，共享合作学习成果中激发学生的学习内驱力。统编高中语文教科书力求以"语言建构与运用"为立足点和根本点，落实课程标准所指明的"语言建构与运用是语文核心素养的基础"理念，通过引导学生进行积极的语言文字运用实践，让学生在学习和运用语言的过程中、在学生个体言语经验的积累与发展中自然融入和提升其他三方面素养。它倡导学生独立自主的、积极的语言文字运用实践，以小组合作为主要学习活动形式，利用合作性人际交往促使学生进行阅读与鉴赏、表达与交流、梳理与探究等活动，利用线上线下混合式学习方式，突破时空局限，把学生学习从课堂拓展到课外。

1. 加强引导，科学建构主动合作学习组织

独学无友，则孤陋而寡闻。传统线下课堂多是教师讲授式的，只有教师对学生的单向传授，学生则被动接受教师传授的知识，时间久了，学生容易感觉倦怠而无所得。合作学习则易唤起学生学习的主人翁意识，调动其积极主动参与合作与交流的意识。不过，合作学习型组织的建构，需要教师的积极参与和主动作为。

合作学习组织既可以静态建构，又可以动态生成，要基于全体学生个性特点，以异质建构静态合作组织。同时，随着学习任务的变化、学习活动的开展、学生个体的意愿等，动态生成合作组织。以第一单元"'青春激扬'文学阅读与写作"单元学习设计为例，花都区第二中学各班静态学习小组完成了单元学习任务四"班级《致青春》诗集"小组分册内容。就单元学习任务一"与同学就'青春的价值'展开讨论"，教师设计了"经典咏流传"群分享活动，让学生挑选自己喜欢的本单元的一首诗配乐朗诵，制作朗诵音频或视频上传至班级群，线下课堂则结合诗句交流诗句赏析，全班学生自然地根据所选诗作生成动态合作学习小组。异质学习小组成员相互交流、补充，共同促进；静态学习小组在合作中交流，在交流中进步；动态生成学习小组形态多样，学习形式丰富多彩，可以让学生在学习的同时找到志同道合的伙伴，收获知识与友谊。

2. 利用现代信息技术，积极建设跨媒介学习共同体

混合式学习中，大数据、人工智能、云计算、移动互联等新技术的发展和运用，特别是教师在线上教学中解锁了各种信息技术的新技能，给学习资源的供给、学习内容的获取、学习方式的变革等带来了许多可能。因此，教师要因势而动，充分利用新技术、新手段，建设跨媒介学习共同体，丰富语文学习的资源、内容和形式。

跨媒介学习共同体致力于培养学生解决实际问题的能力，以教育信息化手段促进学生的深度学习、团队合作学习，提升学生的学科素养、媒介素养。以第二单元"'劳动光荣'实用性阅读与交流"单元学习设计为例，花都区第一中学设计了"寻找一中最美劳动者"的大任务情境，引导学生不仅要阅读教材文本，还要自主阅读班级订阅的《广州日报》，以《广州日报》上的时新通讯和评论文章为例，掌握人物通讯和新闻评论的文体特点，评选出题目新颖的新闻，总结优秀新闻评论的拟题特点等。同时，在班级学习群中上传相关人物的介绍视频。此外，还布置了这样一项学习任务：各学习小组选定一位"一中最美劳动者"进行访谈与跟拍，拟写采访稿、访谈稿及通讯稿，制作人物介绍视频，并在课堂上播放。

教师充分利用身边资源，丰富学生阅读媒介，布置学习任务，驱动学生运用多种媒介获取信息、表达交流。通过实例分析、应用场景创设与作品创作，以及研讨把握多种媒介信息存储、呈现与传递的特点，成功建设起跨媒介学习共同体，提高学生综合运用多种技术获取信息、表达交流的多媒介素养。

（二）基于认知起点，进行单元学习设计

单元是一种学习单位、学习事件和完整地学习故事，一个单元就是一个微课程。单元不是把教学内容碎片化地当作知识点来处置，而是有机地、模块式地组织与构成的。语文学科混合式学习，要以"单元学习任务"为导向，基于学生认知起点，以学习项目为载体，整合学习情境、学习内容、学习方法和学习资源，引导学生在运用语言的过程中提升语文素养。

1. 研判学情，明晓认知起点

在学习中心教学中，教师的角色主要是学生学习的引导者和促进者，而不是讲授者（知识或信息的提供者）；教师教导的主要功能是，引起学生能动参与学习活动，并促进学生独立完成学习过程。混合式学习是一种以学习为中心的真正的学习，它以学生的现有发展基础、个性特征和学习需要作为学习的起点，以问题解决、学生发展为目的。

语文混合式学习中，教师可以借助调查统计类工具，设计在线问卷、测试习题、投票等，采集数据，下载自定义报表、调查结果分析等，充分了解学生学习的起点水平、预习程度、心理状态、学习习惯、学习态度等，明确认知起点，从而更有针对性地设计好下一阶段的学习任务与活动形式。以第五单元"《乡土中国》整本书阅读与研讨"单元设计为例，花都区秀全中学主要设计了"潜读·把握论证思路""研读·促进理解吸收""化读·迁移现实运用"三个阅读任务。为了让各任务的阅读指导更有效，学校在开学第一周设计了"导读·《乡土中国》知多少"的学习环节，教师通过在线调查问卷，了解学生阅读心理状态、学术类著作阅读经验、阅读困惑等；通过投票，让学生选择阅读顺序、阅读媒介、阅读学习组织形式、阅读成果提交数量与形式等；通过回收学生自主阅读绘制的思维导图等，了解学生自主阅读所能掌握的程度、方法等。以上准备活动，充分利用多种媒介，既调动了学生的参与热情，又充分了解了学情，明确学生阅读认知的起点，为设计有效的学习活动落实任务要求打下坚实基础。

2. 整合资源，单元整体设计

统编高中语文教科书以人文主题和学习任务群两条线索组织单元，通过阐述核心任务，引领整个单元的学习内容和学习资源。单元下的课文不再是单篇成课，而是以主题、内容或写法聚合，打破文体限制，以单篇加多篇的方式组合成单元教学资源，为完成单元学习任务服务。

除了教材纸质资源外，网络上还有丰富的学习资源，包括文本、图形、图像、音频、视频、流媒体、虚拟现实、增强现实和混合现实资源等。语文混合式学习要充分借助丰富的线上线下资源进行单元整体设计。任务设计是高中语文教材的核心追求，恰切的活动是完成任务的有效手段，真实情境是活动展开的重要依凭。任务、活动、情境，是统编高中语文教材单元整体设计的三个支点。整合丰富多元的学习资源，进行单元整体设计，可以帮助学生提升语文综合能力，如阅读能力、表达能力；读文能力，读图、读音频视频能力；阅读单篇文本能力、阅读非连组合文本能力；掌握系统学科知识的能力、学会网络检索、信息的快速获取、甄别、选择、加工、整合、重组、传播、在线交流、合作、创新、创造等多种能力。

以第六单元"'学习之道'思辨性阅读与表达"单元学习设计为例，我为花都区邝维煜纪念中学设计的学习情境是：

学校高一语文组开展"改造我们的学习"主题读书会，提倡高一年级同学认真阅读必修上册第六单元单元提示、教材文本与学习提示，了解"单元学习任务"，人人参与，人人有成果。

在这个大情境下，设计的第一个学习任务是：

主题读书会手抄报征集同学们对"学习之道"的看法，高一语文组要求高一年级全体同学参与，请你原创一段250字左右的议论或记叙性文字，表达你对"学习之道"的看法或讲述你的读书学习故事。议论类语段要求：以本单元前五篇课文中的一句话为观点，并至少引用五篇课文或"拓展阅读"中的另一句话（或人物事例）论证你的观点，按"写作支架"的五步写作。请工整抄写在书法纸上，不能涂改。为了美观，可以自配彩图。

为了帮助学生完成这个学习任务，将其分解为以下五个活动。

活动一 班级分成6个读书小组，每小组选出1至2名领读者。各小组选择本单元六篇文本中的一篇作为精读篇目，按课后"学习提示"认真学习全文，了解篇章大意和作者论证逻辑层次（文言文要先对照注释，查阅资料，勤查《古汉语常用字字典》，读懂大意）。选择重点研读《上图书馆》的小组，了解王佐良上图书馆之乐的有关故事。

活动二 领读者带领全组讨论，交流对文章主要观点的看法，并让每位同学选择其中一句作为自己的观点句（不能重复选择）。研讨《上图书馆》的小组，完成以下作业（补写记叙性语段）中的一个。

A.（请补充记叙描写的文字，250字以上）我真正钟情的是＿＿＿＿＿＿图书馆（图书室）。光这＿＿＿＿＿＿＿，且不讲其中＿＿＿＿＿＿＿，也使人爱它。＿＿＿＿＿＿＿＿＿＿＿＿。

B.（请补充记叙描写的文字，250字以上）＿＿＿＿＿＿＿＿，它们在一个＿＿＿岁少年的心上投下了温情和宁静的光，是后来任何＿＿＿＿＿＿＿所不能比的。就是在这个"＿＿＿＿室"里，我和我的同学好友们读了＿＿＿＿＿＿，进入了一个知识上和情感上的新世界，一片灿烂！

活动三 组员按"学习任务"要求与"写作支架"的提示自由写作。

活动四 领读者带领小组成员以包含但不限"读书午（晚）餐""读书沙龙""诵读交流""阅读联谊"等方式讨论自由写作成果，对照"学习任务"与"写作支架"，互相提出升格建议。根据同学的建议，用红笔修改自己的作品。

活动五 各组提交修改后的作品，再次组织多种形式的讨论。各位同学定稿后，将作品工整地抄写在书法纸上，再设计图案或花边美化作品（可请美术高手帮忙）。

以上学习活动中，线上线下、时间空间，学习小组可自由选择。细致的层级递进式活动设计，可以很好地分解单元学习任务，引导学生积极阅读与鉴赏、表达与交流、梳理与探究，在合作学习组织中交流、互动、探究、互补、互学，将被动学习化为主动学习，将浅表学习导向深度学习。围绕这一写作学习任务，整合的文本资源除了教材六个文本外，还有《论语》中论学习的文字、《诸子论学》、《王蒙自述：我的人生哲学》中《学习是我的骨头》《思想美丽，学习着也是美丽的》2篇，以及T.爱德华·戴默《好好讲道理——反击谬误的逻辑学训练》中谈到的"写议论文五个基本步骤"的相关文字，教师下水写作议论语段等。丰富多元的学习资源，拓展了学生的学习时空，开拓了学习视野，成就了学习成果，提升了学习品质。

（三）多元评价共进，实现素养整体发展

混合式学习是不同学习方式和学习要素的混合，它借助线下学习与线上学习两种学习方式的优势来重新组织学习资源，实施学习活动，以达到提高学习效率的目标。混合式学习的评价要充分利用有交互功能的网络学习空间，更多地依赖人工智能对学习大数据的分析，而不仅仅是一纸试卷。反馈与评价要面向全体学生，着眼于核心素养的整体发展，充分考虑语文实践活动的特点，注意考查学生在活动中表现出来的参与程度、思维特征，以及沟通合作、解决问题等能力，记录学生真实、完整的学习过程。

评价方式要多样，既包括线上调查问卷、线下纸笔或测试，也包括线上线下现场观察、师生和生生对话交流，还包括小组分享、自我反思等。评价主

体要多元，除了学生自评外，还应该有生生互评、组内互评，以及组间评比、教师评价等。如进行量表评价，量表要清晰、可操作。统编高中语文教材单元设计评价，从学习活动的推进看，要围绕教学目标，着眼于核心素养的整体发展，既关注外在学习结果，亦关注内在学习品质；课堂评价语言能对学习起正向反馈作用，如评价时能提出可操作性建议，能教会学习者反思等。

如第六单元"'学习之道'思辨性阅读与表达"单元学习设计，除了有课堂交流时的现场评价、生生对话、组间质疑、小组代表答疑、教师点评等互动评价、主观评价外，还设计了四种评价量表：个人自评量表、组内互评量表、小组互评量表、班级评价量表。个人自评量表用于自我对照、个人修改升格；组内互评量表用于相互欣赏及指正、组内推荐优秀作品、小组合作修改提升；小组互评量表用于组间互评，组间合作修改提升；班级评价量表用于班内展示，相互借鉴学习，形成语段写作成果，为整篇写作奠基。评价量表要根据学习进度和学习媒介条件，灵活选择线上线下多种形式，有条件的班级还可邀请写作学教授、作家、学生亲友等加入班级网络学习空间，参与线上量化打分及跟帖式主观点评，进一步创生了新鲜的学习资源，激发学生写作的兴趣和热情。

总之，语文学科的混合式学习深化，倡导学生能动、独立、个性化的学习，利用具有交互功能的网络学习空间，建构合作学习组织，充分利用信息技术整合、丰富学习资源，创设运用语言文字的真实情境，形成有意义的互动学习环境，引导在积极的言语实践中共建并共享合作学习成果，促进学生在更广阔的语言环境中主动学习，实现知识的迁移与运用，培养提升学生的核心素养，实现教育的和谐发展。

【参考文献】

[1] 中华人民共和国教育部. 普通高中语文课程标准（2017年版）[S].
    北京：人民教育出版社，2018：44.

[2] 王本华. 统编高中语文教材的设计思路 [J]. 人民教育，2019

（20）：55–57.

［3］钟启泉.学会"单元设计"［N］.中国教育报，2015–06–12（9）.

［4］陈佑清.学习中心教学论［M］.北京：教育科学出版社，2019：37.

［5］王本华.任务·活动·情境：统编高中语文教材设计的三个支点

［J］.语文建设，2019（21）：4–10.